未雨绸缪

可预见的危机及其防范

〔美〕马克斯·H.巴泽曼 〔加〕迈克尔·D.沃特金斯 著
胡平 张磊 译

商务印书馆
2007年·北京

Max H. Bazerman & Michael D. Watkins

PREDICTABLE SURPRISES

The Disasters You Should Have Seen Coming and How to Prevent Them

图书在版编目(CIP)数据

未雨绸缪——可预见的危机及其防范/〔美〕巴泽曼，〔加〕沃特金斯著；胡平，张磊译. —北京：商务印书馆，2007
ISBN 7-100-04950-4

Ⅰ.未… Ⅱ.①巴…②沃…③胡…④张… Ⅲ.紧急事件—预防 Ⅳ.C936

中国版本图书馆CIP数据核字(2006)第024840号

未雨绸缪

——可预见的危机及其防范

〔美〕马克斯·H.巴泽曼 〔加〕迈克尔·D.沃特金斯 著

胡 平 张 磊 译

商 务 印 书 馆 出 版

(北京王府井大街36号 邮政编码 100710)

商 务 印 书 馆 发 行

北京瑞古冠中印刷厂印刷

ISBN 7-100-04950-4/F·617

2007年1月第1版 开本700×1000 1/16

2007年1月北京第1次印刷 印张25½

印数5 000册

定价：63.80元

致中国读者

哈佛商学院经管图书简体中文版的出版使我十分高兴。2003 年冬天，中国出版界朋友的到访，给我留下十分深刻的印象。当时，我们谈了许多，我向他们全面介绍了哈佛商学院和哈佛商学院出版公司，也安排他们去了我们的课堂。从与他们的交谈中，我了解到中国出版集团旗下的商务印书馆，是一个历史悠久、使命感很强的出版机构。后来，我从我的母亲那里了解到更多的情况。她告诉我，商务印书馆很有名，她在中学、大学里念过的书，大多都是由商务印书馆出版的。联想到与中国出版界朋友们的交流，我对商务印书馆产生了由衷的敬意，并为后来我们达成合作协议、成为战略合作伙伴而深感自豪。

哈佛商学院是一所具有高度使命感的商学院，以培养杰出商界领袖为宗旨。作为哈佛商学院的四大部门之一，哈佛商学院出版公司延续着哈佛商学院的使命，致力于改善管理实践。迄今，我们已出版了大量具有突破性管理理念的图书，我们的许多作者都是世界著名的职业经理人和学者，这些图书在美国乃至全球都已产生了重大影响。我相信这些优秀的管理图书，通过商务印书馆的翻译出版，也会服务于中国的职业经理人和中国的管理实践。

20 多年前，我结束了学生生涯，离开哈佛商学院的校园走向社会。哈佛商学院的出版物给了我很多知识和力量，对我的职业生涯产生过许多重要影响。我希望中国的读者也喜欢这些图书，并将从中获取的知识运用于自己的职业发展和管理实践。过去哈佛商学院的出版物曾给了我许多帮助，今天，作为哈佛商学院出版公司的首席执行官，我有一种更强烈的使命感，即出版更多更好的读物，以服务于包括中国读者在内的职业经理人。

在这么短的时间内，翻译出版这一系列图书，不是一件容易的事情。我对所有参与这项翻译出版工作的商务印书馆的工作人员，以及我们的译者，表示诚挚的谢意。没有他们的努力，这一切都是不可能的。

哈佛商学院出版公司总裁兼首席执行官

万季美

献给那些期望规避可预见的危机
并深受其苦的领导者

目录

CONTENTS

未雨

译 者 序

1994年，德国社会学家乌尔里奇·贝克（Urich Beck）在《反省的现代化》（*Reflexive Modernization*）一书中明确指出，现代世界正处于转化之中，即从工业社会向风险社会（risk society）转化，风险社会将会成为现代社会的主要特色，而风险也将替代财富、科学、理性等因素而成为主导社会和个体生活最重要的问题。对所谓风险社会最直接的描述就是：社会、政治、经济和个人的风险和危机日益游离于工业社会已经建立起来的危机预防和监督机制之外，人们凭借已有的预警和防范机制，已无法抵御和应对这种风险和危机所带来的伤害。

现代化是一把双刃剑，不仅仅带来了科技的发达、工作的便利和生活的悠闲时尚，也带来了传统文明、现有的社会生活和技术发展所未曾面对和无力面对的挑战。这种挑战我们无法逃避，不得不面对，因此危机管理的理论和实践的研究，成为公共管理和工商管理领域越来越重要的课题。无论哪些研究者从哪个角度来开展研究，面临的都是同样的一个问题：危机是如何发生的？是否可以防范？如何防范？

抛开书斋里的深思，我们也不得不面对现实中随时可能发生的风险和危机。由近及远，2005 年底埃及的沉船，黑暗的海水中融入多少幸存者和悼亡者的眼泪；2004 年的海啸，洁白的海滩瞬间变成了人间地狱；2003 年中国国土上飘荡着的非典型性肺炎的阴影，让北京繁华的闹市呈现了多年不见的安静，那些巨大口罩上飘过的眼神却时刻地提醒着人们：当心！防范！除了这些社会生活和自然环境中的危机外，还有小到时时刻刻暗含在办公室中的唇枪舌剑，隐藏在那些企业运行流程中的危机、发生在政治角斗场上的纷争，大到针尖对麦芒的国际政治与经济事件，风险和危机都是打着机遇的旗号，堂而皇之地发生在我们的身边。虽然风险和危机的后果都不是我们所愿见到的，但是它们还是发生了。

从理论上说，风险和危机是具有严重威胁、不确定性和有危机感的情境，因此危机的产生必定会带来组织的混乱和个人心理上的不适，并由此带来管理效率的严重下降和有限资源的浪费；从实践上说，非典危机给人们带来的对疾病的恐惧，至今还让人记忆犹新。因此无论危机如何发生，不管人们是否乐意、是否喜欢、是否有能力应对，却都必须面对。

既然危机的发生无可逃避，我们就只能寻找规律，努力应对。那么危机的背后是否会有规律可循呢？这些规律是否可以为我们所用呢？不同的研究者可能有不同的着眼点，也有着不同的答案。其实从最简单的角度来看，各种各样的危机背后，一定会有一个共同的因素起作用，那就是人的因素。危机发生前，需要人来正确辨认和处理危机预警信号；危机的分类，需要人来构想其中所暗含的逻辑关系；危机的处理，需要人的经验和直觉；危机的善后，需要人的学习和记忆的保持；危机的过程，需要人来控制；危机的后果，需要人来承受。任何危机、灾难、风险的背后，都蕴含着人的认知和情绪，而这些认知和情绪，却在很短时间内、在最关键的程序中，决定着危机的认识和应对，决定着危机管理的成功与失败。因此，探索和认识危机背后的心理因素，将会为预防和应对危机提供最为重要的成果。马克斯·H.巴泽曼教授和迈克尔·D.沃特金斯的这本书，从个人、组织和政治三个层面生动而又深刻地揭示了人们最普遍的社会心态和固有的认知偏见是如何影响人们对危机预兆的认识的；阐释了在公共政策的制定、执行过程中，政策制定者的心态和心理偏见对危机认识和应对效能的影响；展示了政策接受者的普遍心态和心理偏见对危机处理过程中的理解和接受。这些都为应对危机和管理危机的人们提供了一个非常重要的依据和认识。

这部佳作集公共管理、工商管理等经典案例于一身，将案例分析与管理理论融于一身，可谓纵横自如。马克斯·H.巴泽曼教授和迈克尔·D.沃特金斯将我们从纷繁复杂的现实案例、危机理论和应对模式中解脱出来，代之以深刻细致的案例分析和明确的管理流程以及应对技能，令人一目了然。同时介绍了应该如何分析自身的特点和判断的标准，让人们认识到，危机管理并不是专家的事情，每个人都可以掌握方法并思考，积极应对。这部佳作最大的特色在于，它不是流俗地告诉人们危机管理的经验，而是提供了一个思维框架，“授人以渔”。不同的读者可以依据这种框架来思索和拓展思维。

危机管理在中国的管理历史上还是一个非常新的问题，因此在这方面的研究还有很多需要完善和深入的地方，而从心理角度对危机管理过程进行分析也需要更多研究者的关注。我们期望这本书能给人们提供一个完全不同的视角来更进一步认识危机，因此本书的读者对象甚广，大到公共事业机构职员、政府部门官员、工商企业的主管、专业危机应对人员，小到每个人，都可以凭借本书的方法判断自身的状况，了解自己认识危机和应对危机的能力。不仅如此，本书还适合于作为公共管理硕士、工商管理硕士和心理学等相关专业的研究生、本科生的教科书和参考书。如果能对社会、个人有所裨益，那一定是作者和译者莫大的荣幸。

本书的翻译工作是团队合作的结晶。初稿中的第一至第三章是张磊博士完成的，第四章是李凌己（北大在读博士生）完成的，余下的章节是胡平副教授和中国人民大学公共管理学院的硕士生关瑜、高山艳、李莉、周团等同学共同完成的，最后由胡平统稿，关瑜参加了后期的文字修订，对于他们的支持和帮助，在此表示衷心的感谢。本书的翻译，还部分来源于“十五”全国教育规划重点课题“中小学生心理危机预警、干预及管理研究”（批准号 DBA050050）的支持。商务印书馆的责任编辑金晔女士，尽管未曾谋面，但通过电话早已成为好朋友，她在本书形成中所给予的鼓励和鞭策，是完成本书的动力，在此向她致谢。人民大学社会与人口学院的俞国良教授对我有知遇之恩，在此表示深深的敬意。然而，限于时间和学识，错误之处在所难免，还望广大读者垂教。

胡　平

2006 年 1 月于世纪城

未雨

前 言

你的组织是否存在着你知道的但无法靠自身解决的严重问题？这些问题是否会随着时间推移变得更糟？它们是否最终会表现为一场破坏性的危机而使组织中的大多数人感到意外？当我们向私人组织、公众团体以及非营利组织的管理者询问这三个问题时，他们的回答几乎一模一样：是的，存在严重的问题；是的，这些问题可能变得更糟；是的，它们会给组织带来严重的危机；这些意外是完全可以预料的。

在研究和撰写此书的过程中，我们尝试解答这样的困惑：为什么对一个潜在问题的识别常常无法引发有效的体制变革？为什么领导者，甚至那些对潜在危机的辨别独具慧眼的领导，常常不能或不愿意作出有效的反应？为什么只有当问题升级为全面性的危机之后才采取代价更高的补救措施？

几年前，我们就对研究可预见的危机产生了兴趣，在“9·11”事件之后这种兴趣开始明确起来。被劫持的客机全速撞向世贸中心和双子座倒塌成为一片废墟的影像不可磨灭地印在我们的脑海里。和许多人一样，我们试图弄清楚：为什么这些事情会发生？什么样的措施有助于预防未来同样悲剧的发生呢？

第二个问题促使我们早期对可预见的危机进行探讨。对这个问题思考得越多，我们就越不相信"9·11"事件是一个真正的意外。随着媒体披露关于安全和情报失败的信息越来越多，说明美国政府已经掌握了"基地组织"(Al Qaeda)的目的、组织和方式等有效情报，在很大程度上，对纽约和华盛顿的攻击是可以预料的。譬如，不仅恐怖分子看到了商用飞机存在严重安全隐患，而且我们自己政府的许多人也已经认识到了这一问题。

随着探究的深入，我们得出了这样的结论：可预见的危机是领导力失败的普遍形式，"9·11"事件是一个典型的毁灭性的例证。我们已经研究或观察过的可预见的危机的情形数不胜数。马克斯(Max)对世界渔业资源的破坏和审计利益冲突危害(在安然案例中得到了鲜明的证实)的研究使他坚信，同样的影响力也作用于"9·11"事件。通过观察到商业领袖在其组织中没有成功预防可预见的危机，迈克尔(Michael)指出，这种现象的存在是较普遍的。最后，我们得出结论：可预见的危机对许多组织来说都是不幸的，无论大的、小的，公共的、私人的，还是非营利的组织都深受其害。

写这本书的第一个目的是举例说明、分析和阐明可预见的危机这种现象。在一个基本层面上，是什么使领导者和组织容易感受到可预见的危机？有什么重要的建议和方法能帮助那些有勇气和远见卓识的领导者幸免于难？通过对现实世界的最大的灾难——“9·11”事件和独立审计在安然的崩溃，和大小组织的经理们每天面对的各种挑战的分析，我们将证明，是领导者对充分认知的挑战缺乏有效的反应，结果才造成可预见危机的发生。

但是，本书的最终目的是帮助你防止可预见的危机在组织中的发生。在本书的第一部分仔细查明导致“9·11”恐怖袭击和安然倒闭发生的事件和决策之后，我们研究分析了领导者们常常无法预防可预见危机发生的原因。最后，我们提出了规范的框架，它能帮助你辨别和预防你周围的可预见的危机。

近数十年来，历史事件对社会科学的发展作出了很大的贡献。肯尼迪总统作出的批准入侵猪湾(the Bay of Pigs)事件，灾难性的决策触发了欧文·杰纳斯(Irving Janus)“群体思维”(group think)的发展，而目前这是团体决策研究中的核心概念。同样地，格雷厄姆·艾利森(Graham Allison)关于古巴导弹危机的著作，以《决策的实质》(*The Essence of Decision*)一书而登峰造极，这本关于国际关系的书富有争议并具有影响力。美国政府在越南战争中战略的失败，促使许多研究者对此有了比较深刻的理解：人类具有一种倾向，常常不经理性判断，就盲目地相信先前行动的正确性。如果此书具有这些经典著作的一小部分影响，我们的努力是值得的。

未雨

致谢

对可预见的危机话题的兴趣来自哈佛商学院谈判、组织和市场小组关于“十点钟咖啡”（Ten o'clock coffee）的对话。如果没有这种非正式的部门性的机构，我们的合作永远不会开始。商学院“谈判小组”受到霍华德·雷法（Howard Raiffa）著作的启示，他是迈克尔·沃特金斯（Michael Watkins）的博士生导师和马克斯·巴泽曼（Max Bazerman）最重要的非正式的导师。我们的分析植根于雷法在不断变化的全球性困境中对决策理论的独到运用。

马克斯对本书的贡献主要建立在他对独立审计的研究，这些研究是和乔治·罗文斯坦（George Loewenstein）、唐·穆尔（Don Moore）、金伯莉·摩根（Komberly Morgan）和劳埃德·塔鲁（Lloyd Tanlu）（见第三章）一起完成的。他关于特殊利益团体政治的著述，这个话题包含在2001年他与乔恩·巴伦（Jon Baron）和凯蒂·夏克（Katie Shonk）合写的著作《你不能扩大这个团队》（*You Can't Enlarge the Pie*）之中。

致谢

迈克尔的贡献受到他与美国安全团体的专家们对话,特别是在哈佛大学肯尼迪政府学院与国家安全资深研究员对话的影响。他的关于公司外交(corporate diplomacy)和联合阵线(coalition building)的著述、在哈佛商学院的选修课程,以及2000年与米基·爱德华(Mickey Edwards)、伍莎·塔卡(Usha Thakrar)合著的《赢得权力竞赛》(*Winning the Influence Game*)中的内容,都增加了我们对可预见的危机的理解。

本书的第三部分来源于我们在2003年的《哈佛商业评论》上发表的文章"可预见的危机"。《哈佛商业评论》能干的编辑尼克·卡尔(Nick Carr)和加德纳·摩尔斯(Gardiner Morse)影响了我们对可预见的危机的理解。吉姆·西本斯(Jim Sebenius)组织了圆桌会议(此次会议是哈佛法学院关于谈判项目的一部分),使我们集中于我们的工作,富有成效的讨论有助于澄清我们的思想观点。我们曾经在如下的高校和其他一些学术机构中阐述过我们的研究成果,他们是:哈佛大学商学院、哥伦比亚大学、纽约大学、匹兹堡大学、麻省理工学院、卡耐基—梅隆大学、芝加哥大学、西北大学(美国)、斯坦福大学、杜兰大学、杜克大学等。由这些谈话带来的评论和辩论对我们的思考和写作是至关重要的。

哈佛商学院出版社的编辑杰夫·基欧(Jeff Kehoe),帮助我们确切地描述出概念,并且使其富有意义,让读者从各个方面容易理解。我们向编辑凯蒂·夏克致以最崇高的谢意。凯蒂自身是一位很有造诣的作者,在本书中有许多经她仔细研究和精心提炼的案例，她的写作技巧使我们受益终生。

马克斯·巴泽曼

迈克尔·沃特金斯

2004年3月

未雨

第一章　什么是可预见的危机

——引言

震惊世界的2001年的“9·11”事件是可以预料的吗？或者说它是一个意外吗？安然公司破产及其丑闻的突发又如何呢？我们认为“9·11”事件和安然公司破产的共性就是他们都是可预见的危机。

我们这样定义可预见的危机：使个人或团体感到出其不意的一个或者一连串的事件，尽管事前已经察觉到可预测事件发生及其后果的全部必要信息。可预见的危机经常发生在公共团体和私人组织中，“9·11”事件和安然公司的倒闭则是鲜活的例证。

对一些大的团体，无论是团队还是公司，无论是地方政府还是中央政府，由于付出的代价太高，潜在的风险太大，所以，领导的主要责任之一就是必须发现并避免可预见的危机。多数领导者承认，他们的组织中存在着不断增长的、系统性的弊端，并且随着时间的推移，这些弊端有迅速转变为重大危机的潜能。具有远见卓识和胆量的领导者通过预感，并采取措施减少这些威胁的损害以避免悲剧的发生，但是太多的领导者则是感到意料之中的惊奇。美国缺乏对恐怖分子利用客机进行恐怖袭击的防备意识，这使整个国家陷入极易受到攻击的境地。同样，美国一些领导人对革除公司财务监督方面的明显弊端的不情愿，为安然的倒闭创造了条件。

美国航空安全系统的弊端，导致了恐怖分子决定利用飞机作为攻击武器。联邦政府早已了解到，好战的恐怖分子愿意为了他们的“事业”而成为殉教者，他们对美国的仇恨在20世纪90年代不断增加。1993年，恐怖分子在世贸中心放置炸弹。1994年，恐怖分子劫持过一架法国航空公司的飞机，并且进行了一次失败的尝试，试图把飞机变成袭击埃菲尔铁塔的工具。1995年，联邦政府获悉一项恐怖分子失败的秘密计划，他们打算在太平洋上空同时劫持11架美国商用飞机，然后将一架装满炸药的轻型飞机撞向中央情报局总部。与此同时，许多联邦报告和时任副总统阿尔·戈尔(Al Gore)掌管的航空安全特别委员会都提供了充分的证据，说明美国的航空安全漏洞百出。任何经常乘坐飞机的人都知道，携带诸如像小刀这样可以用作武器的物品登机是很容易的事。

当把这些信息放在一起的时候，可预见危机的威胁已经显露出来。美国政府早知道四架飞机会用来攻击纽约和华盛顿吗？不知道！美国政府早知道世贸中心双子座会倒塌吗？不知道！但是美国政府部门和官员们已经获得了他们必须了解的全部数据资料，知道航空安全存在缺陷，并且这些缺陷能够被蓄谋已久的个人和组织以多种形式加以利用。因此，在9月11日用商用飞机作为攻击武器是一个可预见的危机。虽然情报部门对恐怖分子计划有预先了解，并可以阻止这些攻击，但是他们只能承担"连点"(connect the dots)失败的部分责任。因为更确切地讲，确保领空安全是联邦政府的责任。"9·11"事件清楚地表明，我们的领导在这方面失败的教训是多么地惨痛。

安然公司的倒闭又如何呢？它是可预料的和可以阻止的吗？能源巨头破产之后，安然的财务审计公司安达信(Arthur Andersen)也面临严格的审查。安达信怎么能够为一个对股东隐瞒了数亿美元债务公司的财务安全状况担保呢？面对自己在安然丑闻调查中的角色，安达信从它对安然公司审计的资料中抛出了一些支离破碎的信息，观察家称之为文件的"撕碎派对"(a shredding party)。最终，安达信因妨碍司法公正被停止了对公共事业公司的审计业务。

利益冲突是导致安然崩溃的本质所在，包括本书的一位作者在内的专家们多年来一直对此发出警告。2000年，许多研究专家在美国证券交易委员会(SEC)作证时断言，五大会计师事务所(安达信、德勤、安永、毕马威和普华永道，由于安达信的解体，现称"四大"。本书写作之时仍为"五大"，故全书仍保留"五大"提法。——编者注)咨询业务在20世纪90年代的快速扩展，已经使公平的财务审计变得不可能。由于会计师事务所的绝大多数收入依赖于其咨询业务，所以他们陷入了一种妥协的境地，为了获得所咨询公司的赞同，就不可能对其账务进行没有任何偏见的审计。1998年至2000年，证券交易委员会查出的欺诈案件数量上升了41%。欺诈案件的显著上升是可预料的灾难的鲜明征兆。许多专家建议，五大会计师事务所审计业务和咨询业务的剥离是可以避免这场灾难的。但是，面对来自国会和包括安达信首席执行官约瑟夫·巴拉迪诺(Joseph Berardino)在内的审计行业人士的强烈反对，证券交易委员会放弃了。可预料的后果就是：安然和安达信的倒闭，成千上万个雇员工作的丧失，退休存款的付之东流，以及这两家公司在美国金融市场上永远抹不去的污点。

可预见的危机与不可预见的危机

在任何重大危机之后，许多事后诸葛亮总是断言，主管领导应该已经预料到这场灾患的来临。在过去的30年里，心理学家已经证明了这种“后见之明效应”(hindsight effect)，他们用系统性的证据印证：人们往往在事后追溯时倾向于相信，某一事件比现实所支配的情况更容易预测。[1] 我们的研究发现了“后见之明效应”，描述了管理者、学术研究者、分析家和作家的行为，这正是我们的目的所在。因此，期望这一研究对我们的工作也会有效，也鼓励读者判断我们是否也属于事后诸葛亮。我们想说明，能够阻止“9·11”事件和安然倒闭所需要的数据是事先存在的，并且这些数据是如此重大，负责任的领导人本应该采取相应的行动。我们所关注的不是事件边缘的蛛丝马迹能否说明它是可预见的危机，而是分析领导已经掌握确凿的证据和重要的数据，却没有采取阻止的行动。进而认为，在许多组织中，可预见的危机显而易见，可以采取明确的预防措施。

当然，真正的意外的确会发生，并且没有人应该为此受到责备。森林火灾时常发生，即使在很少有火灾的区域也会发生。百年不遇的洪涝灾害，有时百年之中也会发生两次以上。其他意外也会发生，对于这些意外，有责任心的领导可能已经预想到，但觉得不太可能，防止会付出很高的代价。当领导者已经意识到潜在的危险，进行了成本效益分析，并且认为采取行动无法得到保证时，我们绝不会做事后诸葛亮，对其吹毛求疵。然而，根据我们的研究和对大量事件的仔细分析，得出这样的结论：通常情况下，如果潜在的灾难信号出现，有责任的领导就应该预测到危机，并采取行动来阻止意外的发生。因此，我们把不可预见的危机与可预见的危机区分开来。与不可预见危机不同的是，可预见危机的产生是由于领导者的确掌握了全部数据，已经洞察到潜在的危机和危机的不可避免，而没有采取积极的防范措施，以作出积极的反应。

可预见的危机与不可预见的危机二者的区分是非常重要的，它能够把可预见的危机同不能预料到的恶性事件区分开来。然而，正如加州伯克利大学教授菲尔·泰特洛克（Phil Tetlock）精辟指出的那样：事件不是简单地可预料或者不可预料的，事件的发生依赖于可预料的连续性。鉴于此，我们选择避免因区分“轻度可预见的事件”与“适度可预见的事件”而带来的不可解决的困难。相反，我们选择研究的焦点问题是，许多大灾难是非常明显的，并且是可以预料的，领导者应该首先面对组织所面临的这些重大可预见的灾难。我们认为“9·11”事件和安然的倒闭属于重大的可预见的灾难这一类，我们还提出了防止类似重大的可预见的灾难发生的方法。

可预见危机的特点

什么是区别可预见危机的特点呢？我们认为可预见的危机具有六个基本特点，每个特点均可以在“9·11”事件、安然倒闭的丑闻，以及多数可预见的危机中发现。

可预见的危机的第一个共有的特点是：领导者知道存在的问题，并且问题本身不可能自行解决。在许多场合，譬如董事会议、秘密会议、国会、圆桌会议等上，诸如此类的问题都讨论过，新闻媒体也报道过。虽然领导们或许对问题紧急性的认识存在差异，但是大量的迹象表明，应当对问题采取措施。事实证明，乔治·H.W.布什、比尔·克林顿和乔治·W.布什三届政府都知道航空安全和公司财务监管方面存在缺陷。他们已经意识到威胁不断增长，但没有采取相应的行动和积极的回应。

第二，当组织成员认识到问题随着时间的推移变得越来越恶化的时候，可预见的危机就可能在预期之中。有些问题可以自行解决,例如,人体是健康的,很多情况下它们是可以自愈的。但是,科学的证据(经济的、生物的或其他的)说明,有些问题自身不能解决,并且可能继续升级,可预见的危机是存在的。尽管媒体长篇累牍地一再告诉美国的领导者,国家航空安全系统逐日恶化,与此同时,破坏分子利用这些缺陷的能力却在增强,但是,他们却无动于衷。同样地,2000 年呈现在证券交易委员会面前的大量事实已经清楚地表明:财务审计缺少独立性是一个足以带来灾难且越来越严重的问题,委员会却没有采取真正的改革措施。可预见的危机不是没有任何警示突发的“意外事件”。并不像不可避免的意外一样,他们不是认知的失误,而是反应的失败。

可预见的危机的第三个特点是:为了解决问题,当前要付出巨大的代价,行动的受益不是立竿见影,而是延迟的。正如第四章所述,个人、组织和政府都有低估未来影响的倾向。用目前紧缺的现有资源去预防未来不明确的,且仅有一点潜在危害的问题发生,那是违反直觉的。针对 20 世纪 90 年代航空安全体制和财务监管体制问题,建立新的安全和监管制度,可能需要联邦政府和公司付出的代价是直接的、昂贵的。预防性的措施有益于减小或降低诸如“9·11”攻击和安然破产等事件发生的可能性和量级。领导者和市民都应该认识到,他们在时间和金钱上的投资不会得到丝毫的真实回报。

第四个特点与第三个特点密切相关:处理可预见的危机

理所当然地需要付出一定的代价，与此同时，得到的回报是避免损失，这个损失是不确定的，但是有可能是巨大的。因此，领导者明白，他们防止可预见的危机的发生却得不到任何声望。为了避免可预见的危机而采取的措施需要资金，这正是选民们所关注的，但政治家们并不会因他们防止发生的灾难而得到（选民的）认可和奖赏。缘于此，他们没有动力去努力预防可预见危机的发生，而是选择祈求好运。我们每天都感谢电力公司使我们灯火通明，但是如果长时断电，即使是为了必需的维修而断电，麻烦也很大。“9·11”事件之前，解决航空安全问题会使旅行延误一点儿且飞行成本会增加一些。但是，因为美国公众想象不到可预见的危机而无法解决这个问题，所以，航空安全一直不是政治家们优先考虑的问题，其中包括那些数年来得到可靠的警告信息的政治家，他们曾经得到类似“9·11”规模的灾难可能发生的、具有可靠来源的警告信息。同样，在安然破产之前，许多美国市民也没有注意到独立审计这个问题。由于许多市民根本没有意识到，所以多数亟待解决的社会和经济问题不仅尖锐，而且解决起来很难令人满意。明智的领导会把这种出力不讨好当作可预见的危机的一个特点，做工作让选民们了解采取重大而及时的措施的必要性。

第五个特点是：由于人类与生俱来维持现状的倾向性，所以决策者、组织部门和政府部门常常不能未雨绸缪，为可预见的危机的发生做好准备。对改革带来的成本和时间要求的过高或过低的关注，如果系统或体制能正常运转，并且没有危机迹象促使必须采取措施，都会使人们保持已经习惯了的方式去做事。采取行动以避免可预见危机的发生，需要果断地纠正这种偏见，彻底地改变现状。与此相反，大多数组织喜欢日常的修修补补、一点一滴的改变，而不愿意解决长远问题。为了避免可预见危机的发生，领导者们必须提出改革或变革的充分理由，把改变现状作为一种选择。因此，20世纪90年代，尽管在提高航空安全和解决审计利益冲突方面采取了表面性的努力，但不幸的是，改革措施并没有能够应对这些挑战。我们已经习惯性地接受陈旧而无效体制的太多特征。

可预见的危机的第六个特点是：不采取行动而能从中受益的人，数目少但呼声高，为了自己的私利，他们暗中破坏领导者们的正确行动，这一点是令人遗憾的。也就是说，整个社会迫切需要领导者在某个问题上采取果断决策的时候，从维持现状中受益的特殊利益集团总是百般阻挠改革。正如第二章阐述的一样，为了阻止在航空安全方面实施详尽而有着急迫需要的改进措施，航空公司通过游说和竞选捐资操纵了政府的决策。航空公司的政治行为说明，他们更关心减少他们近期的开支，而不关心乘客的安全。特别是，"9·11"事件后，他们是第一批得到政府援助的。同样地，正如第三章所描述的，在2000年，会计师事务所不费吹灰之力就说服了国会和证券交易委员会，他们能够对从中获取咨询利益的同一个企业作出公正的财务审计。回想起来，安然的崩溃，使包括安达信在内的五大会计师事务所，以与之不相称的权力扭曲了政府的政策，一年后使自己痛苦不堪。政客和政府管理者更容易受到这些特殊利益集团意见的摆布。

我们总结可预见危机的特点，目的不是纯粹地描述或进行精确的分析，而是根据可预见的危机的六个不同的特点，概括一连串的有用信号：危险就在眼前，如果视而不见，它们能导致悲剧的发生。然而，我们在本书中将要提出的是，只要有明智的领导，正确的诊断与措施，灾难可以避免。

可预见危机的典型事例

我们期望，通过对“9·11”事件和安然倒闭的介绍，引发读者对这些事件的可预料性的好奇心，而且想让读者疑惑：是否真正有数据显示危机的爆发，可否对此进行更严厉的谴责。

第二章和第三章（本书第一部分）展现了与“9·11”攻击和安然倒闭等可预见的危机相关的事件的概况。我们认为，数据可以排除对这些事件的可预料性的任何怀疑。我们的目的不是重现每一个历史事件的全貌，而是有针对性地来分析导致可预见危机发生的普遍存在的领导玩忽职守。“可预见的危机”是个诊断性概念，不只是最近悲剧事件的事后原因。可预见的危机能够而且应该得以预见，绝不是事后得到认可，因为预防灾难发生的成本远远小于灾难后果所造成的损失。美国政府没能预测到这些事件的细节，但应该很好地预见到典型的大灾大难的发生，并为此做好准备。有趣的是，在灾难的预防工作中，社会组织采取的是掩盖问题，而不是致力于寻找解决潜在危险的策略，却每次都能投机成功。安达信垮台之后，在财会领域采取的改革十分有限，仅仅局限于安然的财务审计公司安达信的具体的弊端方面，而没有把这些弊端当做重大体制问题的征兆来研究。这些尝试性的改革不可能预防未来危机的发生。

“9·11”事件之前，我们并没有为航空安全辩护。戈尔的航空安全特别委员会在1996年起草了第一份关于航空安全的报告，涵盖了美国领导人必须认清这个可预见的危机并为此做好准备的所有具体细节（见第二章）。在审计独立的案件中，本书的作者之一，马克斯·H.巴泽曼（Max H. Bazerman）在可预见的危机发生之前曾经努力地说服美国政府采取措施。1997年，巴泽曼与他人共同发表了一篇论文，题目是“独立审计的不可能性”。2000年，他在美国证券委员会公开宣称，在美国现有的财政体制内，真正的独立审计是不可能存在的（见第三章）。[2]

为什么不能依已知去行动

直到现在，我们仍然相信你正在考虑组织中可预见的危机。但是，为什么管理者们通常不能对可预见的危机采取行动呢？

本书第二部分对为什么社会组织中普遍存在可预见的危机提供了一个多学科的视角。我们以一种普遍适应于多数社会组织的方式来认识可预见的危机的认知原因、组织原因和政治原因。

第四章集中分析了忽视可预见的危机的危险的认知原因。我们认为，人们倾向于积极的幻想，这引导我们总是以自我为中心来解释一些事情，低估存在的风险。除此之外，对未来缺乏信心的天性也让我们不愿意投资现在，去预防那些十分遥远而且不明朗的未来灾难的发生。人们总是倾向于维持现状，制造障碍阻止那些具体、通常又是大规模的变革，而这些变革正是阻止可预见的危机发生所必需的。最后，大多数人更愿意冒未来的发生可能性很小的风险，也不愿意接受眼前实实在在的小损失。我们不想在防止没有经历过的、也无法想象其特征的问题方面投资。因此，我们经常的做法是，遭受重大伤害后才忙于解决问题。

涉及到组织层面，第五章指出，对于一个要避免可预见的危机发生的组织来说，它必须有效地采取许多有力的措施：仔细察看关于危险的信息资源，多渠道地整合信息，迅速地作出反应，观察各种反应的结果，把学到的经验教训记载到公司的“机构存储器”(institutional memory)中。有些组织机构因没有遵循这些严格的程序而经常犯错误。这也许是因为组织“窖”(silos)阻碍信息的整合，或者是因为个人的动机而促使人们以损害集体的方式做事。无论如何，这都会使组织处于一种容易受到可预见的危机的攻击状态。

最后，在政治层面上，第六章提出，经常有少数个人和组织为了自己的利益，特别擅长于破坏政治体制。譬如，这么多年来，美国政府在制定富有意义的竞选筹款改革法案的失败之处，就是创造了合法腐败的选举环境；即使由2002年的《麦肯恩—法因戈尔德募款改革法案》（*McCain-Feingold campaign finance reform*）提出的禁止"软捐款"（soft-money donation）的新近实行，特殊利益团体对政治活动的影响仍然轻而易举，更有助于可预见危机的发生。与此同时，追随政治家的大批选民们仍然十分关注预防可预见危机的行动成本，而无视未来的利益，这也是领导者工作中的信条。结果是，被问题强烈困扰的小团体经常左右着更大的政治组织，这些大的政治组织对问题却知之甚少。当可预见的危机发生时，政治家们和新闻记者倾向于强调少数的坏人，而不去探究体制的弊端，正是体制的弊端才使得职权得以滥用。少数人的专制经常通过说服、打击报复和金钱诱惑等方式得以加强，从而使我们难以防止可预见危机的发生。

可预见的危机的诊断与预防

虽然是"事后诸葛亮"，但是在本书的第三部分，我们提出，领导者可以在一般意义上采用"可预见的危机"这个概念去避免未来的灾难。关键在于建立强有力的识别系统、优先处理系统和动员系统，以防止可预见的危机的发生。我们主要的目的不是解释过去，而是以一种能让领导者采取行动的方式去放眼未来。我们提出了领导者能够实施的系统性的方法，可以用这些方法去鉴别摆在社会面前的可预见的危机。

第七章着重于领导者如何加强对正在出现的威胁的认

知能力。通过引用诸如“9·11”恐怖袭击之前美国中央情报局所犯的错误、通用电器(General Electric)与霍尼维尔(Honeywell)的合并失败、孟山都公司(Monsanto)在欧洲销售转基因食品遇到的极大困难等事件,本章分析了导致认知失败的各种因素。我们为领导者们提供了具体的措施,以增强他们对隐约出现的问题的认知。这些措施包括测量系统的重新设计、信息情报网络的建立、惩戒性问题的学习。

第八章探讨了领导者如何更加有效地优化所采取的措施以预防可预见危机的发生。为了帮助领导者克服在采取有效优化措施过程中组织内部存在的各种阻碍,包括“噪音”、竞争优先权和各种认识上的偏见,我们提供了一整套的措施以加强优化管理。这些措施包括结构性对话机制、严格的决策分析和激励机制的重新设计。

最后,第九章分析了领导者如何更好地动员各方面力量从而获得支持,以解决可预见的危机。即使领导者认识到隐约出现的问题并采取了优先的处理措施,他们也许会受到组织的惯性和来自特殊利益团体的强烈反对的困扰。解决难题需要勇气,它是动员各方力量预防可预见的危机获取成功的前提,但这是不够的。领导者们能够运用诸如说服性沟通、战略联盟建立、结构化解决问题、危机反应等方法来加快动员过程。

一些需要重视的且明显的可预见的危机

结论部分,我们指出了目前在我们的生活中时隐时现的一些非常重要的可预见的危机。我们认为，由于领导者们没能有效地解决行业发展对政府补助的依赖问题、全球变暖、竞选筹款改革、审计员的利益冲突、与老年人密切相关的未来的财务义务及其对经济的影响等问题，因此，可预见的危机成为意料之中的事情。从一个具体的行业层面上看，我们面临着潜在的灾难，不仅来自航空公司实行的乘客累积飞行里程计分制度(frequent-flyer program)，并且来自公司之间经常签定的模糊不清的合同。这样的处理方法会让读者了解到，可预见的危机能够减少或降低。

虽然鉴别可预见的危机的先见之明可能是罕见的，但对可预见的危机采取措施的勇气的确更加少见。我们把勇气定义为：为了避免更大的长期成本的支出，放弃自己和他人的眼前利益而采取行动的积极态度，以及在采取行动的必要性方面说服其他有影响力团体的能力。20 世纪 90 年代末期，克林顿-戈尔政府有认清提高航空安全必要性的远见卓识，但令人遗憾的是，这届政府缺少采取行动的勇气。同样地，2000 年时任美国证券交易委员会主席的阿瑟·莱维特(Arthur Levitt)已经注意到了在会计界缺乏独立审计，但和掌握权力的其他人一样缺少勇气，没有勇敢地与特殊利益团体抗争，在可能的范围内避免安然公司的破产。我们提供给领导者们的是试验过的、有影响力的选民们放弃现状的方法。如此实施，领导者预防可预见的危机而使其组织免受损害的能力一定会日臻完善。

如果我们的努力获得了一些成功，就是使你相信“9·

11"事件和安然破产是可预见的危机。如果我们获得更大的成功，读完这本书后，你能认为存在着鉴别可预见危机的概念性结构。如果想获得所期望的最大的成功，读完这本书后，你能够鉴别出你的组织中存在的可预见的危机，并且开始实施战略以有效地回应这些威胁。

第一部分 可预见危机的典型事例

绸缪

第一部分

本书的核心议题是领导者必须勇敢地面对组织中存在的可预见的危机。然而，虽然许多领导者能够认清组织中的可预见的危机，但他们可能会忽视这些问题潜在的重要性。在第一部分，我们试图让读者相信，2001 年的“9·11”事件、安然和安达信的破产都是可预料的。我们不是提供这些事件的更加详尽的历史资料，而是回顾这些事件，综合各种细节以佐证我们的论点——事实上，每起事件都是可预料的和可以避免的。

在第二部分，我们将分析领导者们预防可预见的危机失败的原因。在第三部分，我们提出了鉴别组织中需要重视的可预见的危机的框架。如果领导者采用了第二部分的概念性结构和第三部分的说明性结构，那么第一部分所讲到的诸如“9·11”事件和千禧之年伊始的公司丑闻都可以避免。当然，做个事后的诸葛亮更容易。我们用一章作为本书的结论，以突出未来可预见的危机。

第二章 “9·11”事件

——忽视可预见危机的代价

对于所有懂得安全事务的人来说，“9·11”所发生的一切都不是不可预料的。

——美国审计总署航空安全主管　杰拉尔德·迪林翰姆(Gerald Dillingham)

在“9·11”恐怖分子袭击纽约与华盛顿之后的几个月里，“国土防御”跃居为美国政府的首要日程以及市民关注的中心。商用喷气客机撞击了世贸中心、五角大楼，显示了美国的安全措施是何等薄弱。忽然之间，每个人都成了专家，知道座舱门的单薄、机场安检人员的流动率高。而在“9·11”事件之前，我们大多数人都从未考虑过航空安全。

看看以下的声明，这和袭击之后整个国家的报纸社论所选标题是多么相似啊！

“航空安全:FAA 需要登机前乘客安检的操作标准”

“新安检技术的发展未能符合预期”

“航空安全:亟待注意的紧急问题”

“航空安全系统中仍然存在隐患”

事实上,这些声明并不是报纸标题。它们也不是对“9·11”的反应,它们是在悲剧发生之前写的。它们都是美国审计总署(General Accounting Office,后简称 GAO)报告的题目。第一个是在 1987 年提出的,接下来的两个是 20 世纪 90 年代写的,最后一个是 2000 年用的。[1] 在“9·11”事件发生的十多年前,作为国会调查机构的 GAO,曾经向政府最高层就美国机场与航空交通控制总部提出过警告。“9·11”事件不仅是可预料的袭击,它也被预见到了。在很多份厚厚的报告中(很多标明“紧急”与“危急”),GAO 指出:航空运输系统持续的易受攻击性使得被非法利用的时机已经成熟(参看本书结尾的附录 A 的报告清单)。恐怖主义是 GAO 的首要关注之一。“9·11”事件之前的 15 个月,它警告:“恐怖主义攻击美国目标的趋势是朝着重大事故的方向发展,使毁坏、恐怖与媒体冲击的趋势最大化。”[2]

在 20 世纪 90 年代,两个总统委员会提出动议,结果通过了两项新的航空安全法令。从 1996 年到 2000 年,国会向联邦航空管理局(Federal Aviation Administration,简称 FAA)提供了约 10 亿美元,资助它的国内航空安全项目,包括3.4亿多美元用于购买和部署美国机场的安全设施。[3] 而直至"9·11"事件爆发，FAA、美国国会、航空公司以及两个管理委员会花费了时间和金钱，都没有任何实质工作。

袭击9天之后，GAO的基础设施事务主管杰拉尔德在接受国会质询时，再次要求航空安全改革，他说：

> "先前的悲剧已导致了国会的聆询、动议与争论，但是随着危机记忆的消退，没有什么长期决议来解决系统中的隐患。航空安全的未来很大部分要依赖于克服'有限行动周期'(cycle of limited action)。"[4]

在本章中，我们讨论美国领导人因其"有限行动周期"，在多大程度上使得"9·11"事件中的恐怖分子相信，他们能够极其精确地执行其计划。在这么做的时候，我们将表明"9·11"事件航空安全的失效是可预料的。20世纪90年代，美国领导人意识到了美国的危险来自于恐怖极端分子的发展壮大。他们也意识到了携刀登机并不费事、把飞机变成导弹的想法以及同时劫机的策略。但为什么他们会忽视针对美国的显而易见的威胁？为什么他们没做些什么来防止袭击？本章将揭示"9·11"事件前美国领导人无所作为的认知的、组织的以及政治因素。在这么做的时候，我们将论证，美国政府与航空业应该在2001年9月11日之前在航空安全方面采取行动，这一天发生的事件是可预料的。

我们从空难的简单历史以及典型的政府反应——厚报告、少法规、无行动——开始。我们集中在戈尔委员会，作一个否认可预料的袭击可能性的案例研究。在1996年TWA800航班爆炸之后，成立了由副总统戈尔负责的航空安全与防御白宫委员会（White House Commission on Aviation Safety and Security）。报告草案提出航空公司与FAA要负责修复破缺的系统，几个月后的最终报告又使得一切照常了。

我们将表明，政府没能完成简单而可测的航空安全改革，其直接原因是关键人物的错误决定，部分领导缺乏勇气，政府的组织间的制衡，以及私人的游说活动与捐赠。负责公众飞行安全的航空公司，否定了可预见袭击的真实性，竭尽全力阻止重要的改革。“有限行动周期”与“9·11”事件中数千人的死亡紧密相关。

在2001年11月19日，布什总统签署航空安全法令，把机场行李安检置于联邦政府权力之下，要求检查所有托运行李，其实这是专家们已经呼吁了很多年的重要改革。美国一个早晨3 200人的死亡打破了政府的僵局，这是20世纪60年代后期与恐怖主义相关的航空事故中，全世界2 000人的死亡没能实现的改变。但是新改革是会得到坚持？还是会被渐渐放弃，直到发生下一次的可预料的袭击？

航空安全：失败的历史

在商业航空运营初期，飞机就像今天的城市公共汽车与地铁列车一样不受保护。FAA是在1958年成立的，具有双重功能：促进航空商业与保证飞行安全，但这两个功能有时是相互冲突的。直到1973年，在发生大量劫持去古巴飞机的事件之后，FAA要求检查乘客与随身行李是否带有武器。1978年，国会通过减少政府费用与航线控制取消了对航空业的管制。FAA继续规范航空公司的安全工作，航空公司也常雇用私人保安公司完成这些职责。

人们希望取消管制带来的竞争加大，能够提供更多选择、更低价格与更好的服务与安全，使消费者受益。《消费者研究》(*Consumer Report*)中的一份研究认为：航空业并没能达到这个目标。虽然自1978年取消管制以来的22年中，机票价格确实下降了37%，然而机票价格在管制之前的22年里也以相同的速度下降。事实上，"2000年取消管制的全部费用比1978年扣除通胀的管制费平均还高65%。"[5] 与此同时，服务与安全性更差了，因为航空公司在更小的飞机上塞了更多的座位，把安全职责交给了出价最低的投标人。对航空公司来说，安全具有直接与间接的成本。仔细地检查乘客以及他们的行李，意味着航班延误，是航空公司最昂贵的固定成本资产——飞机——的宝贵时间的损失。

正因为航空公司非常想要降低机场安检的财务支出，所以要由FAA来制定产业政策，保持较高的标准。但是在取消管制之后的几十年里，FAA被证明不能确保甚至是最低水平的航空安全。FAA没有建立武器检查比率的标准，GAO在它的一份早期的关于航空安全的报告中，批评这是安检操作不佳的缺陷。1978年的X光探测试验表明，平均武器探测率为87%。这表明，有13%的武器没有被检查出来。

FAA与航空业界承认，这是“重大的、危险的”。[6] 到1986年，X光的探测率跌到了79%，金属探测器跌到82%，身体检查的比率仍为87%。尽管正如GAO提出的，FAA试验程序的缺陷会夸大安检成功的比率。

为什么安检人员在执行其职责时会有这么多的麻烦？GAO在1987年指出：“程序仍涉及很多人事问题：流动率高、工资低、训练不足等是FAA与航空业在1979年发现的问题。”[7] 因为安检人员拿的是最低或接近最低的工资，因此每年的流动率在100%左右。训练常常只是看场影片。另一方面，从来都没人给安检人员的程序测试评分等级。FAA发现，有些安检人员放过了模拟铁管炸药，因为他们没能认出那是武器。

为什么FAA接受航空公司糟糕的安全标准呢？前交通部总监玛丽·施亚佛（Mary Schiavo）在1997年FAA报告“鲁莽飞行，安全飞行”中指出：“当（FAA官员）考虑安全问题时，他们是通过一个有40年历史的棱镜来看问题。这使得他们的视野被拉回到了以前，那时候政府严格管制航空价格与航线，只有很少公司的飞机在天空飞行，所有的航空公司使用同一程序和规则。”[8]

只是到了1996年ValuJet592与TWA800坠毁之后，国会才撤销了FAA过时的双重职责，减少了它的宣传推广职能，代之以“把指令、维持与加强安全防御作为航空商务的最优先宗旨”。[9]施亚佛没能以这场改革自慰。她在1997的书中写道：“104届国会取消了FAA推广航空的职责，这并没有改变整个机构盛行的效忠航空业的长期传统。我担心取消这一职责,会使公众、传媒与鼓吹安全的人自满于 FAA 的优先权。”[10]

在 1988 年 12 月 21 日,泛美航空公司 103 航班客机在苏格兰洛克比上空爆炸,259 名乘客与机组人员丧生,并造成地面上 11 人死亡。少量的赛姆汀炸药(Semtex,一种威力巨大的塑胶炸药)被藏在手提箱中的卡式录音机里。安全官员的注意力从枪支转向了炸药。布什总统建立了航空安全与恐怖主义总统委员会(President's Commission on Aviation Security and Terrorism),提出了一系列旨在改善炸药探测技术的动议。国会根据委员会的报告提出了新的航空安全法令,而航空公司的行业协会航空运输协会(Air Transport Association,后简称 ATA)挫败了 FAA 提出的要求机场工作人员指纹备案以及检查犯罪背景的提案。为 ATA 服务的游说人员曾在其网页上自夸“自成立以来对于政府所有关于航空的主要决策都起了重要作用”,说服了国会对工作人员进行背景检查是浪费宝贵的资源。[11] 1990 年的《改善航空安全法》要求 FAA 对有效的炸药检查系统进行研发。机场工作人员只有当安检工作申请记录有一年或以上的工作经历空缺时,才要求检查其背景。[12]

4 年之后,GAO 发现 FAA 在部署新技术检查炸药方面进展甚微。该机构还受困于 24 个不同的研究项目,如“脉冲快中子激发”、“核四级共振”、“嗅觉(狗的使用)”等。很多项目因为没成功而取消,其他的仍在艰难进行,尽管早期结果不成功或不令人信服。在GAO看来，FAA研究人员很少关注人的因素，也容易忽略技术在其领域的使用方式，而且似乎没有在意国会与航空公司对预算的关注。FAA估计，新探测设备的认可还需要5年时间。[13]国会最终在1996年同意检查安检人员的背景，但没什么用。现在的员工可以享受安检豁免，而很多新雇用的安检人员是新的移民，他们的背景几乎不可能被核实。[14]

无疑，当时的机场安全存在漏洞。"1993年"，施亚佛写道，"我们办公室的便衣特工潜入美国最繁忙的19个机场。他们在限制区域漫步，很少受到机场或航空公司员工的质疑……他们走进飞机与货舱，没携带证件，穿着也很随便，甚至没有打扮成那里的工作人员。他们还携带枪支、刀械、道具炸弹以及去掉引信的手榴弹通过了安检处与X光机。"两年之后，"1995年，我的特工与FAA巡视员一起，身上绑了道具炸弹，或是放道具炸弹在公文包里，把杏仁糖果或其他东西伪装成塑胶炸药，携带枪支刀械，通过金属探测器。他们进入了全国大的国际机场的防护领域。40%的情况下他们都没被阻止入关。"[15]为了提醒克林顿总统、国会以及坐飞机的公众注意这些缺陷，施亚佛就她对FAA的发现准备了一份报告。她在与FAA以及交通部秘书弗雷德里克·佩恩那(Frederico Pena)的员工开会时，得到的回复令她很是沮丧："他们想要我忘了这份报告。奥林匹克运动会当月正在亚特兰大举行……FAA与交通部秘书的人员认为，最好无限期地不公开这份报告。"[16]

与此同时，在整个20世纪90年代，恐怖分子要用商业航空器作为武器攻击西方世界的证据正在增加。1995年，与基地组织有关的阿尔及利亚恐怖分子劫持了法国航空公司的客机，威胁要撞击埃菲尔铁塔。在飞机加油时，突击队员杀死了劫机者，阴谋被挫败了。[17]1994年菲律宾航空公司飞往东京的飞机被炸，被认定是阴谋炸毁飞越太平洋的17条美国航线的一次试验。作为阴谋的一部分，一个曾在美国飞行学校受训的巴基斯坦人将用一架轻型飞机撞击CIA总部。[18]“如果阴谋得逞，可能有数千名乘客被害，”FAA在1999年这样表示。[19]巴基斯坦人拉姆齐·优素福(Ramzi Yousef)及其同谋被判对菲律宾航空公司飞机被炸以及针对美国航班的阴谋负责，他同时也被指控参与了1993年对世贸中心的袭击，那次造成了6人死亡，1 000人受伤。在1996年9月11日的报告“航空安全：亟待注意的问题”，GAO警告，“诸如(1993年)世贸中心被炸案等事件已表明：恐怖主义在美国的威胁比起以前的，要更严重、更广泛。”[20]FBI的炸弹数据中心曾经报告，世界上的爆炸事件的意图从1984年的803起上升到了1994年的3 163起。[21]

戈尔委员会及其失职

TWA800的爆炸使得世人关注航空安全。239人死于起初被认为是恐怖主义袭击的事件。为了表示要一劳永逸地改进空中安全，克林顿政府成立了“航空安全与防御白宫委员会”，由副总统负责，其人员有安全部门的重要人员，如

CIA前主任约翰·多伊奇(John Deutsch)、交通部秘书弗雷德里克·佩恩那以及几个空难受害者家属。

1996年9月9日,人们所熟知的"戈尔委员会"向总统递交了一份很有希望的初步报告。戈尔呼吁了20项安全与反恐措施,包括在所有商务机场建立安全与防御组织,对所有安检人员与进入机场安全领域的雇员进行犯罪记录检查与指纹备案。最值得注意的提议是:在所有国内航班起飞之前确保乘客及其托运行李完全匹配,不匹配的行李将被取走。为了防止恐怖分子在他们并不乘坐的飞机中安装炸弹,所有离开美国的国际航班都要求行李匹配。泛美航空公司未能遵守国际行李匹配规程,导致了103航班的爆炸。知情者透露,委员会成员维多利亚·卡莫克(Victoria Cummock)的丈夫约翰在该航班上丧生,她说服戈尔,国内航班的行李匹配可以防止类似的悲剧。委员会在其报告草案中提出,国内航班的行李匹配试验应该在60天内付诸实施。

对航空公司来说,行李匹配并不意味着增加安全性,而是增加了航班延误、乘客愤怒。据维多利亚·卡莫克与前FAA安全主管比莉·H.文森(Bille H. Vincent)的说法:航空公司在该问题上对戈尔施加了很大的压力。《游说管理法》(*Lobbyist Disclosure Act*)于1995年通过,直到1997年游说者们才开始公开表明其利益,因此没有1996年的游说情况。但是在1997年,美国航空公司行业协会ATA花了257万美元游说白宫与国会的航空政策与立法。在1997年,美国航空公司花的游说费用有556万美元之多。同一年,其他5家航空公司，包括达美、美西北、美西南、美联航与全美，总共花了超过700万元用于游说。[22]

在9月19日，报告草案提出10天之后，戈尔写了封信安慰ATA总裁卡罗尔·哈雷特(Carol Hallett)："我想表明，管理层或委员会的意图，不是想给航空运输业制造困难或给旅行人员带来不便。"[23]

戈尔的信发出之后，TWA公司飞机的坠毁触发了委员会工作，他们向民主党全国代表大会捐赠了4万美元。在之后的美国总统选举的两个月中，其他大航空公司捐了大量竞选捐款给民主党：美国航空公司捐26.5万美元，达美航空公司12万，联合航空公司11.5万，西北航空公司8.7万。在选举结束的几周里，航空公司捐给民主党总计58.5万美元，这是它们在同时期捐给共和党的2.5倍。[24]在行李匹配制度争论白热化期间，美国航空公司10月18日、21日、22日的三张支票，超过了该公司在1995与1996年给民主党捐款总和的3/4。[25]

据传，戈尔委员会1997年2月的最终报告出台的讨价还价是很激烈的。委员会成员、反恐专家布莱恩·M.詹金斯(Brian M. Jenkins)指出，委员会必须应付很多不同的人和机构：航空公司、货物运输人员、飞行员代表联合会、空勤服务人员、航空交通管理员，另外还要关注恐怖分子记录，因此根本没有时间一一应付每年乘坐美国飞机的7亿乘客了。其中航空公司给予的压力最大。"我们关注的一直是行李匹配，"一个航空公司的圈内人士向《纽约时报》记者透露，"我们认为，它将在系统中起重大作用。”[26]面对来自各方的压力，戈尔委员会的21个成员在其报告期限前一天晚上，就行李匹配问题展开了激烈争论。他们没能达成全体一致。因为不满行李匹配立场，以及缺乏具体目标与期限，维多利亚·卡莫克拒绝在最终报告上签名。

戈尔委员会的报告在2月12日发表，鼓吹在未来10年中达到空难降低80%的总体目标。因为预测空中运输的迅速增长，完成这一目标是极为困难的。“波音公司提出，除非全球事故率降低，”报告宣称，“到2015年，几乎每周世界上都会有飞机坠毁。”[27]虽然TWA800的爆炸被认为是因为燃油箱爆炸，而非最初怀疑的地对空导弹，委员会仍然认为恐怖主义是主要威胁：“发现单个活动或集团活动的恐怖分子，变得更为普遍了，其中有些人并不害怕在执行任务中死亡……恐怖分子认为飞机是很有吸引力的目标。而且他们知道，航空公司通常被看成是国家的象征。”[28]

报告是以强硬口气开场的，但之后的53条动议使人对委员会的长期目标的可行性产生了怀疑。报告是以含糊的语言写成的，只不过是初稿的一点影子。它缺乏具体的目标与期限，回避了资助的所有重要问题。初稿中提到了的可预见的危机，最终被终结报告的政治行动抹杀了。委员会建议政府为航空公司购买“很大数量”的炸药探测机器，但没有定义“很大”有多大，也没有给出安装的最后期限。委员会建议，航空公司应该着手于在所有客机的货舱装烟雾探测器，但又没有提及最后期限。不让闲杂人员进入飞机与机场控制区域，是委员会希望清单上另外一个没有写明的条目。“安检公司资格认证，改进安检操作”也是如此。这些公司应该如何认证？安检训练应否增加，职业检查是否足够？保安公司什么时候有新的雇用与培训计划？委员会回避了这些问题，虽然它确实让航空公司的雇员在两年内接受 FBI 指纹记录。但它完全回避更新全国过时的乘客安检技术这一艰巨任务。

至于它最关注的问题——国内航班的行李匹配，委员会将检验程序从 60 天内完全匹配，放宽到 10 个月内的部分匹配。在委员会对安全的“分层”进度下，只有使用图像系统的乘客行李，才需要与其物主匹配。“我们是相当有能力做到完全行李匹配的”戈尔说。但是没有奖惩和期限，承诺成了一纸空文。[29]意识到 FAA 的规则平均要花 3 年时间才付诸实施，委员会应该要求该机构就国内航班的行李匹配提出紧急指引，但它并没有这么做。

“报告中没有什么是惊人的或新颖的，”ATA 副总裁约翰·米翰(John Meehan)这样评价。[30]这无疑解救了航空业。计划书没有提什么责任义务，FAA 或委员会不可能让航空公司改革。

“最终报告没有特别呼吁行动，没有承诺强调整个系统的航空安全，通过指令以可行的时间表与预算来部署现有技术与训练。”委员会成员维多利亚·卡莫克在报告附录的一份措辞严厉的 19 页的异议书中这样写道。[31]卡莫克认为，委员会在行李匹配问题上的变卦尤为令人恼怒。她指出，一个只有特别乘客的行李才需要匹配的系统，是挽救不了泛美103航班的："没有一个乘客是与存放炸弹的行李相关联的。因为你只能检查乘客存放炸弹的行李。"[32]多伦多机场总裁、FAA安全顾问路易斯·特彭(Louis Turpen)这样评论："泛美103事件发生在1988年。现在是1997年。我们赢得第二次世界大战、制造原子弹都用不了这么多时间。"[33]委员会成员凯思琳·弗琳(Kathleen Flynn)的孩子在泛美103航班上丧生，后来她告诉《波士顿环球时报》(*Boston Globe*)，她相信最终报告受到政治捐助的影响。她说："共和党也有同样的事情。"[34]

戈尔报告出台后不久，记者发现了在委员会初稿提交之后航空业对民主党捐赠的信息。防御专家与安全倡导者被这一时间表震惊了。"这是很复杂的巧合，"FAA前安全主管比利·文森特(Billie Vincent)对美国航空公司慷慨大方地表示，"看起来，这似乎是用金钱粗暴地施加影响。"[35]玛丽·施亚佛同意："这一时间表就我而言，是过于巧合了。"[36]美国航空公司为捐给民主党的26.5万美元辩护，宣称这只是为了"赶上"诸如西北、联合等竞争者。此外，一个发言人指出：在同一时间公司也给共和党捐了10万美元。[37]"我们当然不是华盛顿现在的基金筹措系统的狂热支持者，"美国航空公司公关主管克里斯·切密斯(Chris Chiames)说，"但我们已认识到，这就是该城市运作的方式。"副总统办公室否认了捐款与委员会的动议之间存在关联。维多利亚·卡莫克并不这样认为："我们在9月9日有很多可行的、有力的动议。我认为，

9月9日之后，航空公司基本上是买通了新的一系列动议。"[38]

国会把很多戈尔委员会的建议写进了2000年的《改善机场安全法》。法案的早期版本提到了委员会没有提到的期限与资金等问题。行李安检员的培训时间从指令的12小时提高了3倍以上，有40小时。然而经过航空公司院外游说集团的活动，法案通过时低调了很多，允许航空公司用自己的训练计划来回避40小时的要求。[39]

正如《圣彼得堡时报》(*St. Petersburg Times*)在1999年指出的，戈尔委员会最终报告出台的几个月，对于航空公司和戈尔的相互支持都是至关重要的。维多利亚·卡莫克指控戈尔为了在11月追随比尔·克林顿的再次竞选总统，成为了航空公司的"代言人"。[40]1996年12月，在航空业反对委员会的全部行李匹配计划时，戈尔与克林顿总统为15家航空公司的首席执行官召开了白宫新闻发布会，透露他们计划在小飞机上安装烟雾探测器。因为1996年5月货舱着火，ValuJet592坠毁，110名乘客与机组人员丧生，受到这件事情的激发，在小飞机安装探测器的计划想跳过FAA的决策过程。"(航空公司)跨越了规章与资金的障碍，"戈尔在他的演讲中说，"受益者将是上百万乘坐这些飞机的美国乘客。"[41]新闻发布会10个月后，国家运输安全委员会(National Transportation Security Board，后简称NTSB)在写给FAA的信中说，该机构安装探测器要花这么长时间实在是"令人失望的"。根据NTSB的说法，自戈尔的发言以来，只有一架飞机作了翻新改造。

在很多人看来，戈尔愿意给航空业施以援手，是企图赢得强有力的产业的支持，他们可能在2000年总统大选中站到共和党一边。戈尔成功地使得航空业的资助比1996年有所提升。但是总体而言，在1999～2000年的选举年中，航空公司把钱投向了共和党（参看表2-1）。有些观察家认为，戈尔对航空业的过分爱护有危险：一旦新的空难揭示了克林顿政府对航空安全的粗心大意，他将很容易受到攻击。其风险是“你受表扬的事迹可能以后会引来祸患”。堪萨斯大学政治学教授伯戴特·路米斯（Burdett Loomis）在1999年说。[42]

表2-1　航空公司对候选人与政治党派的捐赠：1992年、1996年、2000年选举

选举年	捐赠总额	捐赠民主党金额	捐赠共和党金额	捐赠民主党比率	捐赠共和党比率
1992	1 625 117 美元	890 113 美元	727 104 美元	55%	45%
1996	4 069 317 美元	2 107 659 美元	1 946 098 美元	52%	48%
2000	6 794 539 美元	2 650 176 美元	4 107 890 美元	39%	60%

资料来源：“Airlines：Long-Term Contribution Trends，” Center for Responsive Politics，2004。

〈http://www.opensecrets.org/industries/inus.asp?Ind=T1100〉(14 March 2004)

“方法论：数目……是基于PAC或个人给候选人捐款，或是不受法律约束的私人捐款达200美元或以上的。”而图表中的选举年，如1996年、2000年等，“它们实际上代表了两年期间”。例如，2000选举年是从1999年1月1日至2000年12月31日。

可预料的疏忽与"9·11"事件

"后来再试图追溯(戈尔委员会的)动议,将导致很多问题,如机构的解释不同而造成误解,以及反对特定动议的个人与组织完全拒绝执行。"维多利亚·卡莫克在她的异议书中说。她的预测被证明精确得令人心寒。"9·11"之后的几周里,国家对航空安全不予关注,而后来很快查明,恐怖分子曾经算计并成功地发现了系统中的很多长期可预料的弱点。悲剧发生后不久,FAA在向白宫报告戈尔委员会动议的情况时承认,在过去4年半里,动议执行得很少。《洛杉矶时报》(*LosAngeles Times*)指出,在"9·11"事件之前,大部分动议"被议员们搁浅,或是因为官僚政治而陷于停顿"。[43]

在2001年9月11日之前的几年里,美国联邦政府越来越认识到,航空系统对于恐怖分子使用飞机攻击缺乏准备,而且没有估计这种攻击的可能性。1998年,宾夕法尼亚大学反恐专家斯蒂文·吉尔(Steven Gale)与另外两名专家,根据对埃菲尔铁塔的威胁以及1994年一架小飞机在白宫坠毁的分析,为FAA提供了来自空中攻击的威胁的依据。研究人员向该机构提出了两种方案:(1)恐怖分子用飞机撞击东海岸的核电厂;(2)恐怖分子强占联邦快递的货机,用来撞击世贸中心、五角大楼、白宫、国会、西尔斯大厦以及金门大桥。[44]"面对损失,你们保护不了自己,"吉尔说。转述FAA官员的话:"这太难了。"[45]

1999年12月,基地组织的恐怖分子用刀子劫持了一架印度航空公司飞往阿富汗坎大哈的飞机。为了在整个劫机过程中保持控制，恐怖分子切断了一个年轻乘客的喉咙，让他流血而死，这被怀疑也是“9·11”恐怖分子对空中服务员们所采取的策略。[46]2001年7月，意大利政府因为收到消息，说恐怖极端分子计划八国峰会期间用飞机谋杀布什总统，关闭了热那亚的上空，还部署了高射炮部队。[47]

即使如此，FAA与航空公司仍然几乎没做什么来改进航空安全。在戈尔报告之后的几年中，大多数航空公司对国内航班逃避实行哪怕是部分行李匹配的系统。有些依靠被称为“乘客预检计算机辅助系统”（Computer Assisted Passenger Prescreening System，后简称CAPPS）的选择软件，检查由该系统“选出”乘客的行李。CAPPS判断乘客是否怀疑是恐怖分子的标准，是诸如用现金付账或购买单程票，但是它并不包括来自法律实施机构的信息。安全专家嘲笑这只能挑出2%～5%乘客的选择系统是“近视的”。[48]可疑乘客如果乘坐航班去欧洲，可能会被执法部门面试，但是乘坐国内航班时却不会被另选出来。因为航空公司拒绝在国内航班的第二或第三程进行行李检查，这一有限选择变得几乎无关紧要。系统是十分开放的：选出的可疑乘客可以在中途转机时离开他想要炸的飞机。玛丽·施亚佛在《鲁莽飞行，安全飞行》中说，选择系统在美国注定要失败还有另外一个原因。她写道：“在一些国家，可以通过种族、国籍、肤色、性别、宗教渊源乃至有没有胡须，都可能识别一个人是否是嫌疑犯。”这样的定型化是宪法与法律不允许的。但是，因为“用有限参数来界定犯罪嫌疑人,其有效性是未经证实的,"施亚佛在1997年说,"这样的界定将永远得不到满意的答复。"[49]

我们国家对民权的关注无所不在,防御系统与肤色无关,包括完全行李匹配以及最新式炸药探测机的使用。然而,"9·11"事件之前用来发现武器与炸弹的技术是相当落后的。戈尔委员会提议使用炸药探测机来改善行李检查的精确性、速度以及数量。1996年到2000年间,FAA在81个机场部署了550个追踪探测装置。每台100万美元造价的机器,其设计量是每小时扫描225件行李,但是交通部发现,在2000年,很多机器仍然空置,大部分机器也只被使用了其设计能力的很少一部分。[50]因为不愿意为纳税人支付的机器提供维修费用,有些航空公司仍然喜欢手工检查。在航空公司安全程序下,超过90%的行李未经检查就进入了货舱。[51]匆匆把行李运上飞机仍是航空公司的首要目的,没人为行李的安全负责。

在ATA要求放弃部分行李匹配的压力下,FAA在1999年对所提议的措施进行了成本收益分析。[52]FAA估计,部分行李匹配10年要花费20亿美元,主要是花在航班延误上。管理者把这一费用与航空公司损失一架飞机的估值作了比较。首先,他们把每个乘客生命的价值规定为270万美元。其次他们选取一架典型的客机——波音737,坐满2/3,约73人,再加5名机组人员。飞机失事之后,航空公司将面临2.1亿美元损失,再加上飞机本身1 600万美元。财产损失、调查费以及法律费总计将达2.71亿美元。一个精明顽固的会计师可能说：即使这么巨大的生命与财产损失，也不足以为10年20亿美元的部分行李检查费争辩，这些钱可以更好地用在其他公共安全措施上。然而FAA援引一份研究表明，在一场大的空难之后，航空旅行人数通常会剧减。这对行业将造成17亿美元的损失。这样，加强安全的成本大致相当于损失一架飞机的经济损失。[53]然而在之后的两年中，FAA的部分行李匹配规则因为该机构的官僚主义而被搪塞过去。与此同时，对托运行李全部进行安检的计划，也被拖到了遥远的未来，直到2009年会在一些美国机场，2017年会在所有机场实施安检计划。[54]而2001年9月11日，无论是部分还是全部的行李匹配，都不在规程之中。

两名恐怖分子登上了美国航空公司77航班，这一航班撞击了五角大楼。这两人显然被CAPPS选择系统识别出来了。纳瓦夫·阿尔哈兹米(Nawak Alhazmi)与阿尔米德哈(Almihdhar)是8月下旬用VISA信用卡在互联网订票的，但是他们在10天之后在旅行社用现金购买了机票，因而有可疑之处。他们的行李在放入货舱前都因有嫌疑而受到检查，但是两个恐怖分子都没被盘问。[55]

"在我们的心中，"悲剧发生之后，ATA总裁卡罗尔·哈雷特在亚特兰大的对旅游业协会的一个演讲中说，"每个人都必须认识到，因为没有使用全部现有的技术，就可能要对'9·11'事件负直接责任。"[56]不幸的是，该行业思想的转变来得太迟了。

所有19名恐怖分子显然带着刀具轻易地通过了机场安

检，他们用这些来杀死或弄伤机组成员和乘客。机场保安公司长期以来的政策，是允许乘客携带短于4英寸的刀子。在20世纪90年代中期，FAA在一系列试验中发现，在随身行李中仔细放好的猎刀可以不被X光发现。[57]

“我们认识到设定（登机前旅客检查）标准的过程需要时间，也需要咨询航空公司与其他利益团体，”1987年GAO在其第一份关于安检的报告中写道。[58] 13年之后，FAA最终形成规则，尽管航空公司就潜在的经济负担提出反对，仍然要求私人保安公司进行资格认证。但是直到“9·11”事件爆发，FAA仍未在联邦政府公报上发表其规则，而这正是法规实施前的必不可少的步骤。与此同时，有些机场的员工解聘率跃升到200%或更高，起薪水平保持在最低或接近最低，而且经常低于机场快餐店的计时工资。[59] 2001年3月，GAO报告，美国机场的安检人员发现武器的有效率只占欧洲机场同行——很多是联邦雇员或执法机关成员的一半。[60] FAA对每件未被查出的武器实行1万美元罚款，但航空公司与机场把这看成只不过是另外的商业支出。20世纪90年代后期的两年里，在波士顿洛根机场——“9·11”恐怖分子瞄准的机场之一，机场主管麻省航空站以及航空公司为违反安全规则交纳了17.8万美元。[61] 2000年，国会要求对所有安检人员作背景调查。当年10月，在美国机场雇用了2.5万名的阿根明亮机场保安公司（Argenbright）员工，因为雇用有犯罪背景的人而被罚款150万美元。[62]

恐怖分子也在算计着机舱门的弱点。1998年以来，至少有14名醉酒或心理失常者试图以武力在飞行途中强行进入座舱，其中6人成功。在1999年6月，一名乘客闯入全日空(All Nippon Airway)座舱，用8寸长的刀子将飞行员刺成致命重伤。正是因为这一事故，以色列航空公司(EIAI)采用了强化双层门系统。但是在美国，飞行员与FAA倾向于薄门，以方便机组人员在空难中逃生。航空公司有自己的理由反对强化门：飞机增加的重量会加大燃油成本。“其实有好办法来制造既结实又轻便的门，”密歇根大学航空工程教授威廉·考夫曼(William Kaufman)说，“如果ElAI能做到，我们为什么做不到呢？”[63]

FAA承认，其“经常争论以及消耗时间”的决策程序，减缓了戈尔委员会的很多安全动议的实施。[64]按照GAO的说法，FAA要花5年或更长的时间来开始决策程序，最多要15年时间才能完成。[65]航空业通过递交反对书、要求延期以及请求公众听证等任何能够想到的用来阻碍新规则的方法，来减缓其步伐。“他们会反对任何要花他们钱的东西，一年又一年地拖延决策，”俄勒冈众议员彼得·德法西奥(Peter DeFazio)这样评论。[66]FAA确实应委员会要求，在机场扩大了寻弹犬的使用。但是直到“9·11”事件，该机构仍然未能提出委员会所要的计划，来评估全国450个机场应对恐怖主义的能力。类似地，它仍在收集数据，研究如何防止闲杂人等获准进入机场限制区域。GAO1999年的一份报告表明，在5个月的时间里，政府调查人员没有佩带正确身份标志而进入保安区域的次数达到了120次。[67]

“美国人民被欺骗了，得到的是非常虚假的安全感，”维多利亚·卡莫克在袭击之后说，“在其他国家，机场保安是由专业人员来做的。在这个国家，是由报价最低的保安公司来做的。”消费者团体飞机乘客协会(Air Travelers Association)主席戴维·斯坦普勒(David Stempler)同意，[68]“直到‘9·11’事件爆发，我们在本国是骄傲的。我们建立了徒有其表的安全……我们拥有的体系是失败的。”[69]

无所作为的实际代价

先看看“9·11”事件在世界范围内损失的不完全统计，单纯的人员损失就是难以估量的。数千人失去了生命，更多的人失去了爱人、父母、兄弟姐妹、孩子以及朋友。根据FAA1999年的算法，每条生命为270万美元，3 200人的损失就是86.4亿美元。纽约市审计员阿伦·何维斯(Alan Hevesi)估计，世贸中心里数千人死亡，他们大多数是身居高位的年轻人，其“人力生产值损失”达110亿美元。[70]

“9·11”事件之后，国会拨款400亿美元用于灾难救助。根据城市审计员估计，对世贸中心的袭击造成纽约市损失830至850亿美元。[71]五角大楼的损坏达10亿。就保险损失而言，这是历史上最大的灾难，总计402亿美元。[72]“9·11”事件之后，美国主要城市的商业与公共建筑项目，其保险金迅速上升了50%～100%。

袭击发生后不久，航空公司的资深官员和董事会成员与华盛顿地区24家院外游说公司，包括参众议院的前成员以及交通部前秘书，在国会形成了统一战线。他们的论调是：恐怖分子的袭击是对美国政策的回应，而非直接攻击航空公司本身，所以政府有责任帮助航空业。[73]国会同意给予航空公司150亿美元用于紧急援助计划(50亿为现金，100亿为贷款担保)。

旅游行业所受的意外打击是巨大的。飞行恐惧症在全球蔓延，使得世界范围的旅游业萎缩。9家最大的航空公司仅在2001年第三季度就损失了23亿美元，10万员工很快失去了工作。[74]6家最大的航空公司——美航、美联航、达美、美西北、美大陆以及泛美，从2001年10月至2002年6月，损失达69亿美元。[75]全美航空公司在2002年提出了破产申请，到这一年底，损失在1 000万到2 000万美元的联合航空公司提请诉讼。

阿富汗战争每个月花费10亿美元，新的国土安全措施与机构要花费几十亿。美国邮政业见证了"9·11"事件之后通邮量减少6.5%以及炭疽恐慌，向国会申请50亿美元的紧急援助。[76]袭击发生一年后，41名美国士兵在阿富汗"持久自由行动"(Operation Enduring Freedom)中丧生，超过190人受伤。很多阿富汗平民在战争中丧生，成千上万的人流离失所。

当布什总统2001年1月即位时，预算办公室预测2002财政年度会有3 130亿美元盈余。但是由于"9·11"事件造成经济暴跌，导致该年度有1 500亿美元赤字。因为国家一直在全世界进行反恐活动，管理与预算办公室指出：2003财政年度的赤字为4 550亿美元,2004财政年度为4 750亿。[77]政府被迫借了数十亿美元,使得生育高峰期出生的一代以及更为年轻一代的退休收入处于危险境地。[78]

总计有数千人丧生,数万亿美元损失,数百万人在9月之后没有了安全。那么再回顾一下:航空公司与政客拒绝FAA的提议,结果在单架飞机受恐怖袭击的事件上,就要面临20亿美元的损失。

后见之明总是完美的。我们没人能够预见那个周二早晨的特定恐怖,直到我们在电视上看到这一幕。但是不知道袭击的具体细节,这并不能成为没有准备的借口。恐怖分子发现的航空系统中的漏洞完全是记录在案的,很多领导已经在好多年前就获知了。他们知道,该系统的缺陷总会有一天被美国的敌人所利用。航空公司安全系统的失效造成了可预料的袭击。

在2000年的一份报告中,GAO指出:"美国或美国航空公司在最近10年没有大的安全事故,可能会在改进航空安全方面形成一种自满的态度。在这样的环境中改进安全,更为困难也更具挑战性。"[79]尽管有这样的提醒,政客、FAA管理者以及航空公司官员都选择袖手旁观,希望继续有好运气,而不是去使国家免遭已被警告是必然发生的威胁。

造成"9·11"事件不作为的原因

谁要对没能阻止9月11日发生的可预料的袭击负责?人们直觉上想要找一个人或集体来谴责。然而,像大多数复杂的失败一样，这一次的失败可以在多个层面上说明：包括认知的、组织的、政治的原因。领导的作用正是具有眼光与勇气，来理解这些原因，并采取行动找到解决它们的办法。

在个人层面上，决策者必须超越普遍的判断偏见。人的倾向是接受现状而不是重视未来，这说明了为什么国会的很多成员接受很不完善的航空安全法。很多人不考虑重大的改变，除非悲剧来临。此外，人们倾向于忽略不作为的过错。我们倾向于忽视来自不作为的危险，而更多地重视有作为的危险。当有所作为的好处不明确的时候，如长远来说是减少空难，个人不愿意接受确定的损失，如保安费用以及在机场排长队。最后，我们倾向于对未来有乐观的想法，这妨碍了我们预见灾难。这些先天的认知障碍，我们将在第四章中详谈，它们阻碍了领导者高瞻远瞩来避免可预料的袭击。

如果只有认知上的偏见，将会令人安慰。然而戈尔委员会的初稿表明，克林顿—戈尔政府是希望变革的。最终而言，没能加强机场保安是因为缺乏勇气。面对庞大的机构与政治阻碍，政府退缩了，没有勇气去根据期望来采取强有力的行动。

很多政府机构妨碍了戈尔委员会的计划。因为担心顾客隐私与邮递延误，美国邮局没有根据其与 FAA 签订的协议来合作，检查包裹或在放进飞机前先存放 24 小时。此外，直到“9·11”事件，FAA 仍在与情报机构谈判，让航空官员查看关于潜在的恐怖分子与阴谋的绝密信息。[80] CIA 之前已警告 INS 注意两名“9·11”事件恐怖分子，INS 发现这两人已经进入美国。FBI 开始搜寻他们，但是没有人去告诉 FAA 要保持警戒。[81]（我们将在第七章讨论"9·11"事件中的情报失误。）

被委托管理美国国内航空的联邦机构是最显而易见的谴责目标。批评者与支持者都说 FAA 因为要协调公私各方面的利益，而变得无能为力。[82]在 1996 年的一份总结中，GAO 因为"机构长期以来的问题，包括大量的预算超支，日程的长时间延误，空中交通管理现代化计划实施不力"而谴责了其组织文化。缺乏管理的持续性"促成了这样的组织文化：倾向于逃避责任，注重短期效益，在习得过程中抗拒重大变革"。航空基金会与公共政策研究所 1996 年的一份报告中指出："FAA 没有学习的优点，而且……其文化是除了其自身以外，不会得到认可也不会服务于任何对象的。"[83]该机构的毫无生气与无所作为，导致它被指控不仅没能阻止灾难，而且还对灾难的发生起到了推波助澜的作用。玛丽·施亚佛在 1997 年说，"NTSB 认为，FAA 本身导致了 1983 年至 1995 年的 213 起事故、970 人死亡。"[84]

对于悲剧中的某些人而言，FAA 很容易成为一只替罪羊。"这是政府的过错，"戈尔委员会的主管杰拉尔德·康沃尔(Gerald Kauvar)谈及"9·11"事件时说，"我们特地强调 FAA 必须变革，但是他们拒绝改变。"[85]然而，FAA 的决策程序是里根政府的反控制过程的产物。该机构被要求通过复杂的试验与认可程序，估计每个新的安全计划的成本与收益，结果变得越来越有惰性，毫无中心。"FAA 虽然很专业，也有些成就,”安全飞行基金会总裁与首席执行官斯图亚特·马修斯(Stuart Matthews)说,“但是它从未能处理好取消航空运输管制而产生的情况。”[86]

这样,可预料的“9·11”袭击事件也可以看成是取消管制带来的市场失效。因为航空公司收益是按季度结算的,华尔街密切关注着它的收入状况,他们很愿意保持短期的低成本,因此忽视未来的财务状况是很普遍的。就像公司的财务报告的严格审计,投资股本的保持,以及我们将在其他章节讨论的很多其他案例一样,航空安全是“公共利益”——每个人都从中受益,但是没有哪个人或公司具有强烈的愿望来维护它。事实上,动机往往是相反的。例如航空公司希望诸如FAA这样的团体来承担责任,自己免费获益。

经济学家通常都承认,私有经济不是提供公共利益的最佳机制。这样,航空公司在安全方面的锱铢必究,可能结果就是引起不可避免的系统错误。“航空公司永远不应该负责管理安检过程,”ATA发言人迈克尔·沃可姆(Michael Wascom)愤愤不平地说,“是联邦政府委派我们做的。我们不是执法部门。”一名NTSB官员承认:“他们的业务是从这里飞到那里。我们是在要求他们做他们不想做的事情,他们不会做得很好,他们也不想花钱去做。”[87]

除了这些大的组织性问题,政治也是失败与疏忽的另一大重要原因,尤其是国会给予航空业150亿美元的“9·11”事件的援助基金。“因为该行业的愚蠢,我们将失去好的军事人才,”FAA前安全主管比利·文森特说,“他们现在拿着文件站在总统面前,说'救救我们,救救我们'。如果他们没有反对我们一开始提出的东西,我们不会处在今天这一情况。"[88]安全活动家鲍勃·莫奈特(Bob Monetti)说,他的儿子在泛美103航班上丧生,"如果不是有5 000人死亡,这简直就像滑稽戏。这些人曾经反对在机场保安上花一分一厘,现在他们却想要以巨资援助?"[89]

戈尔为了2000年总统选举而一直寻求航空公司的帮助,他的赌博却输了。他不仅输掉了选举,而且在"9·11"事件之后,他作为航空安全委员会的领导,成为了为竞选捐款而牺牲公众安全的政客典型。如果戈尔2004年选择再次参加总统选举,他曾经赌注不会出现灾难性的可预料袭击,这一事件将会成为竞选事务中的一大问题。

然而,戈尔不是第一个也不会是最后一个航空业紧盯的政客。2000年的布什委员会也没能成功地带来重大变革。"(航空)安全问题的历史以及很多争论,"根据参议员罗恩·怀登(Ron Wyden)的说法,"是这样进行的:第一步,悲剧;第二步,愤怒;第三步,一系列计划书;第四步,报告;第五步,动议;第六步,对此喋喋不休;第七步,冗长的程序,使得它未能完成。"[90]

航空业花了上百万美元来确保政客们不会偏离这一模板。众议院管理交通的专门委员会(该委员会向FAA提供资金)有12名成员,在1995年至1996年间,航空公司为其中10个人的连任竞选提供了资助。[91]乔治·W.布什总统2000年的竞选班子从美国四大航空公司(联合、达美、美西北、美国航空公司)接受了超过 11.8 万美元资助,与此相比较,戈尔从所有航空公司获得的捐赠总计只有 5.7 万美元。在上任之初,布什阻止了西北航空公司的一次潜在的罢工;向达美航空公司的飞行员施加压力,要求接受管理层的协议,否则将面临联邦政府干涉。在他的监督下,美国航空公司合并 TWA 的投标顺利地获得了联邦政府的批准。[92]

华盛顿政治的压力以及事件本身的重大,可能使得"9·11"事件成为一种非常特别的可预料的袭击。实际上,就其重大性与复杂性而言,它是一个极端的情况。无论是因为行动还是有意疏忽,很多机构与个人包括政客、政府机构以及公司,对国际恐怖分子所发现的安全隐患,都起了推波助澜的作用。然而,"9·11"事件的教训也适用于在商业界每天发生的不那么极端的可预料的袭击。例如,美国的航空安全一直很松弛,因为没有哪个政客或团体愿意负责修补这一破损的系统,而其他团体只想保持现状。办公室和董事会每天都会有这样的情况,我们将在本书后面再来讨论很多例子。

我们学到了什么?

2001 年 11 月 19 日,布什总统委托新的联邦机构"运输安全署"(Transportation Security Agency,后简称 TSA),来处理美国海陆空的交通。私人保安公司被解聘,新的机构有一年时间来检查、雇用、训练以及监督联邦行李检查员队伍,并拥有数百名机场保安经理。[93]到 2002 年底,所有的托运行李都采用炸药探测装置来检查。

虽然通常没有无意义的法律，但是确实有条款要求航空业全体指纹记录。共和党议员附加了条款，允许5个机场（旧金山国际机场、堪萨斯市机场、图珀洛机场、大罗彻斯特机场、杰克逊洞机场）保留其私人安检员——由TSA资助的职工。[94]如果飞行员计划成功，在2004年，航空公司被允许在所有机场用来自私人公司的员工来代替其TSA员工。[95]

在一年里，4.4万联邦安检员走上工作岗位，他们全都是美国公民，平均工资是"9·11"事件之前的私人安检员的两倍。飞机引航员的数目增加了，机舱门得到了加固。但是因为只有两家美国公司生产价值100万的炸弹探测机器，该机构没能在联邦指定的截止日期2002年12月31日之前，在所有美国机场安装并使用这一设备。很多机场出于权宜之计，使用手动的"追踪探测器"以及寻弹犬。[96]

国会与总统是否准备让TSA与航空公司来负责达成预期目标？在成立新的机构时，国会取消了软弱无能、声名狼藉的FAA的监管职能，但是也没像专家建议的那样，把航空安全从交通部转给司法部。"（航空业）很想确保（新的安全机构）留在交通部，因为他们知道最终他们对交通部施加的影响力要大于司法部。"一名航空顾问透露。[97]新的机构收留了FAA的官员有2000人之多，因此有因容忍FAA懒散无力的交通部门文化而被压垮的危险。[98]

正如过去那样，可能要由监察部门（Watchdog Group）、社会活动家、媒体以及GAO来关注公众的航空安全。那么可能正是"9·11"事件可预料的袭击，最终说服政府与航空业不要愚蠢地把赌注放在恐怖主义的无能。戈尔委员会成员布莱恩·詹金斯(Berian Jenkins)表示,每个人与航空安全相连的内疚感与合理化的困难结合,必须承担那可怕的一天所带来的后果。“我不认为航空业提供了他们应该提供的安全,”詹金斯说,“我不认为政府做得足够或是加强了规范。我不认为公众要求了应有的安全标准。但是如果我们做得更好一些,能否阻止‘9·11’悲剧的发生?不一定。我不知道。”[99]我们永远不知道加强法律与行动是否会阻止灾难的发生。但是我们确实知道,阻止可预料的袭击增加了社会的安全性。通过澄清可预料的袭击的本质与原因,以及发展诊断工具,我们希望起一点点作用,帮助领导者培养愿景与勇气,在将来对可预料的袭击采取行动。

第三章　安然的破产与独立审计的失败

2001年10月16日，能源巨头安然公司在2001年第三季度财务报表中，披露了6.18亿美元的亏损，这是美国有史以来最大的损益报表重编，股东权益损失高达12亿美元。在此之前的三年里，安然虚报利润率在20%左右。通过由安然前首席财务官安德鲁·法斯托(Andrew Fastow)所设计的复杂的表外(资产负债表之外)合伙人网络，安然公司计划隐藏其日益加剧的巨额债务，同时保持公司股票强势。令人震惊的消息传来，安然股票急剧下跌。投资者的总体损失迅速超过60亿美元。美国证券交易委员会决定对安然的非常规会计做法展开调查。“审计干什么去了”成了社论文章和电台热线节目中被多次重提的问题。

10月23日，也就是安然公开发布坏消息一个星期之后，安达信负责安然审计的合伙人戴维·邓肯(David Duncan)

命令驻在安然休斯顿总部的安达信工作人员，确保遵守安达信的文件保管政策。安达信的律师南希·坦布尔(Nancy Temple)在安然问题开始出现的时候就已经将公司的文件保管政策发送给邓肯。在两个多星期的时间里，邓肯和他的员工一起就像给一艘将沉之船掏水那样，从他们的电脑里删除安然的文件，并将与安然有关的纸质文件打包准备销毁。甚至当美国证券交易委员会于 11 月 8 日就安然问题向安达信发出传票时，他们还在忙于此。

12 月，安然破产事件成为美国历史上最大的公司破产案。股东们及那些养老金计划随之泡汤的前安然公司员工到法院起诉安然和安达信的欺诈行为。2002 年 1 月，安达信公司说明了联邦政府其休斯顿办公室对安然文件的销毁程度与范围，并公布了安达信解雇邓肯的决定。安达信公司失去了许多客户，一些海外关联公司和驻外办公机构也纷纷离它而去。安达信开始拼命用税务与咨询业务招徕客户。3 月 14 日，司法部宣布起诉安达信公司在面对证券交易委员会调查时销毁文件这种妨碍司法的行为。3 月 26 日，安达信首席执行官约瑟夫·巴拉迪诺(Joseph Berardino)辞职。一夜之间，安达信公司有6 000人被解雇，其中大多数人是芝加哥办公室的工作人员。4 月初，戴维·邓肯对重罪指控认罪，于是他就成了联邦政府对安达信进行刑事诉讼的明星证人，从而也就减少了他坐班房的可能性。

那么在整个过程中，戴维·邓肯到底扮演什么样的角色呢？他只是自己销毁安然公司的文件呢？还是奉命行事呢？

这些问题是2002年中期审判中的核心问题。邓肯及其他安达信合伙人作证说，当安然宣布破产时，他们知道安然的审计存在许多问题，并且可能会引起证券交易委员会的怀疑。邓肯相信，他的芝加哥的上司们谅解他们销毁文件的做法，以避免安达信陷入将来的诉讼麻烦之中。其他安达信员工支持辩护团的说法，安达信高层并没有卷入，销毁文件是常规做法，并没有重要的文件被销毁。

邓肯在安达信刑事讼案中作证，在进行审计过程中，他并没有觉得安然的10亿美元的亏损令人焦虑。邓肯的判断只不过是安达信审计师所作的一系列不良职业判断中最近的一个例子而已。证券交易委员会在6月份起诉安达信公司为废弃物处理公司(Waste Management)发布错误和误导性审计报告，该审计报告对1992～1997年间的利润修改了17亿美元的账务；另外证券交易委员会还起诉安达信公司为这个公司高层的错误进行掩蔽的行为。安达信的审计师最后出700万美元了结案子，既没有承认也没有否认证券交易委员会的指控；而安达信公司也没有惩罚任何涉案审计师。[1]除此之外，安达信公司也因对太阳光家电生产商(Sunbeam Corporation)和亚利桑那浸信教徒基金会(Baptist Foundation of Arizona)有问题的会计工作而受到调查。安达信似乎并没有从所有这些丑闻中自己所扮演角色那里吸取任何教训，似乎整个会计行业也没有学到什么东西。作为会计行业的"同业审查"程序的一部分，五大会计师事务所之一的德勤(Deloitte & Touche)曾在2001年8月31日对安达信的审计工作及安然的账目进行审查，最后以很高的评价通过了对该公司的审查。[2]

最后，陪审团判定安达信在安然案件中有罪，但罪名不是销毁文件，这着实令人吃惊。2001年10月中旬，安达信律师南希·坦普尔（Nancy Temple）将邓肯所发关于安然利润虚假报告的一份备忘录草案中的"误导性"（misleading）一词，改为法律上更为中立的"过于激进但独特"（aggressive and unique）。在陪审团看来，坦普尔是安达信公司的"腐败怂恿者"、妨碍司法的来源。6月15日，在判决公布数小时之后，安达信宣布终止自己的审计业务，并且宣称它于8月31日终止对上市公司的审计工作。[3]

安然的垮台及安达信的腐败被人们广泛认为是巨型公司的贪婪与自负的例子。诚然，这些因素不可否认。安然公司在高风险和高隐蔽中地位逐步上升，当然也从那里重重地砰然摔下，导致数以千计的人失去工作及养老金保障，还致使股票市场暴跌，甚至促发了加利福尼亚2000～2001年能源危机。类似地，安达信审计师未能有效挑战安然精心设计的会计阴谋，也反映出安达信维持其最赚钱客户的意愿。尽管安达信公司久负盛名，被人们公认为是最严谨、最客观的主要会计师事务所之一，但它还是不断同意安然公司想要的利润报表，而它自己很清楚这些报表最好是"过于激进但独特"，最坏是"误导性"。这两个公司的管理者均愿意牺牲自己的诚实人格换取金钱和权力。

然而，除了贪婪之外，安然事件的背后还有一个鲜为人们所研究的方面，这一点也是安达信作出偏差判断的关键因素之一。虽然没有人能够预见安达信的戏剧性衰落，但经济学家、心理学家以及其他研究人类判断和决策制定的专家们曾对美国政府及私有领域多次就会计行业和金融市场的潜在危机提出过警告。具体地讲，许多专家曾关注审计公司缺少独立审计，并且预见到独立审计的失败就是可预见的危机，是坐等危机发生。[4] 在本章中，我们将讨论那些妨碍美国政府制止这种意料之中意外发生的认知的、组织的和政治的因素。

一、可预见的危机存在的根源

(会计)行业的前途是光明的，并且永远是光明的，但前提是证券交易委员会不迫使我们扮演一种囿于旧经济体制中的过时角色。不幸的是，委员会提出的(关于独立审计)规则迫使(我们)确实要那样做。一个广泛的业务范围对我们来说是关键的，能有助于我们跟上新的商业环境，吸引、激励和留住顶尖人才，从而在将来能够提供高质量的审计。

——约瑟夫·巴拉迪诺，时任安达信公司的管理合伙人

于 2000 年 7 月 26 日在美国证券交易委员会所举行的审计独立听证会上的发言

具有讽刺意味的是，虽然会计丑闻导致 2002 年股票市场下跌，但人们早在 1929 年股票市场崩盘之后就意识到了

审计师的必要性。1934 年的证券交易法规定了上市公司的独立审计制度，并且授权证券交易委员会订立财务报表和会计标准，而证券交易委员会将此特权委托给会计行业。在这种制度下，会计师事务所之间争夺客户，其竞争的基础就是公司声誉、服务范围和审计费用。这种赋予公司保留或解雇审计师的致命缺陷是设在这个体制核心之中的一颗嘀嗒作响的定时炸弹。从一开始，会计师事务所就有必要讨好那些雇用它们审计账目的公司。

早在 1973 年，由会计行业及其客户所资助成立的私人机构——美国财务会计标准委员会（FASB）就制定了上市公司的审计标准。[5]1977 年时，作为会计行业贸易集团的美国注册会计师协会（AICPA）建立了一个名为“上市公司监管委员会”（POB）的独立的私人集团，来监管和报告其成员事务所的上市公司会计业务。在上市公司监管委员会的支持下，巨头公司从很大程度上通过每三年一次的“同业审查”来进行内部监督与控制。但人们从未听到反对的声音，也未看见过红色的警示牌，五大会计事务所从未收到过一份足够严重而吓跑客户的审查报告。国家机构和证券交易委员会享有调查和管教不良会计行为和欺诈实践的权威。但证券交易委员会的日程总被政治变化之风所左右。在过去的几十年里，证券交易委员会从未能够对涉嫌错误实践的案件进行深入调查。

从 20 世纪 80 年代开始，会计师事务所开始用无节制的税务、管理和技术咨询合同来补充其具有竞争价格的审计业务的低边际利润。当会计师们开始引入这些似乎无限制的新的创收渠道时，他们仍强调其审计的诚实性及独立性。20世纪90年代初期，上市公司的审计业务为五大会计师事务所提供了大约50%的收入。10年之后，减少到30%。[6] 在20世纪90年代高科技蓬勃发展时期，对信息技术咨询服务的需求开始爆发，使五大会计师事务所的总体收入翻番，高达261亿美元。[7] 至2000年时，咨询收益（和边际效益）使得审计收入变得十分少。

表3－1显示出主要会计师事务所从1993～1999年间咨询业务的飞速增长。尽管在这段时期中，美国的审计收入也有所增加，但咨询业务的增长远远超过审计业务，审计与此相比黯然失色，只构成了整体收入的一小部分。

表3－1　五大/六大上市公司会计师事务所在美国的估计收入（10亿美元）

	1999	1998	1997	1996	1995	1994	1993
按业务分类的估计收入							
审计	9 150	7 812	6 738	6 195	5 762	5 823	5 485
非审计*	21 466	18 105	13 278	11 110	9 289	7 469	6 570
总计	30 616	25 917	20 466	17 305	15 051	13 292	12 055
按业务分类的估计收入组合							
审计	30%	30%	33%	36%	38%	44%	45%
非审计	70%	70%	67%	64%	62%	56%	55%
美国1993～1999年间估计收入综合增长率							
审计	9%						
非审计	19.5%						

资料来源："Proposed Rule: Revision of the Commission's Auditor Independence Requirements," Securities and Exchange Commission, 17, July 2000 〈http://www.sec.gov/rules/proposed/34-42994.htm〉，作者有所调整，于2004年3月14日访问该网站。

注:管理与 IT 咨询业务的年均增长率为 26%

* 非审计业务 = 税务服务、管理和 IT 咨询、其他非审计业务

美国总审计署(GAO)的 1996 年报告指出了咨询业务的扩张对审计独立的威胁:

> 美国总审计署……相信,审计独立的问题将随着现有审计者与客户关系的继续而存在。当会计事务所继续提供更多传统服务之外的新业务时,人们对独立审计的问题越发关注。在考虑新业务是否适宜时,会计行业要留意人们对独立审计的关注,确保其未受妨碍,审计师的客观和质疑等传统价值不受减损。[8]

20 世纪 90 年代末,克林顿政府的美国证券交易委员会主席阿瑟·莱维特开始仔细研究独立审计的问题。此时距离上次独立审计要求的修订已经有 18 年了,也正是在同一时期内,五大会计师事务所咨询业务开始出现巨大增长。除了表 3-1 内所显示的趋势之外,莱维特还发现,1999 年时,大约 4 100 个上市公司中有 25%的公司向审计公司订购了非审计服务。[9]

审计合伙人向审计客户出售咨询服务的压力创造了一种氛围——会计越发依赖于其客户的首肯。事实上,会计事务所常常将"交叉销售"(即向审计客户销售非审计服务的做法)作为衡量合伙人升薪与否的标准之一。[10]"除非进入咨询领域,否则审计师是不会致富的,"帮助公司高层制定薪酬计

划的芝加哥律师迈克尔·尼迈罗夫(Michael Nemeroff)如是说。[11]美国证券交易委员会前总会计师莱恩·特纳(Lynn Turner)在谈到自己于20世纪90年代在古伯力公司(Cooper & Lybrand)做审计师的日子时,这样说到:"(年薪)考核的一部分内容就是你扩展了多少新业务。如果有人为公司带来2 500万美元的咨询费收入,那他就是英雄。当然,如果你为公司带来那么多的审计费收入,你也是一个英雄。但在当时,审计业务的增长比咨询业务要慢许多。"[12]如果一个合伙人对其客户进行严格的审计,那会令客户不高兴,此时这个合伙人就会面临双重打击:他要为审计和咨询合同的终止负双重责任,他可能还面临被炒的危险。因此,这种意料之中的意外的背景环境也就形成了。莱维特特别关注那些为自己审计客户提供信息技术咨询服务的会计事务所。假设五大事务所之一为某个公司设计安装一套大型计算机系统,当这个系统运作不正常时,莱维特推断,审计师也许会害怕批评其事务所相关同事的工作,因为那样做会危及咨询业务。[13]

另外,20世纪90年代的经济气候也增加了意料之中的意外的发生概率。随着股票市场的上扬,公司有压力使华尔街金融机构和投资者都高兴,因而,根据莱维特的说法,是创造了"短线收益和短期结果"。后来,莱维特在接受美国公共广播公司《前沿》(*Frontline*)栏目的采访时指出:牛市"使得每个决定似乎都成了绝对正确的决定"。[14]随着日益复杂的投资手段的出现,会计越发成为一种使收益符合华尔街投资人士期望的工具。用莱维特自己的话说,会计正在被变成一种

“数字游戏”，在这种游戏中，公司的首席财务官强迫其审计师“以最具创造性的眼光”对公司的收益施以浓墨重彩。[15]同时，财务报表对净收益或扣除所有开支后的利润采取一种轻描淡写的手法，但刻意计算出“预计损益”、“正常损益”及“非经常性活动损益”。这些计算公式尽管完全合理，但却使重大开支与债务省略或最小化。[16]如此，审计就成了帮凶，无怨无悔地接受那些过于激进的会计做法。

在安然丑闻发生之前，所有这些“意料之中意外”的系统化的警示迹象都已经出现在安达信公司。2002年，面对《芝加哥论坛报》(*Chicago Tribune*)的采访，安达信合伙人向人们讲述了一段于1997年至2001年间在公司内部热议的财务事件，这段时间正好介于安达信与安达信咨询公司彼此怨恨拆分这个过程之中。在其咨询业务拆分之后，安达信因为希望迅速恢复，于是开始着眼于重新建立一种利润丰厚的咨询实践。根据一个合伙人的说法，当时审计业务做得悄无声息。安达信这个会计事务所从“海量审计”(即一种万分辛苦地审查合同及其他具体文件的程序)转向了不太紧张的程序(如着眼于会计过程和控制的程序)。从财务的角度看，这种对新咨询收入的刻意追求最初是成功的。安达信的收入从1992年的30亿美元增加到2001年的93亿美元。[17]至2001年时，咨询业务(税务、法律、公司财务以及商务咨询)占安达信总收入的54.4%，约合50亿美元；而会计业务占45.6%，约合42.6亿美元。在这些年里，安然逐渐成为安达信的第二大客户。除了对安然的账目进行审计之外，安达信还向其提供税务和商务咨询及内部审计服务。

早在1997年,安达信的审计师在安然的账务里发现了夸大的收入,但是他们最终还是同意了。安达信作出了一些最具灾难性的决定,即围绕猛龙(Raptors)而作出的,猛龙是安然为了给自己的投资保值而创立的一些平衡表外的合伙企业。2000年,两个猛龙亏损,两个猛龙赢利。安然想把这四个企业的贷款合并,从而保护自己的资产负债表。安达信的审计师卡尔·巴斯(Carl Bass),安达信内的职业标准部一名成员,曾向戴维·邓肯建议,唯一合法的债务分享方法就是交叉担保,也就是说,各猛龙的债务和资产应该永久合并。首席财务官安德鲁·法斯托拒绝了巴斯的建议。为什么呢?因为法斯托从各猛龙(其中之一是LJM,他是该公司的负责人)的个人收入达到数千万美元,远远超过他从安然获得的工资。巴斯的解决方案将会使这些赢利的猛龙贬值,从而帮助法斯托的雇主,而不会帮助他本人。法斯托建议设立一种他本人可以随时取消的交叉担保。“我当初无论如何也不会觉得,这种方法会有效,”巴斯在给他的一个安达信上司的电子邮件中写到,“事实上就像投硬币:正面我赢,背面你输!——总之我赢!”[18]

巴斯的建议不仅被否绝,而且他也被从监督安然账务的工作中撤下来。当时巴斯曾在内部的一封电子邮件中说:“表面上看来,会计程序问题的一个根源在于客户十分清楚我们内部所有关于他们问题的讨论内容。”邓肯当时批准了法斯托的会计戏法,从而允许安然仅仅实行45天的交叉担保——这段时间足够安然发布自己的经营状况，而不用披露各猛龙的巨额亏损。[19]当这45天时间过去之后，更多的会计花招被用来掩饰亏损，至少其中之一直接违反了会计准则。于是，亏损在滚雪球似地增加。

尽管阿瑟·莱维特对安然的日益形成的巨大灾难毫不知情，但他对审计者的冲突利益的担忧不仅仅来自直觉。20世纪90年代，随着劳动大军中许多咨询人员的出现，美国上市公司重编收入报表的案例数也迅速增加。在1981年，只有3家公司发布了重编的收入报表；到1998年时，这个数字增加到93个；到2000年时，达到了157个。20世纪90年代共有700多个公司承认发布了具有严重缺陷的财务报表。[20]莱恩·特纳(曾任美国证券交易委员会首席会计师)估算，其中85%的公司是自己主动公布修正了收入财报，而不是出自美国证券交易委员会的督促。[21]美国证券交易委员会自己只发现了很少一部分的会计丑闻。图3-1显示了这种重编财报的戏剧性增长情况。

图3-1　美国公司重编财报情况(1990～2000年)

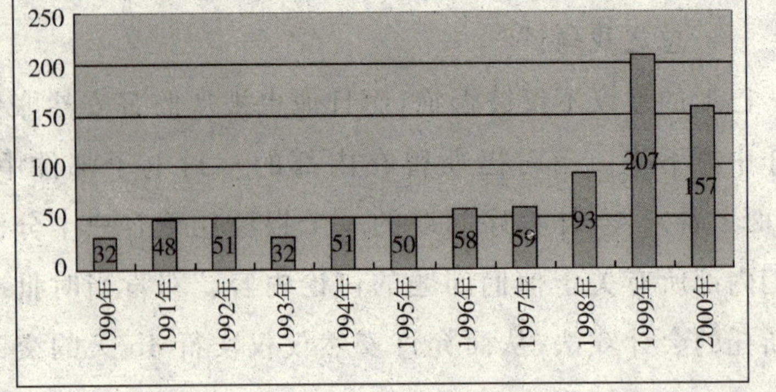

这种重编的财务报表可以由公司的审计师推荐而自愿发布，也可以经过证券交易委员会强迫发布。因为它们披露有严重缺陷或腐败的会计做法，所以它们通常会导致公司股票的急剧下跌。特纳估算，在安然重编财报之前的6年里，投资者已经因为各公司重编财报而损失了1 000多亿美元。[22]一些专家指出，莱维特自己引发了重编财报事件数量的上升，因为他于1998年的一次讲话中说，他计划对收入管理采取更为激进的立场。[23]但在发表此次讲话之后的3年里，77%的市值损失(大约502亿美元)均与下列8个公司的重编财报有关：微略公司(MicroStrategies)、胜腾集团(Cendant)、麦卡森公司(McKesson)、朗讯(Lucent)、嘉道系统公司(Legato Systems)、雷神系统公司(Raytheon)、德州仪器(Texas Instruments)和波士顿科技公司(Boston Scientific)。[24]莱维特和特纳特别关注那些家喻户晓的大公司的欺诈案例。[25]

其他一些丑闻使莱维特确信，审计需要更大的独立性。1998年夏天，证券交易委员会获知，在坦帕(Tampa)古伯力公司办公室的管理者一直对它们所审计的公司投资，这直接违反了证券交易委员会的准则。证券交易委员会共在该事务所内发现了8 000个违反事项，于是证券交易委员会对普华永道(在调查过程中，古伯力公司和普华永道公司合并)罚款250万美元，并委托独立的上市公司监管委员会调查其他事务所对独立准则的遵守情况。但在上市公司监管委员会完成自己被分配的任务之前，其资助机构，会计行业贸易集团的美国注册会计师协会终止了为问询的资金支持。会计行业因对此次审查的不满而停止了这次调查。[26]同时，证券交易委员会开始收集废弃物处理公司会计欺诈的证据。证券交易委员会的监管者们相信，安达信公司一定知道它为该公司所审计的财务报表具有误导性。

总之，证券交易委员会识别出了企业财务官员逼迫审计者接受其有问题的会计欺诈的许多迹象与标志。莱维特将改进独立审计作为他的首要工作重点。他相信，由于会计责任缺乏且潜在的巨大灾难的可能性，解决方案一定会造成审计与咨询责任的分家。事实上，大多数五大会计师事务所当时已经通过自愿或强迫的方式拆分其咨询部门。1999 年 1 月，毕马威将其咨询部门的 1/5 卖给了思科公司（Cisco System），并且希望出售更多部门。在寻求多年利润与权力之后，安达信的咨询部门终于在 2000 年 8 月从会计事务所分离出来。安永将自己的咨询部门于 2000 年初以 110 亿美元的价格出售给凯捷（Cap Gemini）；而几乎在同时，普华永道宣布拆分自己的几个咨询部门。但莱维特对这些自发的独立秀表演并不十分满意。安达信的一个咨询部门刚被解散，就在原来的地方马上生出另一个更新、更大的咨询分支。而在毕马威计划切断其与咨询部门的联系的同时，审计者同样希望在新的公司里攫取利润。每个事务所均有一个不同的“独立”概念，均有其隐蔽的动机及潜在的缺陷。

莱维特当时决定起草新的准则，以严格限制五大会计师事务所向其审计客户推销咨询服务，但允许它们向非审计客户提供此类服务。在保持供求关系不变的前提下，莱维特设想对五大会计师事务所的客户进行重新洗牌;审计师没有理由遭受经济损失。最重要的是,新规则可能会减少审计师那种盲目接受其审计客户有问题会计实践的诱惑。莱维特相信,面对这种长期的利益,人们经历短期的不适还是值得的。

2000 年春天,莱维特将自己的改革方案交给五大会计师事务所。安永和普华永道似乎对其持一种服从态度,但莱维特却从毕马威、德勤、安达信三方的联合会议上的管理者们得到了不同的对待。"我们将与你开战,"后来莱维特用自己的话重复,"这将毁掉我们的业务。我们将全力以赴与你开战。我们会到国会和法院控告你。"[27]莱维特和克林顿政府均深知美国的审计系统远没有独立。他们眼看着一个可预见危机的发生,但并没有不遗余力地去与之抗争。

五大会计师事务所与证券委员会之战

莱维特在此之前就已经看到了会计师们发怒的迹象。4月份,负责监督证券交易委员会资金筹措和规则制定的美国众议院商务委员会的负责人向证券交易委员会发出一封信,要求其在两周之内完成一份特别繁琐的,可带回家的经济学试卷。16 个问题涉及多方面:有些要求证券交易委员会提供"经验证据、研究与经济分析"来证明其提出的冲突利益准则;而另外一些问题则提供了一些复杂的假设情况供这些监管者考虑。许多问题均很尖锐:"证券交易委员会雇员需要遵守什么样的投资规定?""这些投资规定和会计师所要遵守的规定有什么区别呢? ……如果将适用于会计行业的股票规定于2000年2月2日应用到证券交易委员会及其雇员身上，请估算一下会出现多少违规案例。”[28]在莱维特看来，信的结尾是该商务委员会三位负责人[众议院议员汤姆·布利力(Tom Bliley)、迈克尔·奥科斯利(Michael Oxley)及W.J.陶津(W.J. Tauzin)]的威胁：“你的回答将帮助我们判定证券交易委员会对会计行业的监管是否合理。”

在莱维特多年的工作经验里，国会对证券交易委员会的规则制定进行听证还是头一回。但他在此之前低估了五大会计师事务所与其“诚实”审计之间的联系以及五大会计师事务所对国会的影响力。“它们向我们发动了一场战争，一场彻头彻尾的战争，”莱维特后来告诉《纽约客》(*The New Yorker*)杂志。[29]会计们雇用了7个游说公司以反抗独立方案。莱维特说，众议员陶津“无情地骚扰我”，他从众议员那里一共收到了45封为会计行业说情的信函。[30]另外企业界也参与进来，用它们支持审计师的信函将莱维特淹没。2000年9月20日，安然董事长肯尼斯·莱(Kenneth Lay)向莱维特写了一封信，他在信中证明了他的能源贸易公司通过安达信的一站购齐式服务所获得的好处与利益：“……安然觉得它的‘诚实审计’安排比传统的内外审计分家的做法更为有效，且更经济。”[31]事实上，莱只是这封信的起草者之一，后来发现，戴维·邓肯在与安达信在华盛顿的游说公司商讨之后，与其共同起草的。[32]2000年是莱维特之战的关键一年，根据政治响应中心(Center for Responsive Politics)的说法，会计师们为政治竞选捐款1 000万美元，并且在游说联邦政府上花费了1 260万美元。[33]

为了实现他的审计独立的计划，莱维特与全国范围内的投资者进行公开听证。2000年7月，他热情邀请政府、企业、会计师事务所、研究机构的专家在华盛顿为证券交易委员会作证。大家争论的焦点是：那些向审计客户提供咨询服务的会计师事务所是否置财务报告的公平与诚信于危险之中？

安达信的管理合伙人约瑟夫·巴拉迪诺、毕马威的副总裁J.泰瑞·斯臣基(J. Terry Strange)以及德勤的合伙人罗伯特·加兰(Robert Garland)均要求证券交易委员会提供因审计公司提供咨询服务而导致的审计欺诈证据。加兰指出："鉴于案情重大，以及考虑到不能证明问题存在这样一种事实，如果不考虑建议规则的重大风险，是不负责任的。"[34]斯臣基则强调："非审计服务反倒能提高审计质量。"[35]"有关业务范围的建议没有任何益处，"巴拉迪诺说，"依我们看，它确实会妨碍审计的质量。"[36]在他的证词中，巴拉迪诺预测，如果安达信不给它的会计师们很好的咨询工作，那么该事务所很快就会发现自己缺少称职的应聘者。另外巴拉迪诺也争论："审计师对其客户越了解，其审计工作就会越好做。如果你或我是一位首席执行官，且想欺诈或做假账，我觉得我们真正想要做的是将审计者蒙在鼓里，不是雇用他们帮我们运作IT等系统，也不是帮他们审查我们复杂的交易情况。"[37]

本书的另一作者马克斯·巴泽曼和同事乔治·F.路易温斯坦(George F. Loewenstein)也向证券交易委员会递交了自己对独立审计的看法。1997年时，他们和金伯利·P.摩根(Kimberly P. Morgan)一起在《斯隆管理评论》(*Sloan Management Review*)杂志上共同发表了一篇名为"独立审计的不可能性"的文章。他们指出,当人们评估会计丑闻的附带结果时,只注意审计者失职和腐败的做法是错误的。他们写到,偏见并不仅仅在判断表达出来之后才发生,而是在很久以前作决定的无意识阶段就发生了。因此,"审计失败是审计师与客户关系的自然产物,"他们争论说,"在目前这种制度安排下,审计师从心理上根本不可能保持客观;审计失败是不可避免的,即使是最诚实的审计师也会如此。"[38]

他们的这个结论来自心理学领域对"自我服务偏见"的研究成果。研究显示,当人们被要求作出公正判断时,因为个人的私利,这些判断很可能带有偏见,虽然是无意识的,但很严重。某个领域的"专家",如会计师或科学家,作出的判断并不会比平常人所作的更公正。[39]这意味着什么呢?当审计师有一种保持客户满意的动机时,我们基本上可以确定,他就是带有偏见的。

正如巴泽曼、摩根和路易温斯坦在其1997年的文章中所解释的,审计师与客户关系的一些关键特征使得审计师极其脆弱,很容易成为自我服务偏见的牺牲品,其中有些偏见我们已经在本书前面一章有所讨论。第一,他们指出,那些被虚假账务所伤害的投资者被人们视为"只看统计数字者"。研究显示,人们对于那些不认识的受害者的关注程度要低于对那些认识的受害者的关注程度。一方面是审计师认识并希望留住的客户,另一方面是不认识的股东,审计者更可能倾向于取悦于前者。第二，一方面是被客户赶走，另一方面采取创造性的会计实践，前者的消极后果比后者更为直接和深刻，而后者的消极后果可能被推迟，甚至完全可能不被觉察到。在第二章我们看到，航空公司的管理层和政客们是如何容忍美国机场的二流安全措施，部分是因为直接采取措施的代价比一个重大恐怖事件所带来的后果更为明显与可预测。第三，因为审计师与客户关系往往需要多年的培养，在审计公司内部的腐败也可能是逐渐发生的。审计师开始只是容忍被审计公司财务实践的小瑕疵，然后会沿着这个湿滑的斜坡堕落下去。同理，美国的航空安全系统并非在一夜之间土崩瓦解，而是呈现出一种在削减费用及容忍不良表现基础上的逐渐形成的模式。第四，财务报表标准是模糊而复杂的，这就使得审计者对自我判断进行合理化辩护。第五，和所有人一样，审计者具有超常的推脱能力，从而容易在独立审计问题上自欺欺人。基于以上这些理由，即使以聪慧著称的埃及法老在世，并且成为审计者，他也会被迫承受避免向客户倾斜的偏见压力。对审计客户的日益增加的竞争，在迅速增加的咨询业务的推波助澜下，进一步恶化了独立审计的风险。"这和联邦政府的赤字很相似，"他们写道，"这些问题正在积聚，如果不予以解决，恐怕还会恶化。"[40]

三年之后，在向证券交易委员会作证时，巴泽曼和路易温斯坦支持审计和咨询的分家，但同时强调，只要审计师所审计的公司有权对他们雇用或解雇，无偏见的审计就不可能实现。"会计师事务所目前的结构基本上抹杀了独立审计的可能性，即使那些诚实和善良的审计者们也会如此。"他们说。[41]巴泽曼、路易温斯坦以及穆尔（Moore）指出：为了能够创造名副其实的真正独立，下面几点必须予以注意：

- 审计事务所应该只提供审计服务；
- 审计合同应该具有固定的期限，在合同期内，客户不能解雇审计师；
- 公司应该严禁雇用那些曾在它们的审计业务中工作过的会计。[42]

阿瑟·莱维特及其证券交易委员会属下深深意识到审计师的冲突利益的危险性；他们的任务就是说服国会能够聆听他们，而不偏信会计行业的游说者。在莱维特对审计独立的追求过程中，他和时间赛跑。他的八年任期将与克林顿总统的任期一起结束。会计行业也没有忽略这个事实，三个反对证券交易委员会的会计师事务所争论说：在执行新的规则之前，需要更多地公开听证会。就在莱维特的任期结束前几个月，国会召集证券交易委员会为其改革方案辩护。

"在经济繁荣年代，我们很容易就对投资者信心进行想当然地臆断，"莱维特警告参议员们，"但我们这些上了一点年纪、还记得熊市的人们很清楚，投资者的信心可能会在一眨眼之间就土崩瓦解。"[43]普华永道的总裁詹姆斯·斯奇洛（James Schiro）和安永的董事长菲尔·拉斯卡维（Phil Laskawy）对莱维特的观点予以支持。"尽管我们不相信独立审计实际受到了伤害与妨碍，"拉斯卡维作证说，"但我们能够理解，一种公众形象问题确实存在，尤其是当巨额收费涉及其中的时候。”[44]拉斯卡维也表明，安永的会计实践并没有受到出售其咨询部门这一举措的影响。

但德勤总裁吉姆·科佩兰(Jim Copeland)却抱怨说，证券交易委员会的审计和咨询分家的方案是不合理的，因为最近几年并没有出现戏剧性的财务失误。“通常情况下，火车失事或股票市场崩盘之类事情的出现才会导致此类激进的立法，”科佩兰认为。[45]他基本上同意政府是在等待大灾难的出现，而不是积极防止可预见的危机的发生。

一些关键的立法者最终与审计事务所站在一起，并没有采取一些必要的措施以预防可预见的危机。根据莱维特的说法，众议员陶津“在我之前早就知道会计师们在干什么。他一直与他们紧密合作。我不是讽刺他，但是否是因为他喜欢会计师们?”20 世纪 90 年代，陶津一共从会计行业接受了28 万美元的政治捐赠，因此他的众议员的位子从未受到过严重的挑战。如果莱维特不放弃的话，众议院拨款委员会成员亨利·波尼拉(Henry Bonilla)已经准备好为该委员会对证券交易委员会的拨款预算附加一项条款，从而减少证券交易委员会的预算。[46]参议院银行委员会负责人罗德·葛瑞姆(Rod Grams)、埃文·贝(Evan Bayh)、菲尔·格莱姆(Phil Gramm)、查尔斯·舒默(Charles Schumer)以及里克·桑托伦(Rick Santorum)等人讥笑莱维特的建议:仅仅表面上的不合时宜做法就想引起变化，于是他们加入会计师和游说者的行列，要求莱维特提供真凭实据。后来，莱维特向《前沿》

节目透露说，他确实向国会的批评者们提供过他们所要求的确凿证据："我们邀请他们到我们的委员会来，他们还真来了。我们让他们阅读了一系列将来我们要出示的财务欺诈案例，其中包括废弃物处理公司的案例。他们离开这次听证的时候，并没有说这些资料具有误导性或什么也没有听到。但他们也没有说：'我们改变主意了。'我们给他们提供了确凿证据。然而，他们还是向我们发来了许多信件、打来许多电话，其中不乏隐含的威胁。"[47]

当莱维特寻求达到安达信、毕马威和德勤一些它们能够接受的交易条件时，安永和普华永道在最后时刻开始反对他。按照莱维特自己的说法，作为证券交易委员会主席，他犯的最大错误就是没有将战斗进行到底。当他意识到自己最终肯定要被国会打败时，他同意会计师事务所继续为其审计客户提供咨询服务。而会计师事务所的唯一妥协就是向投资者披露这些细节。当然，披露只能有助于使那些腐败行为曝光，并不能有效减少审计师的潜在偏见。莱维特深知披露是不够的，但他感觉这是自己唯一能同意的措施。莱维特担心其组织结构将来会导致大灾难——恰恰是会计事务所依赖咨询业务的收入，这种组织的业务结构妨碍了五大会计师事务所看清改革的必要性。根据莱恩·特纳的说法，当他和莱维特于2000年离开证券交易委员会的时候，委员会的案头已经积压了200～250个会计欺诈案子需要调查。

莱维特将自己失败的原因归咎于美国的政治体制，具体地讲，就是巨大的游说压力以及五大会计师事务所巨额的政治竞选捐款。在1990年至2002年间，会计师事务所的政治竞选捐款高达5 300万美元。[48]在2000年的总统竞选过程中，五大会计师事务所全在布什的“捐款二十强”名单上：安永、安达信及普华永道各捐10万美元。戈尔则没那么幸运，他的最大捐助者是安永，接受捐献13.49万美元。2002年时，100名参议员中有94名和一半的众议员均接受了会计师们的捐款。[49]“我们竞争不过金钱对这些国会议员的影响，”莱维特说，“如果想要举出一个金钱和游说破坏公共利益的例子，这就是很好的一个！”[50]

火车失事：可预见的危机的失败

那些独立审计最为坚定的支持者做梦也没有想到，在证券交易委员会听证之后的一年，就发生了极具破坏性的会计丑闻。安然和安达信的垮台传奇戏剧性地揭露了金钱影响独立审计的事实。最后，投资者在安然股票崩盘中的损失估计达到了9 300万美元。[51]从各种意义上讲，安然的解体是一种意料之中的意外。然而，无独有偶，世通公司(WorldCom)、艾德菲通讯公司(Adelphi)、环球电讯(Global Crossing)、施乐公司(Xerox)和泰科电子(Tyco)均在2002年上半年饱受财务丑闻之苦。所有这些问题公司合在一起构成了一个确凿证据库。我们一直着眼于安然公司，因为它是第一个，也是给人印象最深的灾难，也因为它导致了安达信的覆灭。因此，它为其他大的会计师事务所，以及所有那些面对可预见危机的组织，提供了人们所能够想象的最为明白的警示性寓言。

在安然接受大量管理、税务和IT等咨询业务之后，安达信使自己的审计师们易受自我服务偏见的伤害，从而使自己和安然均向着意料之中意外的方向发展。安达信依赖安然的细节被人们发现之后，重新引发了人们对审计师冲突利益问题的讨论。例如，在2001年2月举行的一次关于安然账务问题的电话会议上，安达信在芝加哥和休斯顿的合伙人已经讨论了事务所内潜在的利益冲突问题以及他们所期望的将来的会计收费。这些合伙人关心的是安德鲁·法斯托在猛龙LJM的领导权以及他在表外合伙企业的收入等问题。另外，"根据我们事务所向安然提供的跨领域服务的规模，我们主观地判断……（安然）的费用几乎可以达到每年一亿美元，"合伙人迈克尔·琼斯（Michael Jones）于第二天发电子邮件给戴维·邓肯及另外一位合伙人时如是说。[52]根据一份递交给证券交易委员会的声明，安然在2000年向安达信支付了2 500万美元的审计费用和2 700万美元的非审计费用。[53]

在对安达信进行刑事起诉过程中，戴维·邓肯作证说，在安然副总裁莎朗·沃特金斯（Sherron Watkins）向她在安达信的一位朋友透露自己对安然公司账务问题的担忧并且预言安然会出事之后，他曾与其上司讨论过相关问题。沃特金斯明确预测了一个潜在的灾难。但是安达信接受了安然外面的文森·艾尔斯（Vinson & Elkins）律师事务所的说法，尽管安然的会计实践是"创造性且激进的"，但并没有违反任何规章或法律。[54]

当时，安达信每周从向安然所提供各种业务中收取100万美元，其中一半是非审计业务。[55]对审计独立的进一步妨碍来自由安达信前职员担任的安然高层管理职位，其中包括安然的总裁、副总裁以及总会计师。[56]“如果你变得过分友好，那么你最终会该摇头的时候点头，”美国总审计署前负责人查尔斯·鲍舍尔（Charles Bowsher）如是说。他也是安达信前员工，他曾在安达信处于艰难时期挺身而出向其提出建议：“除了知识之外，会计还有许多艺术与技巧。”[57]

美国司法部对安达信的检控被一些人认为是布什政府全局策略的一部分：将会计丑闻归咎于少数腐败个人和事务所，而不归咎于一个支离破碎的监管体制。“共和党人相信……如果有人进行欺诈，那就够了，”证券交易委员会前官员唐纳德·C.兰格沃特（Donald C. Langevoort）说，“逮捕他！你不需要冲突利益、股票认购权之类的花哨规则。”[58]司法部负责安达信案件的检控小组着手调查安达信过去的违法行为——安达信对废弃物处理公司和阳光电器公司的审计工作，将其作为欺诈行为的证据。其逻辑就是，不考虑安达信，问题就迎刃而解。但随着破产和逮捕人数的增加，这种论调越发让人难以信服。

在丑闻发生之后，德勤和普华永道宣布自己的计划，决定步毕马威和安永的后尘，拆分或出售它们的咨询部门。但“幸存四大典范”会计师事务所的行动显示，它们只是在敷衍深层改革的概念。2002年3月至6月，甚至在安达信被宣判有罪之前,“幸存四大典范”急不可待地争抢安达信与575个客户所签定的利润丰厚的审计和咨询合同。在有数据显示的最近的财政年度,这些公司总共向安达信支付了10亿美元的费用,其中咨询和信息技术费用占70%,即7亿美元。[59]这四大事务所不仅瓜分了安达信的客户和业务,而且还收编了数以千计的安达信前合伙人、经理及职员。同时,他们的游说者们在国会加班加点地工作,试图说服国会,它们自己的文件柜里没有见不得人的东西。

吸取了哪些经验教训呢?

“我个人不相信,其他事务所会比安达信好到哪里去,”阿瑟·莱维特在安达信被宣判妨碍司法罪名成立之后不久接受《前沿》栏目访问时如是说。[60]在安然丑闻之后,参议员、首席执行官,甚至会计师们纷纷开始接受人们对其反对证券交易委员会改革计划的指责。“我们错了,你是对的,”参议员罗伯特·托瑞赛利(Robert Torricelli)在接受参议院政府事务委员会质询时告诉阿瑟·莱维特。[61]国会曾有一段时间每周就安达信和安然问题举行听证会,一共举行了11次,许诺执行严格的改革措施以安抚投资者并平息问题重重的股票市场。那位曾在2000年与莱维特展开殊死搏斗的众议员陶津将安然和安达信事件称为“一个监守自盗的老例子,那些负有防盗责任者的失职”。[62]

也许关于独立审计问题的最明显的态度转变要属安达信前首席执行官约瑟夫·巴拉迪诺的转变。2002年6月4

日，即辞职后3个月，巴拉迪诺在权衡这个问题时表示，他支持彻底改革。他说，要想纠正一个已经成为“数字游戏、漏洞百出、玩弄文字”的会计和审计程序，改革是必然的。[63]

至2002年中期，重编收入财报流行成灾，而每一次重编财报均会使股东抛售手中股票。据莱恩·特纳估计，从20世纪90年代到2002年这段时间里，因为安然、环球电讯、胜腾集团、废弃物处理公司、阳光电器、日特爱德(Rite Aid)、朗讯、施乐等公司重编财报，投资者几乎损失了2 000亿美元。[64] 2002年6月25日，电信巨头世通公司公布了一条令投资者几乎晕倒的消息，该公司隐瞒了2001年至2002年第一季度这段时间高达38亿美元的亏损。该公司的审计者安达信并没有制止该公司的这种小的会计花招——日常费用被列为资本支出，而且这个诡计是在一次内部审计时才发现的。7月21日，该案件成为美国史上最大的破产案，甚至超过了安然。

后来随着艾德菲通讯公司和泰科电子等公司的新丑闻的出现，众议院、参议院、白宫以及证券交易委员会纷纷提出自己的会计行业改革计划。由马里兰州参议员保罗·S.萨贝内斯(Paul S. Sarbanes)提交的参议院的提案是最严格的提案，因而遭到了会计行业最强烈的反对。但是众议院和总统布什因为不愿表现出温和改革派的形象，而同意全面接受这个提案。

布什总统于2001年7月31日签署的《萨班斯—奥克斯利法案》(*Sarbanes-Oxley Act*)反映出政府和国会的态度，即通过追究审计个人和高层管理者刑事责任的威胁而防止腐败行为，这是平息公司丑闻浪潮的关键。在公司欺诈法案的签发仪式上，布什总统宣告，“低标准、虚假利润的时代已经结束。在美国，没有哪个董事会可以凌驾在法律之上或游离于法律之外。”[65]该法案禁止审计事务所向其审计客户销售一系列咨询服务，并要求负责审计大公司的合伙人每五年轮换一次。除此之外，该法案还规定了“一年降温时期”，在此期间内，如果一个公司的首席执行官、首席财务官或总会计师被一个会计师事务所雇用，并且这些人在前一年里曾参与过该公司的审计工作，那么这个会计师事务所就不能审计这家公司。该法案的修改延长了对某些犯罪行为的监禁时间的规定，其中包括销毁文件，将其定为“密谋或策划”欺骗投资者之罪。[66]在法案中，首席执行官和首席财务官必须签名确认其财报，如果他们“明知或故意”地允许财报发布误导性信息，他们可能会面临 20 年监禁的惩罚。该法案还要求公司及时披露财务变化信息，并给予企业内部揭密者全面保护。

《萨班斯—奥克斯利法案》最引人注目的地方是创立了一个全新而独立的上市公司会计监管委员会（Public Accounting Oversight Board），该委员会专门监督会计行业并惩治腐败审计者。证券交易委员会将负责监管这个新建委员会，并被要求审查更多的财务报告。正如我们在第六章所讨论的，这个新委员会开始并不顺利。2002 年底，时任证券交易委员会主席的哈维 · 皮特（Harvey Pitt）在会计行业的游说者的教唆下，图谋阻止改革者约翰 · 比格斯（John

Biggs)担任新委员会的负责人,他力荐财务经验有限的美国中央情报局和联邦调查局前局长威廉·韦伯斯特(William Webster)担任此职。丑闻最后迫使皮特和韦伯斯特双双辞职,很好地讽刺了布什政府保护美国股东和员工免受将来企业垮台影响这一宣言。2002年底的最后几天里,在对《纽约时报》谈起这个新成立的监管委员会时,研究证券交易委员会的历史学家乔·塞利格曼(Joe Seligman)说:“他们没有完善的委员会:没有预算,没有成员,没有办公室,没有计划。其开局要多惨有多惨。”[67]

即使布什政府改变方向,要求证券交易委员会和这个新建监管委员会负责,但《萨班斯—奥克斯利法案》只能有限地改善独立审计和防止意料之中的意外。这个政策及其他改革措施的总体缺陷使它们基本上着眼于抵制腐败,而对审计者的根深蒂固的偏见则没予以太多关注。因为审计者的偏见是无意识的,正如许多其他引发意料之中意外的偏见一样,所有着眼于抵制腐败的努力不可能改善独立审计。虽然对检控的惧怕可以迫使审计者决定诚实行事,但这些有意识的愿望不可能对无意识的偏见产生太多影响。抵制腐败的另一个问题是,自我服务偏见对眼前直接利益的敏感度大于间接利益的敏感度。因此,那些自信诚实的审计者,尽管具有偏见,但很可能将未来的刑事诉讼视为遥远而不可能的事情。那些导致意料之中意外的偏见的无意识特性使得人们很难解决和纠正。在第九章中,我们将讨论那些用于减少个人行为中偏见的技巧与方法。

这种禁止会计师事务所向其审计公司提供咨询服务的规定是沿着正确方向迈出的成功一步。那些建议客户如何赚钱的同时，而又试图公正判断其客户账务的会计师事务所面对的是一项不可能完成的任务。以前，审计师们在审计的同时还必须兼职向其客户推销事务所的其他服务，这些新的规定将会减轻审计师们的类似压力。遗憾的是，目前的建议允许审计师在某些条件下，经过审计委员会事先许可之后，提供一些诸如税务规划等的建议性服务。真正有效的改革将会禁止审计师提供任何专业服务。

即使审计公司将咨询业务全部剥离也不可能解决独立审计的全部问题。一个根本性问题仍未解决：因为审计师被雇用与否完全取决于他所审计的公司，所以他就处于一种对那些雇用他的公司潜在地作出消极评价的尴尬境地。审计系统的基本架构实际上保证违背了独立审计原则的继续遵守。《萨班斯—奥克斯利法案》要求，会计师事务所必须每五年轮换一次审计项目的负责人，这个要求也是一个不适当的解决办法。相反，会计师事务所自身应该与其客户签订固定期限的合同，在此合同期限内，审计师不能被解雇。合同及费用应该预先商定，并且在审计期限内保持不变。在合同行将结束的时候，审计者不能予以重新雇用；相反，重要会计师事务所应该轮换客户。只要审计者的动机是让客户满意，那么审计偏见就不可能明显地减少。

《萨班斯—奥克斯利法案》所关注的另一威胁独立的问题是会计师们的职位升迁。正如安然丑闻所揭示的，安达信前员工常常接受安然的职位；反之亦然，安然的前职员也会从安达信那里接受职位。这种普遍做法被认为是利益冲突的一个可能来源。显然，当审计师希望在审计过程中为未来职业生涯做好规划时，独立就会受到危害。《萨班斯—奥克斯利法案》所规定的一年"降温时期"也不足以解决问题。审计师应该被终身禁止从他们所审计的公司接受职位。

有效的政策必须全面消除促生自我服务偏见的动机。因此，政策必须减少审计师对客户是否满意的审计结果的关注。这个建议有点极端，但如果没有它，审计独立将会是一个幻想。

除遵守新的政府禁令之外，审计者必须学会辨认自我服务偏见对其判断的影响。尽管职业学校最近几年已经尽力留意伦理问题，但对将来的会计和高管讲授一些不同的伦理观点并不会解决独立审计的问题。我们发现，利用社会科学学者的能力帮助职业人群识别和理解他们在无意识中所犯错误的做法比较有效。一旦人们让高管意识到自我服务偏见，会计行业的责任感和有远见的领导者们就会在我们的会计行业实施和推动一些改革，从而消除偏见，尤其预防导致偏见的冲突利益。除此之外，对偏见之影响的更深理解将会启发审计领导者停止将"专业精神"作为一种充分理由，而要求人们相信一个本身已经存在偏见的系统。类似的说法违反了所有有关人类判断的经验证据。

我们畅想一种会计系统，在这种系统中，审计者将不再是其客户的"合伙人"或"咨询者"，而是一种更为公正、疏远的角色，类似于税务员。然而，尽管我们所有的建议均付诸实施，但审计者也会因与其客户的社会接触而产生偏见。我们可以进一步建议，审计功能应该交给联邦政府，但其他问题也会随这种彻底的变革而相应发生改变。我们这些现实的建议离创立一个独立审计系统还相距甚远。

“这是重要而有益的一步，”阿瑟·莱维特在评论《萨班斯—奥克斯利法案》时说，“但它仅是恢复公众信心所必须采取的众多措施中的一个。”[68]审计与咨询分家确实是很好的第一步，但它还不足够。令人不安的消息是，致命缺陷依然存在。因未着力解决系统固有的冲突利益问题，即被审计的公司对审计者握有雇用和解雇等生杀大权这一问题，布什总统、前证券委员会主席皮特以及国会因此而忽视了意料之中意外的根本原因。皮特的继任者威廉·唐纳森（William Donaldson）已经开始动手对系统进行整肃和改革，但这些改革开展得太慢，因而美国的审计系统仍离独立很远。也许这个意料之中意外的最令人吃惊之处在于，即使危机已经出现，但我们还不能修补系统最明显、最根本的缺陷。无疑，旧伤未愈，新的灾难还在等着我们！

第二部分 为什么我们知而不做？

绸缪

为了防止可预见的危机的发生，我们必须理解阻止意外发生路上会遇到的障碍。设想你的组织中的一个可预见的危机，考虑一下“9·11”事件或安然的倒闭。为什么这样一些可预见的危机发生了呢？当考虑到这样一些困难的社会问题的根源时，许多人容易找到一个简单的解释。[1] 这对许多问题，从贫困问题到无家可归者到十几岁少女怀孕，的确是真的。但研究者克里斯·温希普（Chris Winship）和马丁·瑞恩（Martin Rein）认为，这种确认一个单独原因的思维方式，正是创建有效的社会政策的主要障碍之一。[2] 安·麦吉尔（Ann McGill）用这样的例子生动地说明了这种错误，当人们都知道滥交和没有避孕都是导致十几岁少女怀孕的主要原因时，可那些政治党派人员却还在激烈地辩论到底哪个是唯一的原因。[3]

为了避免寻求只对可预见危机进行单一原因的解释，我们认为，阻止这些意外发生的错误常常发生在三个方面——认知方面、组织方面和政治方面。

第二章中展示了政治活动在 20 世纪 90 年代很明显地阻碍了美国国家航空安全系统的改进。这种政治上的考虑在认知上也蒙蔽了戈尔和其委员会，使其无视悬在国家头上的巨大危险。美国政府的组织结构,包括 FAA 的官僚体制,都起着作用。

在第三章,我们描述了大的财务公司是怎样在短时间内为了维持腐败系统而造假。但组织和认知的因素在导致安达信和安然的倒闭上也起着非常重要的作用,同时国会和 SEC 的密切联系也与此有非常密切的关系。因为屈从于政府和企业领导者造成的股市压力,SEC 的成员低估了他们置于国家头上的危险,他们没有确实开展有意义的财务改革。

在第四、五、六章,我们将深入挖掘这三个类别的根源——认知的、组织的和政治的根源。我们也将仔细列举防止这些可预见危机发生的根源。描述完这些根源以后,我们将提出一个行动框架,帮助领导者了解和评估,为了防止这些可预见的危机在他们的组织中发生,他们必须要做哪些改变。

未雨

第四章　认知根源

——偏见的失误

从一个典型的环境活动家角度考虑，你不可能勾画出在一个厨房里，一位忙碌厨师如何在一晚上准备出成百上千份肉食和海鲜。在20世纪八九十年代，很多厨师给他们的顾客介绍很多美味的饮食，比如箭鱼、智利海鲈、扁鲨、沙孙鲽、太平洋的笛鲷、大菱鲆。现在厨师们认识到是他们培养了这些难以满足的胃口。这些厨师们现在开始成为抵抗濒危鱼类的基层运动的领导者了。他们的目的在于提高公众对这个问题的认识，并且给受到威胁的渔业以时间，让它们得以恢复。只是在别的组织，尤其是在当地政府无法让渔民认识到他们有必要改变他们的捕鱼方式以后，这些厨师才成为活动家的。到了2002年，在全国范围内有超过500个厨师从他们的菜单上将智利海鲈拿下。因为饭店承担了70%的海鲜销售，所以厨师们的抵抗运动起到了真正的作用。[1]

但是对于许多以前数量庞大的鱼类来说，甚至包括整个鱼类市场来说，抵抗运动是姗姗来迟了好几十年。在20世纪60年代，受政府补贴的捕鱼技术的改进，带来了整个新英格兰（New England）海岸的不可遏止的捕鱼活动。[2] 拖网渔船从全世界范围内开始集中到不同地区，受到全球定位系统（GPS）卫星的监督，从一个渔业区域到另一个区域。在短短的几年之内，几个世纪以来一直繁荣的健康、美味的鱼类供应市场突然陷入了混乱。

面对来自渔民的巨大政治压力，美国政府慢慢开始转向增加开放其海岸线和退回外国船只这些措施上。很快，国内渔民开始激烈地斗争，为了在不断减少的稀有资源中增加一小部分比例而斗争。1997年，新英格兰议会颁布了一部法律，其中规定了捕获鳕鱼、黑线鳕鱼和黄尾鲆鲽的配额，但是，在渔民的巨大游说压力下，这部法律在1982年被废除。

一次又一次，科学家们多次警告，如果渔民不在可持续发展限度内捕鱼，渔民这样的生活将永远不能重现，但是渔民对此都置之不理。渔民将这日趋严重的危机定位于在挽救鱼类还是挽救工作之间的一个选择，因此渔民成功地说服了州政府继续实施对捕鱼舰队的财政补贴。这样，政府不但没有扭转这个局面，还加速了鱼类灭绝的速度。大比目鱼、黑线鳕鱼和鳕鱼从大浅滩中消失，渔民开始转向捕捉角鲨鱼、鳐和扁鲨。蓝鳍金枪鱼捕获者则开始转向捕捉箭鱼，当箭鱼灭绝后渔民开始捕获黄鳍金枪鱼。大西洋的大比目鱼、黑线鳕鱼和鳕鱼已经被一些更小的、不太可口的、受更多污染的鱼所取代。

2002年，兰萨姆·迈耶斯（Ranson Myers）和鲍里斯·沃莫（Boris Worm）根据详细的全球分析，公布了一个最详尽的总结报告，标出了世界最大、最重要鱼类大量减少的时间段。[3] 他们证明，世界上各个较大的海洋鱼类的90%已经消失，其中包括箭鱼、枪鱼、鳕鱼和大比目鱼以及鲔这几类。他们进一步指出，一旦一种鱼被人们瞄准并捕获，仅仅只需要15年就可以灭掉这种鱼群的80%。根据个体分析家和美国食品和农业组织的分析，从2003年看来，对渔业的补助每年达到150亿美元，大于每年海洋食品贸易额550亿美元的1/4。[4] 以前是一艘渔船船长的菲尔·克兰（Phil Kline）向环境保护组织Oceana提出过建议，他告诉《洛杉矶时报》："随着现代卫星技术的进步，捕鱼探测器和全球定位系统的发展，人们能捕到和杀死最后的一条鱼，没有任何地方可以供鱼类躲藏，像水牛灭绝的时代一样。"[5]

现代社会全球性的捕鱼业的破坏已成为自然环境中所遇到的最明显的可预见危机。大批的渔民捕杀了太多的鱼，这种疯狂的捕捞行为引起了很多鱼类的灭绝。生物学家一次又一次地警告政府物种大量减少甚至灭绝的危害。起初政府不以为然，但是最后接受了这些建议。渔民游说反对相关行动和法律，然后政府作出让步，继续对该行业的资助。而当最后政府切实采取行动时，渔业的长远价值已经被毁灭，渔民们发现他们自己已经退出了商圈。

一次又一次的政府和捕鱼者的行动都太迟缓，这又是为什么呢?

过度捕鱼问题是大家所知道的“集体悲剧”这一集体行动问题中的一个例子。从大众角度来看,如果公共资源(the commons)得以保护,所有的捕鱼者都会获利。但是某种程度上每个捕鱼者都拥有一些消费资源的过激原因,因此,本来能保证渔业长期健康稳定和可持续发展的合作意向,便受此阻碍难以达成。因此可以预料,这种非理性行为的结果便导致鱼类的大量消减和鱼种的灭绝。我们将在第五章中介绍在公共两难选择中这种过激原因是怎样起作用的。这章中,我们集中介绍这种过激原因的根源:一种先天固有的认知偏见事先影响人们,使人们以一定的方式行动,这种行为方式从长远看来会伤害行为者自身、他们的组织以及整个社会。

在过去几十年里,研究表明,人们的判断和决策经常会偏离理智。[6] 人们依据简单化的战略思想或是认知探索方法作出决策和判断,这会导致人们犯一些可预料的错误。这些错误是由行为决策研究者发现的,现在已经用于医药、法律、商业和公共政策领域。在这章中,我们运用这一研究来描述和证明五种认知偏见,它们都是最明显的引起可预见危机的偏见。

1. 我们倾向于怀有积极幻想,这容易使我们得出问题根本不存在或是不严重、不值得采取行动的结论。
2. 我们倾向于以自我中心的方式看待问题。也就是说,当考虑一个潜在危机解决方式的公正性时,我们以自我中心主义的思维方式来相信或怀疑问题。

3. 我们过度地忽视将来，降低了我们现在采取行动从而预防某些似乎离我们很远的危机的勇气和决心。

4. 我们倾向于维持现状。拒绝接受可能带来更大利益的任何伤害。换句话说，我们不愿意承认，如果我们不把注意力放到日趋严重的问题上的话，就会发生一些显著性变化。我们不是正面面对无法认同的选择，而是躲避集体行动。

5. 对于那些我们没有亲身经历过或是通过数据亲眼所见的问题，大多数人不会进行投资以预防此问题。所以，往往是，直到我们经历了重大损失或是清楚地想到我们或是我们身边的人处于危险中时，我们才会集中关注这个问题。

这章中我们来探讨这些公共偏见并把它们和一些可预见危机联系起来，我们也会介绍这些危机是怎样影响你的个人决策的，并提供一些建议帮助你将它们从行为活动中消除。接下来你将会看到，这些认知错误与前面所提到的事例是相呼应的，并且这些认知错误使对待可预见危机的反应有误差。

正面偏见(积极错觉)

很多人看待他们自己，看待这个世界和看待他们的未来，都是以一种相当正面的眼光，认为要比客观评价或保持现状好得多。[7] 这种正面的偏见有很多好处，诸如能促进和保护自尊，增加个人的满意感，帮助我们坚持完成困难的任务，并且能应对很多负面和无法控制的事件。[8]

但是这种自我激励也是有负面效果的。甚至在很多重要的个性问题上，它都能使看待自己要比别人的评价好很多，[9] 所以这样导致了人们在很多社会问题上有着不现实的正面自我评价。例如，研究结果发现，许多参加研究的人认为自己在很多特质上，包括诚实、合作、理性、驾驶技术、健康和智力等，均超过平均水平。[10]

不现实的乐观主义是决策过程中的偏见造成的，这种偏见能导致人们相信他们的未来要比别人的更好和更加光明。[11]很多学生认为他们会比实际安排得更早一些毕业，更可能是班里的前几名毕业生，得到更好的工作，获得更高的薪水，也更享受他们的第一份工作，更能在报纸上曝光，能生出一个天才的孩子。他们也认为自己与同学相比，更少可能出现酗酒问题，更少可能被开除或离婚，更少可能变得抑郁，或承受生理疾病。相似的结果出现在别的年龄段的人。我们坚持相信，我们在一天内能比一般人可能完成的工作要更多，我们也似乎能对周围世界持续不断地提供给我们的、指出我们存在局限的反馈更具有抵抗力。

人们也错误地相信他们能控制不可能控制的事件。[12]证据表明有经验的掷骰子的玩家相信"轻柔"地扔可能导致小数字的出现；他们也相信，旁观者的安静与他们的成功是有关系的。艾伦·兰格(Ellen Langer)发现，人们在挑选自己的彩券卡片或数字是有强烈的偏好性的，尽管这种偏好对赢的可能性没有任何影响。[13]许多迷信行为均来自于一个错误的控制错觉。因为这样的错觉鼓励冒险行为，它们对赌徒和管理中的决策制定者有着显著的负面效应。

人们的偏见还在于他们是怎样解释事件的原因的，对成功的信心给出了不合理的高估，同时无法承担群体错误的责任。[14]罗德·克雷默（Rod Kramer）观察认为，肯尼迪总统非常理解这种心理模式，按照特德·索伦森（Tod Sorenson）在1965年的传记中记载的："成功有一千个父亲，而失败是一个孤儿"。[15]自我服务的特点能激发领导者得出错误的结论，就是他们会认为，为了防止一种可预见的危机，他们所做的努力已经足够多了，没必要再进行更进一步的行动。这种自我鼓励的偏见会从个人扩散到他所在的群体。[16]人们倾向于相信他们群体内的成员，例如他们一起工作的同事会比其他群体的成员更加诚实、更加具有合作精神、更值得信任、更加勤奋，且更加专业。

在政治上责怪别人是一个普遍的模式。克雷默认为，水门丑闻的爆发部分原因是因为尼克松总统和他的幕僚低估了批评者们的能力和动机。美国在1962年入侵古巴后，是优越感导致了猪湾大惨败。肯尼迪政府错误地相信，一小部分经过美国训练的古巴放逐者能成功地推翻卡斯特罗政权，结果造成了军事上的错误和对世界和平的沉重打击，导致前苏联用原子弹来保卫古巴。[17]

在近几十年中，积极错觉引起美国总统的政府和他的支持者责怪他的前任和后任在可预见危机管理上的做法。例如乔治·W.布什的支持者接受一种观点:布什从他的前任总统身上继承了航空安全的危机、合作伦理的危机和预算赤字,同时克林顿—戈尔的支持者当然否认这种指责,同时将这些问题归因为布什的错误政策。事实上,许多指责都是相互的。在两者的管理下,在老布什的管理下,FAA对来自总检察官和审计总署关于可能发生航空灾难的频繁的紧急警告不屑一顾,他们翻来覆去回到那句俗语:“飞行比驾车要安全”。同样地,在90年代后期,国会忽略了SEC主席莱维特对于会计利益冲突可能引起的财政危机的警告。国会、五大会计师事务所和总经理们坚持认为,会计制度需要改革是因为过度热情的管理者所致,而并不需要行动的积极呼吁。积极错觉强化了政客们的断言,同时也蒙蔽了他们用不同观点来看待问题的美德。结果常常造成可预见的危机。在第六章,我们将讨论在这样的争论中政治动机的作用。

美国政府一直规避全球气候变暖所可能导致全球性灾难的潜在危机。在2002年,布什政府的报告指出:美国将在未来几十年因为全球变暖而发生巨大变化。但该报告却没有提及解决办法,比如控制或减少国家对化石燃料过重的依赖。[18]这个报告令人兴奋地指出那些为了降低全球气候变暖,而被当作靶子,需要付出高昂代价的组织——汽车制造商、石油和燃气公司、与这些产业有密切联系的当选官员,恰好是最快速发展,同时忽略必要挑战的组织。科学家可能高估未来灾难的范围,这种观点可信吗?可信,然而也有可能他们会低估了这种灾难,也有可能等我们反应的时候,就已经太迟了。我们将在第十章更仔细地考察全球变暖的问题。

回到过度捕捞的问题上，令人惊讶地看到，那些渔民那么强烈地否认他们摧毁了一种海洋生物，使其几乎无法生存。在每一个警告面前，渔民都会声称科学家和政府的担心是没必要的，但在越来越多的证据面前，渔民却努力争辩，一个海洋鱼类种群的损害是暂时的，如果政府让他们不受约束地继续捕鱼，什么事情都不会发生。常常，就是这样的积极错觉，销毁了避免可预见危机的最后机会——从物种消失中挽救鱼类的机会。

自我中心主义

面对全球范围内的生态灾难中可预见的危机，比如全球气候变暖、空气污染和鱼类资源的损毁，应该指责谁呢？美国政府指责那些发展中的国家损毁了雨林，也造成了人口过度膨胀。发展中国家指责西方，在工业化过程中带来的污染，和因为公司产品过度市场化所引起的巨大浪费。在北美，考虑到酸雨问题。大的烟囱减少了当地的空气污染，但带来了区域性的酸雨问题。[19]加拿大的那些被酸雨问题影响最严重地区的批评者和政客，声称污染是因为美国的西北和中西地区工业化所带来的。对于加拿大，因果关系是明确的：美国应该被指责。与此同时，美国的许多利益团体（例如重工业经营者和那些支持他们的政客）却坚称美国的大烟囱和酸雨之间没有存在明确的因果联系；相反，他们认为酸雨是因为加拿大当地的燃煤所造成的。

当然，像酸雨这样的可预见的危机的形成是很复杂的，而且他们存在多种原因。很可能美国和加拿大都需要为酸雨负责任，但是指责游戏却阻止了任何单边承担责任和共同改正问题。甚至最具深思远虑的和为将来着想的组织，也只接受因为它们自己所造成的损害责任。但非常不幸的是，我们很少能对这样的事情作出客观的评估。

我们对诸如酸雨和全球变暖等环境和社会问题的看法，是基于一种自我服务的方式，即“自我中心主义”。[20]与上面所描述的积极错觉相关的是，自我中心主义关注的是某人的看法是怎样以自我服务的方式来解释信息的。在自我和别人的评价背后，自我中心主义关心的是偏见和对事件倾向性的解释，它说明了事情是“公平”这一问题的困难程度。

每个人感知情景相差巨大的原因在于他所扮演的角色。心理学家戴维·梅西克（David Messick）和基思·森蒂斯（Keith Sentis）认为，当在一种给定条件的问题中搜索解决方案时，人们首先根据自己的利益决定他们对某种确定结果的偏好性，然后通过改变某种影响“什么是公平”这个问题的因素的重要程度，基于相对公平价值上判断这种偏好。[21]许多的人都期望有这样的解决方案，就是所有各方均认为是公平的，然而我们每个人所认为的公平事实上常常被自我利益所歪曲了。自我中心主义导致在一个给定条件情境中，所有各方均相信他们所必须得到的，比由一个独立建议人公平分配的稀缺资源多。这个问题并不在于我们期望不公平，而是我们无法以一种没有偏见的方式来解释信息。[22]

当两个人共同写一本书，可以预期，每个作者都认为他个人工作的百分比应该超过百分之百。[23]同样当请丈夫和妻子评估他们各自承担家务的百分比时，结论也是相同的。[24]相似地，当研究者鲍勃·萨顿(Bob Sutton)和罗德·克雷默(Rod Kramer)发现，冷战双方常常将无法达成和谈协议归因于对方的顽固。[25]里根总统告诉记者："我们到达冰岛提出和平的倡议……即使我们将历史上最难做到的武器控制计划都提出来，也会遭到拒绝。"就在同一天，戈尔巴乔夫却声称："我提议在这里紧急约见，因为我们有一些建议……但美国人却空着手来到这个会议上。"这远不仅是互相撕咬，这些领导人的发言反映了在外交事务中的一脉相承的自我中心主义。[26]

约翰·罗斯(John Rawls)提出的一种公平理论认为，公平应该在"无知的面纱(veil of ignorance)"下进行评估。[27]更特别地，当某人判断一种情景，同时不知道他们个人会扮演什么样的角色，他们就不会被他们的角色所影响。所以我们可以将自我中心主义看成，有或者没有无知面纱下的感觉上的差异。通过仔细假设一种无知面纱的存在，一个人能够学会看待他们自己背后的东西，从而更有效地突破可预见的危机。这种策略在工作中特别有效。在工作场所中，考虑到各方面的观点(同事、竞争者、领导等等)，对全面考虑刚刚出现的危机，从而得到完满的方案至关重要。

回到美国审计师独立性的错误问题上，自我中心主义文献已经清楚地说明，从审计当中得到精确的审核是不可能的，因为审计的利益与他们客户的成功联系在一起。当我们以强有力的建议结束第三章时，我们建议在审计行业中有必要消除利益冲突，我们并没有传递这样的观点：腐败是人性中一般性的和不可避免的属性。我们的观点是基于我们的研究结论：甚至经过良好训练的、诚实的、专业的眼光和数据解释都是以自我服务的方式，只要是审计员被鼓励不作假，相信他们客户的财务数据是真实的，他们应该更快得出这样的结论。

在2002年末和2003年初，为了支持他们推翻伊拉克独裁者萨达姆·侯赛因的想法，美国所领导的搜索情报站可以成为教科书上有关事件自我服务的典型案例。战争爆发的那个月，布什政府对美国人民、政府安全咨询机构和全世界声称，它得到了可信的情报：在萨达姆·侯赛因领导的伊拉克中有大规模的杀伤性武器的存在。“面对清楚到来的危机，我们不能等到最后一个证据——正在冒烟的枪膛，蘑菇云的出现。”布什在2002年的10月7日的发言中提到。[28]在2003年1月28日，美国政府声称，布什告诉美国人民必须进行军事干预，“英国政府得知，萨达姆·侯赛因最近正在从非洲获取大量的浓缩铀。”他断言。[29]

侯赛因建造核武器的进程成为先发制人的打击政权的基本判断，民意调查发现美国公众接受了总统的国情咨文，并且转变成为对立即开始的战争的支持。同时政府也没有做任何行动来消除这种世界范围内的错误观念——侯赛因政权跟塔利班和2001年“9·11”事件有着密切关系。

在侯赛因被推翻以后的一个月中，都没有发现在伊拉克存在大规模杀伤性武器的证据。在2003年7月7日，因为伊拉克越来越陷入混乱和动荡中，白宫终于承认：布什在他的国情咨文中提到的购买浓缩铀是基于伪造的文件。在共同努力下，布什和他的政府指责美国联邦调查局主席特尼特在情报数据上签字，特尼特自己也承认为这个“过错”负责。[30]但是在白宫发表国情咨文之前的几个月，特尼特亲自干预，将在总统发言中要提到的，伊拉克正试图购买五百吨铀的氧化物这样的信息去掉。[31]联邦调查局只签署了在美国国情咨文上铀的线索，将转移和起诉的责任归结为英国政府而不是美国政府。[32]这件事情表明：布什政府中高级别的官员想急切地证明伊拉克是对世界和平的巨大威胁上，提供给公众消费的信息中，最好情况下的情报是可疑的，最不好情况下的情报是具有欺骗性的。

政府想要占领伊拉克的根源来自于1991年的第一次海湾战争，但推动它真正运转的是来自2001年9月11日的余波，当时副总统迪克·切尼(Dick Cheney)、安全秘书长唐纳德·拉姆斯菲尔德(Donald Rumsfeld)和国家安全秘书保罗·沃尔福威兹(Paul Wolfowiz)开始在政府中提议要先发制人地攻击伊拉克。沃尔福威兹和别的“新保守主义”阵营的其他人在90年代初就提出攻击伊拉克。记者西摩·M.赫什(Seymour M. Hersh)在《纽约客》上的记录：“9·11”事件后很快，沃尔福威兹在五角大楼中组建了一个自称之为情报集团的组织。小部分政治智囊和分析家团队发现他们拥有这样的观点，即萨达姆·侯赛因和阿富汗塔利班有着密切联系，伊拉克拥有足够威胁美国的罐装的化学、生物武器和可能的原子武器。[33]拉姆斯菲尔德和他的同事相信，组建这样的情报组织是非常必要的，因为在他们眼里，中央情报局不能完全觉察到来自伊拉克的威胁。"(拉姆斯菲尔德)换句话来说……缺少证据并不等于没有证据。"前任中央情报局的主席詹姆斯·伍尔西(James Woolsey)，总结了布什政府的心声。[34]

沃尔福威兹的情报团队不是客观地收集事实和关联证据，而是"摘樱桃"——他们努力发现那些支持他们先验的观点，并且寻找推进他们工作计划的证据。他们的情报来源不仅包括本国或外国代理机构的信息，而且包括一些政治上别有所图的派别的信息，比如伊拉克国家议会(Iraqi National Congress INC)，是由一些伊拉克的流亡分子组成的，他们迫切期望美国领头攻打萨达姆政权。批评者认为特别计划办公室只是简单地开展了一场捕捞活动，寻找支持他们的任何信息，无论是多么地不可信还是自我利益驱动的。[35]"五角大楼的人们开始怀疑他们自己的偏见，"记者赫什评论，"无论什么情报，他们发现支持他们的先验理论，这就是他们相信的情报"。[36]

到了2002年秋天，当发现自己逐渐被沃尔福威兹的情报小组同化后，联邦调查局肯定了在伊拉克和阿富汗塔利班之间存在密切关系的证据。一些分析家认为，联邦调查局的主席特尼特觉得有义务告诉布什和五角大楼，他们想要听到的和正在冒险的没有任何关系。[37]一位前任的布什政府情报官员告诉赫什,“我离开(政府)的一个原因是我的感觉,他们采用中情局或别的机构的情报,只是因为这些符合他们的需求。他们不喜欢他们去得到情报,所以他们要求人们写他们的情报……如果它不符合他们的理论,他们就不想接受它。”[38]

另一面,似乎政府也是在一种自我中心的解释基础上,建立了它对伊拉克的政策,这种策略威胁到了布什的政治影响力,也影响到了美国在全球范围的可信度。

虽然在随后到来的战争面前,一些分析家提出了严重的质疑,萨达姆·侯赛因是否真的对美国有巨大的威胁?但大部分的美国市民选择相信总统的话。为什么?部分原因是“9·11”的伤害造成了一种恐惧的气氛,这种气氛引导人们给予政府质疑的权利。同样,在面临近乎确信的战争,市民们必须决定,要么领导人给他们提供完全可靠的信息,提出公平的方案,那样国家必须采取战争;要么基于人为的数据,为了解决问题,国家必须面对战争。我们认为美国人民绝大部分被鼓励选择前者而不是后者,在这个过程中,无意识地,允许产生了自我中心的错觉。

谁正在制造公司丑闻呢?是一小部分坏分子、会计、我们的资金系统、要求成倍利润的投资银行家,还是你喜欢的任何人呢?谁将为修复系统来支付费用呢?自我中心思想为防止可预见的意外创造了最常见的障碍,它对什么是公平性无法取得一致性看法。当每个部门只同意解决他们所负责的部门的问题时，冲突的解决就非常困难了，尤其是在缺乏结论性的科学和技术信息时，环境的冲突会非常复杂。解决问题的方法常常要求付出短期的经济代价，以换取全面的不确定的长期收益。

在本章刚开始所描述的新英格兰渔业危机的情境中，研究者发现了不同参与者中对公平的解释上出现了自我中心主义的证据，这些参与者都是 MBA 学员。[39] 在研究中，四个人扮演成在新英格兰海岸水域捕鱼的四个渔民组织的代表。像现实中的渔民一样，参与研究的学生的角色是从渔舱满盆到破产的渔民。现实中的破产有很多原因，包括渔民缺乏有效激励，从而减少捕鱼的数量，他们拒绝相信科学家有关鱼类绝种的警告，也拒绝政府对捕鱼船只现代化的支持等。这种情景加上有关自我中心主义的强烈证据，导致渔民破产。证据表明，自我中心是另一个导致过度捕捞的原因。每个部门都相信，他们需要更多地分享资源，而不是如中立部门判断的那样。另外，能观察到的自我中心主义的程度也是过度捕捞的最好预测指标。

金伯利·韦德-本泽尼（Kimberly Wade-Benzoni）和他的同事记录了为减少莱茵河的污染，欧洲各国相互斗争的过程。莱茵河污染问题非常典型地说明了，在许多国际环境争端中，存在内在的权力不对称性。随着污染和全世界范围内人口的增多，清洁的水源成为越来越稀缺的资源，也成为越来越多的冲突来源。[40] 世界上 214 条河流至少被两个国家所分享，13 条河流被 5 个或更多的国家所分享。[41] 所分享的河流像约旦河、恒河、尼罗河、格兰德河已经成为国际间争议的焦点。相似地，莱茵河也成为争议的焦点，它流经瑞士、法国、德国和荷兰，它的第三个支流摩泽尔河流经卢森堡，这五个国家共同分担保护这条河流的工作。

除了它的历史、政治和文化的重要意义以外，莱茵河还提供饮用水、船运、渔业、休闲和娱乐活动，是这五个国家中每一个国家的生态资源。当河流流经大城市和工业区域时，大量的有毒物质，包括氯化物、汞和镉，都被排放到里面。在河水里，已经证实有超过100种这样的物质。希望降低排放到河水里的工业污染物和废水的愿望，使得这些国家试图商量一个解决问题的方案。

对河水污染的责任和河水中得到的收益的水平，使得不同的国家的态度是完全不同的。虽然五个国家都对河水的污染有作用，但每个国家所污染的比例是不同的。下游的国家，尤其荷兰，承受更多的污染的压力，所以最感兴趣去找到解决问题的方法。而上游的国家并不积极去了解问题的存在，更不用说寻找解决问题的方法。

由于在权力和动机上的不对称性，每个参与者对不同问题的利害权重分配不同。就水污染这一例来说，位于下游地区的荷兰坚持认为，上游国家应该采取有效行动致力于降低污染。相比之下，法国（上游国家）鼓吹“在此问题上采用更实干的和渐进的解决方式”，鼓励对这一问题的经济方面进行更深入的调研。所以，由于每个国家都关注对自己国家最有利的观点，这样对于公正性的利己主义解释便形成了。下游的国家把注意力放在无污染水的合理分配上，而上游国家则集中在经济问题的合理分担上。

自我中心主义与莱茵河污染之间的联系与当今现实生活中的其他环境污染问题是很类似的。在近来的全球气候变暖问题的谈判中，发展中国家将问题归咎为发达国家的过度消费模式所带来的；同时发达国家则坚持认为，如果发展中国家不同意向其污染基地的扩散，并限制对热带雨林的破坏的话，这个全球气候变暖问题就不能得到解决。一方面，各方都认为造成这样的问题是双方的原因，但是，他们都从利己主义出发作出不公平的判断。

对未来打折扣

你是更愿意要今天的 1 万美元，还是要明天的 1 万 2 千美元？许多人可能选择前者，尽管事实上 20%可能是一年期投资中非常好的回报率。许多拥有住房的人并不经常将他们的阁楼和墙作隔热处理，而且也不购买昂贵的、更节约能源的用具，甚至即使他们不到一年就能将省出的钱购买节能用具，他们也不会购买。大多数组织为了眼前的利益也倾向于对未来打折扣。当美国的一所最好的大学对其基础设施进行大的翻修时，许多情况下，它也没有使用最长期、最耐用的建筑产品。考虑对未来问题时，一个更高比例的潜在折扣率影响着大学的建筑决策。现在的利益（减少的表面上的费用）比将来的费用（所增加的能源的消耗）被给予更多的权重。自相矛盾的大学建筑决策过程是对学校所获得的捐赠的浪费，而这些捐赠，是大学的财务部门梦寐以求的。

研究结果一致地认定了这样的一种短视的偏好，这种偏好反映了对未来非常大的折扣。[42]那不是理性地从长期的角度来评估，而是偏向于聚焦到短期利益的考虑。从个人的角度，我们担心未来可能会后悔，因此明显地对未来打折扣；从社会的角度，这种倾向所带来的问题更加严重。有效的领导者必须有这样的视野去使社会相信。它应该尽量获得最长远的福利，但赫尔曼·戴利(Herman Daly)认为，许多环境的决策是为世界所做的，它不仅仅只是一个有关水域的问题。[43]

最常见的可预见危机中一个最关键方面，是管理他们要求现在投资的资源，一方面要寻求回报，另一方面又要尽量使一些将来的、不确定的损失减少。在本章开头所讨论的渔民需要放弃现在的收益，以交换一些利益，这些利益只对后代子孙才能有意义。很不幸的是，有太多的人要抵抗作出这样的牺牲。在最近的几年，从渔民到航空公司管理员，到五大会计师事务所的合作者，因为抗拒改变或其他的不扭转可预见危机的活动中，已经得到了可观的短期利益。这些行为所得到的利益常常令大多数公民很混乱，大多数公民整体上都缺乏相关的知识或思考这些问题的驱动力。

为什么渔民持续阻挠协调的努力，那些努力是为了减少整体捕鱼数量到一个可持续的水平呢？因为决策制定者的一般趋势会否认他们行为的长期效果。当人们只关注眼前所得时，他们有可能对未来打折扣，即使他们个人能够从长远利益考虑，也同样如此。高的折扣率也能使个人兴趣减弱，或者它可能在一个代际水平、全球化水平上带来伤害。[44]当可预料到的意外的威胁来临时，这两个方面都可能出现。

经济执行委员会成员过分高估了现在与未来费用之间的权重，投资者和管理者会将未来的费用比率视作全球竞争力最大的障碍。研究者伊丽莎白·曼尼克丝（Elizabeth Mannix）和乔治·洛温斯坦（George Loewenstein）指出，因为高折扣率就不能将显著的资源投入到长期的投资、消费者忠诚度的研究和发展中，从而导致了商业运作的失败。[45]按照这种观点，商业的决策者选择以未来的收益为代价，扩大现在的收益。而有人认为，过分看重现在不仅是愚蠢的，而且是不道德的，是从后代子孙那里抢机会和资源。如果作决策会打败别人，我们是尽道德义务去为人们谋利益吗？如果这样的话，我们应该把他们看作谈判桌上沉默的一方。

渔民现在受到非常强烈的鼓动，相信科学家是错的，海洋鱼类并没有灭绝，现在的条例太严格了。“你告诉我们的东西，你们自己根本也不知道，”一位渔民在《前沿》电视节目上抱怨，“有人告诉我们，我们要做所有的事，但没有人知道为什么要这么做……你们做好了本职工作，但我不知道，如果你们继续的话，我们能得到什么，拯救了鱼，那人怎么办？”[46]事实涉及到未来的决策，总是包含一定程度的不确定性。不确定性就允许存在充满愿望的思想，但现实常常对我们的愿望置之不理。

对未来打折扣与我们前面所提及的偏见是相互影响的，即正面偏见和自我中心化相互影响。认识到科学家是彻底错了，渔民便开始了积极错觉：鱼类的供应将改善，而不用调整自己的行为。他们选择忽视这样的事实：在他们的捕鱼活动中小的改变，将永远消除巨大改变的需要：如丢掉他们的工作。这种充满愿望的想法常常反应了一个人的自我中心主义愿望，否认一个人在制造一项更大的麻烦。当问题变得足够严重时，它再也不能被忽视，充满愿望的想法会导致我们去指责别人并让自己脱离干系。美国渔民违抗有关地区渔业的规定，自己独立作出决定以后，鱼已经消失了，渔民反过来开始指责政府没有尽早执行有关规定：撤走渔业补贴，还允许外国渔民到美国海岸捕鱼。当然，所有的这些指责都有效。但渔民他们自己对未来打折扣也是应该被指责的，因为没有支持新的、建设性的国家政策。通过否认他们集体行为的必要改变，能帮助减少问题，是他们自己直接造成了可预见的危机。

当然，对未来打折扣并不仅仅只是渔业，退休后的贫困可能是由于在年轻时的储蓄和投资不够导致的。像我们在第十章讨论的，联邦政府的错误是从为公众提供服务的愿望开始的，同时却没有考虑这种服务的相关成本，这种简单的解决问题的方式就是为未来打折扣，将争论留给子孙后代。

忽略偏见与维持现状

个人、组织和政府都趋向于遵守经常听到的格言“不要伤害别人”。这也许常常用来作为道德指南，但遵守得太过分了，也会产生负面后果。有时为了避免一种可能产生更大伤害的情况，社会必须有所付出，而这可能引发一些较小的伤害的冲突。为了避免一些可预见的危机，相应少量的不便，像飞机场排长队，或机场的安全检查，都是为了避免更大的伤害的必需做法。社会上所描述“不要伤害别人”，阻止了我们开展一些可能引起某种程度伤害的防御性行动，甚至当伤害相对来说小或者只影响很少的一部分人时，我们无所作为。作为社会管理者，我们更趋向于宁可犯失察（无所事事）的错误，也不犯那些作为（引起伤害）的错误。[47]不能作出聪明的决策来防止可预见的危机，我们接受这种无能的现状。在接下来的两篇中，我们会讨论，组织和政治力量常常趋向于维持社会常规，但是在其内部，忽略的偏见是心理意义的：本质上，大多数人都不愿意看到自己或其他人受到伤害。

心理学家乔纳森·巴伦(Jonathan Baron)和伊丽娜·里托夫(Ilana Ritov)作了一项有关注射疫苗的决策研究。参加者不愿意给儿童注射防止疾病的疫苗，这种疾病可能会杀死万分之十的儿童，但另一方面，疫苗副作用本身也可能会杀死万分之五的儿童。[48]人们不接受来自注射疫苗行动中所引起的任何死亡，甚至当他们的决定可能会引起多余的 5 个人死亡也是如此。换句话说，注射疫苗导致 5 个人死亡的错误可能比不注射疫苗 10 个人死亡的错误要更大。很清楚，这种偏见是不合逻辑的，我们可以更进一步认为导致 5 个人不必要的死亡是不道德的。

相似地，许多人不愿意做一些可能帮助别人而只有很少或几乎没有个人损失的事。比如器官捐赠。这样的事情只能引起很少的伤害(死后丢失一些器官),但能作出很大的贡献(挽救生命)。考虑到平均水平,在美国每年平均1.5万人死于等待捐赠器官的过程中。可在1.1万签署捐赠者中只有4 500人捐赠了他们的器官,许多合适的捐赠者都没有确认他们的捐赠有效,或者他们悲痛的家人不同意这件事情。[49]为什么许多人不去参加器官捐赠的项目呢?很显然应该考虑他们是缺乏远见和自私自利。但当巴伦和里托夫提示参加者,自己或他们所爱的人可能也在徒劳地等待器官时,人们趋向于更为关注死后是否器官还健全。这种偏见使得人们相信,当他们遵守一纸禁令而别人在追求自己的狭隘与自私时,他们是很道德的。可预见的危机是什么呢?是全国性的器官短缺。

与忽略偏见相关的是人们内在保持现状的趋势。人们常常不愿意为一个更好的选择放弃他们已经拥有的——他们的"所得"。为什么?因为像心理学家丹尼尔·凯尼曼(Daniel Kahnman)和阿摩斯·特韦尔斯基(Ames Tversky)已经提及到,风险要比收益明显。[50]设想一下,你可以得到一个工作,这个工作在某些方面(比如工资、需要承担的责任和休假时间上)比你现在拥有的工作好很多,但在另一方面(比如环境、健康保险福利等),边际效应坏很多,你会怎么做呢?一个客观的分析可能会认为,如果收益要远远大于损失,你就应该换新工作,但是因为心理趋势更看重损失而不是收益,我们倾向于保持常规,结果是放弃净收益。当看到国会议员制定改革计划如同蜗牛的脚步,则保持现状的趋势就可以理解了，因为许多人都会被每一个决策所影响，事实上政府层级的所有改革所更应该要求的是确实的损失而不是更大的收益。

比尔·萨缪尔森（Bill Samuelson）和理查德·泽克豪泽（Richard Zeckhauser）发现，人们不愿意对他们的投资计划做任何改变，甚至改变能从经济上获利，也是如此。因为任何的改变都能导致不可获知的结果，如股市朝无法预料的方向移动时可能带来财产的损失。[51]这些研究者为那些有经济和金融知识的个体作了一个全面的测试。要求参加者设想他们从一个叔叔那里继承了一大笔钱，要求他们从以下四种选择中选择一种可能的投资方式。(1)中度风险的股票；(2)冒险性高的股票；(3)美国国库券；(4)市政债券。四种投资方式都有详细说明。四个随机选择的参加者组（从相同的目标人群中选择）也被告知他们从叔叔那里得到一笔投资。每一组都被告知继承了某一项投资（一组被告知他们继承了中度风险的股票，一组被告知他们继承了高度风险的股票，一组被告知他们继承了美国国库券，一组被告知他们继承了市政债券）。现在要求所有的参加者要么他们将保留他们所继承的投资，要么把它卖了换成剩下的三种投资形式。参加者全面一致地选择保护他们所继承的投资形式，而不是将他们的投资更合理地、按照他们无偏好的倾向来作出选择。他们表现出了强烈的维持现状的倾向性。与这个工作相似，研究者改变了一些条件，让参加实验的人如果不去调整他们的退休金的总额，他们整个职业生涯结束后退休金的量最少达到零时，[52]我们得到的结论仍是接受现状。

如果你不谨慎地调整你的退休金，你只可能伤害自己和家庭。当我们的领导人接受现状时，我们则是冒着灾难性的风险。在一篇有关全球变暖的报告中，经济学家托马斯·谢林(Thomas Schelling)认为，不是不作任何调整，也不是抱着最好的期望，我们应该准备面对可预见的危机，但有时危机甚至比科学模型所预料的大灾难还要大。谢林认为："没有任何科学原则可以遵循，对此可以预见，所有的警报对未来的调查来说都不是良性的。"[53]所以，最好的策略可能是走中间路线，而不是确信当灾难来临时，我们能够很快适应。然而，即使中间路线也必须面对相当多的惰性，因为任何常规的对立面，都要求在个人和行业上作出痛苦的改变。

即使近几年来全球变暖的科学证据越来越明显，但是在位官员和公众仍然迟迟不肯采取行动。维持现状的心理，加上其他政治和经济障碍阻碍着人们对预防可预见危机的有效方案的接受。自相矛盾的是，尽管我们知道不采取行动将会对我们的现状带来危害性转变，但是"忽略偏见"使我们迟迟不肯采取任何行动，去解决全球变暖这一问题。维持现状的倾向性与对未来打折扣这一偏见共同作用，维持现状的趋势会使我们忽略改变，而这些改变是迟早都会发生的，将来也要付出巨大的代价。

在这一章中我们所描述的认知失误都是隐匿的、普遍存在于人群和周围环境中的。维持现状和避免犯错误的愿望，有助于解释我们所接触到的一系列可预见危机：诸如，为什么渔民反对捕鱼习惯的任何改变？为什么公众在“9·11”之前没有要求有效的民航安全举措？为什么2000年五大会计师事务所反对关于该行业的改革？社会对这些可预见危机所出现的反应错误，给我们的社会，包括远离这些危险和被迫转移的人们带来惨重的代价。对一些事情充耳不闻的倾向是可以理解的，但这是不能令人接受的。不幸的是，往往只有当活生生的灾难发生了，才会激励人们去改变些什么，这在下面我们将会看到。

鲜活性：如果我们找不到问题，就无法修复

马克斯·巴泽曼在他的《管理决策判断》(*Judgment Managerial Decision Making*)一书中问读者：

下列所列选项中哪项造成1999年美国未成年人死亡人数最多？

1. 吸烟、肥胖/不运动、酗酒
2. 癌症、心脏病、交通事故

受到2中所列原因影响，人们大多数选择了2。实际上，选项1是造成1999年美国未成年人死亡人数排名中第一位到第三位的原因，[54]交通事故是未成年人的第八号杀手，癌症和心脏病居于更低的位置。然而大众媒体中所反映的第二类原因的生动性使人们对这些事件发生的频率作出了歪曲的判断。所以，我们倾向于低估吸烟、肥胖和酗酒这些原因所引起的未成年人死亡的可能性，并且我们没有抓住通过这

些预防性措施来降低这些危害的机会，诸如学校和工作场所健康条例。

信息的鲜活性影响我们生活中很多重要决策，尽管大多数人都意识到艾滋病的严重性，但大多数人没有采取足够措施来预防这种疾病的感染。然而，1999 年秋季，达拉斯地区的性行为明显地受一件还不知是真是假的，艾滋病事件的影响。在一次令人心寒的采访中，一个自称是 C.J 的达拉斯妇女宣称她感染了艾滋病，出于报复那个传给她这种病毒的男人，她想将这种病扩散到别人身上。这件令人心寒的采访在媒体公开后，达拉斯地区关于艾滋病的学术会议参会人数剧增，艾滋病也成为电视谈话节目的主要议题，艾滋病毒测验也遍布整个城市。尽管 C.J 的可能性行为是一个法律关心的问题，但是应该清楚的是，一个妇女不能是造成达拉斯地区这么多的艾滋病病例的唯一原因。谈到艾滋病的扩散还有很多其他的更重要的危害性原因。但是，C.J 的访谈对人们行为的影响力，远远超出了大量可得到数据的影响力。

特韦尔斯基（Tversky）和凯尼曼（Kahneman）断定，当人们依据一件事情发生的可得到性，来判断该事件发生的频率时，事件是否鲜活起一定作用：一件事情如果其案例比较容易回忆，那么往往与那些不容易回忆但具有相同发生频率的事件相比，它就更多地被认为是多发事件。[55]研究者引用了体现这种偏见的实验来加以证实：在这个实验中，两组被试者要求读写标注有很多著名人物的名单，这其中既有男性又有女性。一组单子中包括的女性比男性相对来说更出名，但是女性名字的数量不如男性多。另一组单子中所包括的男性比女性相对来说更出名些，但是男性人数数量没有女性多。各自读完后，要求两组的被试者回答各自读到的人名中男性人数多还是女性人数多。结果，两组被试者错误地回答，相对更有名的人物出现的机会更多些。显然，被试者更多地注意到了鲜活人物的人名而不是那些不熟悉的人名，这就导致了他们作出错误的判断。

尽管鲜活性这一例子看起来似乎还算是好的，但是不难看出，鲜活性或缺少鲜活性是怎样导致可预料危机的发生。在许多现实情景中，人们直到见到了鲜活的数据才会采取行动。在可预见危机的事例中，都需要采取行动来避免灾难的发生，但是在危机发生之前，采取行动的必要性的依据往往是不生动的。没有真实灾难的鲜活性，我们的领导人也会错误地采取行动。正是由于这个原因，过度捕捞地区的渔民很自然地不支持捕鱼配额，直到他们的生活受到威胁。也由于这个原因，国会没有支持 2000 年 SEC 所主张的审计师独立改革。同时由于这个原因，直到“9·11”的恐怖袭击图片出现在电视屏幕上时，美国民众才开始关心飞机的安全问题。我们的领导希望我们对政府的警告和数据保持充耳不闻状态。但是提供改变的前景是他们的责任，即使是当变革的必要性不是那么明显时也是这样的。

一些政治领袖能够很好地理解和掌握这种明显的偏见，有时将此运用于集合民众观点，来支持他们所希望的行动方案。通过向民众介绍核武器和绘制美国城市上方的蘑菇云图案，布什政府当局力图使萨达姆带来的危害在人民心中变得鲜活生动。为了证明美国先发制人的正确性，在美国人民受到威胁之前就需要他们能够想象出威胁。

当领导为了证明他集合民众观点所支持的议案是正确的时候，将不采取此行动的后果描绘得鲜活生动便十分有必要了。但是“鲜活生动”这一认知偏见也可以被滥用，比如领导寻求阻止必要的改变或是发起群众支持有疑义的或是非法的行动时，鲜活性这一现象便被滥用了。在第六章我们将介绍，特定利益组织常常引用世界末日的情景，力图保护他们的特权利益。

结　论

这章中所讲述的认知偏见——积极幻想，利己主义，对未来打折扣，忽略的偏见，维持现状的心理以及对不鲜活数据的不予理睬，都是可预见危机最根本的、先天性的起源。这些失误共同起作用，有时也与一些下两章我们所要探讨的组织的因素和政治的因素结合在一起发生影响。为了降低将来可预见危机的危害，我们需要了解这一系列原因并将每一种障碍克服掉。

如果这些偏见在我们心中根深蒂固，那么我们还抱什么希望来将它们从我们的行为模式中消除呢？又怎么面对将来可预见危机的上演呢？其实，我们有充分的理由相信个体、在位官员和组织完全有能力开发一套更理性的方法来作出重大的判断和决策。在管理和职业学校中，学生例行学习，检查自己的决策中是否有本章中所涉及的认知偏见。确认这些偏见是使我们的观点和行为向积极方向迈进的第一步。通过认识到自己在过度捕鱼这个循环中的作用，退出这个破坏体系，那么不再屠宰濒临危险的鱼种的厨师就为那些继续否认他们自己行为的破坏效应的人树立了榜样。作为消费者，我们可以通过多种方式，传递出一个相似的信号，通过自我学习渔业危机的知识，拒绝购买过度捕获来的鱼种，游说政府中的代表在渔业补助和配额上持坚定立场，所有这些行为都可以传递给我们自己一个鲜明的信息。通过这些行动，我们可以启发身边的人密切关注那些实际上会给他们带来现实危害的偏见。通过做这些事情，我们或许就为下一个可预见危机的预防作出了贡献。

虽然通过培训避免这些偏见是这章中所涉及知识的最大应用，但是在一些事例中即使培训也只能收到很微小的效果。琳达·巴布（Linda Babcock）和乔治·洛温斯坦（George Loewenstein）已经论述过利己主义偏见的惊人的顽固性和一次次训练努力的失败。[56]所以，提到独立审计，我们主张通过消除利益冲突中的结构偏见，而不是依靠道德说服或是训练。理解人类认知的局限性可以使领导创造一个新的框架结构，在这个结构内，这些局限性造成的危害将会大大减少。在下面的两章中，我们开发了一个思维方式来探讨这些结构框架。

第五章　组织根源

——制度的失误

1995年4月29日，一小伙绿色和平组织的活动者登陆并占领了布伦特·斯巴尔(Brent Spar)，这是皇家壳牌公司在北海的一个被废弃的石油储存平台。[1] 这次登陆就发生在壳牌的英国机构正在计划将平台沉没到北大西洋一个深壕的前几周。绿色和平组织活动家们在欧洲媒体成员的加入下，宣布他们的目的在于阻挠壳牌的计划，因为他们认为斯巴尔的石油储存罐中的有毒残渣会污染环境。为了使这次行动的效果最大化，他们计算好了行动时间——正好是在欧盟环境部长们计划会面和讨论北海污染问题的前一月。

壳牌匆忙起诉到法庭并成功控告绿色和平组织的侵犯行为，在媒体的关注下，这些活动家们被武力强行带出平台。随后的几个周内，在摄像机一直盘旋注视下，壳牌机构用水炮炸毁了绿色和平组织的船，以防止这组人员重新出现在斯巴尔。这真是一个公共关系的噩梦，它只会使情况更糟。一时间，对壳牌计划的反对声和对壳牌本身的反对声在欧洲风起云涌。在德国，壳牌的加油站遭到抵制和破坏，在媒体和政府的压迫下，壳牌最后撤退了，7 月 20 日它宣布将放弃沉没斯巴尔的计划。

斯巴尔遭受袭击对壳牌来说显然是件意料不到的事情，但是这应该是件意料之外的事吗？其他的石油公司，担心对整个行业的反弹，已经私下里反对壳牌的计划了。绿色和平组织有着阻挠易危害环境建筑完成的传统，斯巴尔其实微不足道，但是它是一个特别显眼的目标：重 1.45 万吨，是世界上最大的沿海建筑之一，也是北海少有的、含有储存有害残渣的大型罐子平台之一。但是尽管有警告信号，壳牌还是没有意识到灾难的来临。

“或许我们做事情太过正确了，”大挫以后，壳牌的领导人克里斯·菲伊(Chris Fay)回忆道，“我们已经从所有科学角度和技术角度进行过考虑。而且，我们也绝对遵守法律。你或许会说那只是我们自己的想法，我们没有将人们的心情和感情考虑进去，而这正是人们的出发点。”[2]

是什么使一个组织——从像壳牌这样的商业组织到政府组织再到非政府组织——这么容易遭受可预见的危机的攻击呢？组织的意外可能有复杂的根源。在组织层面，一个可预见的意外攻击可能来自多个因素，包括：

- 没有将必要的人力物力用于收集有关正在来临危机的信息。

- 不愿意将认为太敏感而不能共享的信息传播开来。
- 个人信息知识的差距。
- 没有将可利用的但是分散在组织中的信息整合起来。
- 个体的玩忽职守和不法行为。
- 责任没有清晰的界定，以至于没人有动力去行动，直到为时已晚。
- 在教训的学习和吸取方面的失误。
- 由于人员流失而引起组织记忆力系统长期受侵蚀。

壳牌在作出关于布伦特·斯巴尔的决策时可能正在遭受这几方面弱点的侵害。这几方面的弱点在所有种类的组织中都广为存在。当存在问题的领域出现时，明智的领导人会行动起来立即应对，而不是转过头去。希望这些早期预警不会发展成为可预见的危机。

组织失误的模式

组织怎样才能避免可预见的危机？这个问题的答案在概念上是很直白的，但是在实际操作上却很困难。一个组织要想避免可预见的危机，必须高速有效地投入到以下四个关键性的信息加工流程任务中：

1. 审视周围环境，收集关于所有重要危机的大量信息。
2. 在组织内部多渠道整合和分析信息，以便产生按此行动的长远计划。
3. 及时作出反应并观察结果。

4. 在结束后，反思所发生的事情，将学习到的经验整合到组织的机构记忆力中，以避免重复过去所犯的错误。[3]

当这个信息加工流程系统中的一两个环节发生故障时，组织将会遭受可预见的危机的侵害。尤其是，当组织遭受以下几种类型的失误时，可预见的危机便会发生：

- **审视失误**——没有充分审视周围环境或内部环境，或者是由于缺少人力物力，或者是组织没有充分注意一些重要的危机教训。
- **整合失误**——没有将组织中不同部门所拥有的分散信息整合到一起，或者是没有将可得到的信息用于行动的远景计划。
- **激励失误**——处于重要地位的人没有按已有的计划行动，因为他们缺少激励这种行为的动因，或者是他们个人的动因与组织的目标相冲突。
- **学习失误**——没有从经验中汲取关键教训，并且把这些教训传播给组织中所有的相关部门，或者是没有保存这些过去教训的记录，或忘记避免教训所需要的方法。

在这一章中，我们来探讨这四种类型的组织失误，它们又是怎样在所有类型的组织包括工商企业中，导致可预见的危机发生的。我们用现实生活中的事例来具体阐释，包括壳牌石油试图沉没布伦特·斯巴尔、珍珠港事件以及美国和联合国在索马里的干预事件，我们也来分析管理者在组织内部怎样开展工作，来避免类似的灾难（即使是在较小规模的事件上）。

审视失误

当组织没能收集到关于即将发生的危机的相关信息时，审视失误便发生了。

选择性注意

关于什么是“可能的”或者什么是“不可能的”的信念，会使组织中的关键成员将他们的注意力集中于特定的问题上，而使一些更严重的问题在眼皮底下任其发展。[4] 这种选择性注意的后果在壳牌与绿色和平组织的斗争中得到了充分的体现。

当壳牌准备沉没斯巴尔时，壳牌的高级领导将注意力集中于狭窄的“影响范围”内，忽略了重要组织机构可预料的反应，以及这一决定对组织作为一个整体的影响。具体来说，壳牌的领导将注意力集中于工程和法律问题上，诸如与英国政府打交道、收集支持处理平台的科学证据，和形成如何安全处理斯巴尔这一问题的细致的工程学解决方法等。负责壳牌英国公司建设的领导者埃里克·福尔兹(Eric Faulds)将公司当时流行的看法概括为：“我们被训练为以工程师的眼光看待问题、分析可能的解决办法、想出一个均衡的答案……最大限度地以科学和事实为基础，而不是以感情为基础。”[5] 这种忽视计划的感情影响力的做法，导致壳牌忽视了一种可预料的公众反应，在所有优秀的组织传统中，绿色和平组织发现了这一弱点而且转移了战场。

当政策制定者不相信或忽视与他们的信念不符合的证

据时，也会发生审视失误。当组织中存在多种潜在的、有竞争性的信息来源和分析判断时，领导者会从中进行挑选，选择性的聆听一些与他们所想听的相符合的观点，排除那些不相融合的观点。布鲁斯·伯克威茨（Bruce Berkowitz）和艾伦·古德曼（Allan Goodman）在《美国国家安全的战略性情报》（*Strategic Intelligence for American National Security*）一书中，描述了情报失误的主要原因，他们强调了这种危机：

> 情报局在大多数问题上，往往存在一系列不同的观点，所以，如果一个官员不同意一个机构提供给他的观点，他往往会从其他一些机构中找到一种更富有支持性的观点。值得注意的是，实际上，1960～1980年间的每一个被当作无根据的情报失误而研究过的例子中，调查人员总结出这样的结论：即使情报委员会已经拥有了正确的情报，或是作出了正确判断，政策制定者们都有可能忽略或拒绝他们的研究结论。[6]

这种动力会在那些负责发现潜在危机的人们中，削弱他们自我审查的能力。为了赢得内部官僚之战，在重要决策制定者面前保持他们的影响力，他们很快学会向他们的领导报告领导想要听的。在2003年伊拉克战争的起因事件中，这种动力似乎已经扭曲了美国和英国有关伊拉克大规模杀伤性武器的情报评估，也扭曲了战后伊拉克重建计划。正如我们在第四章中所谈到的，布什政府的重要领导者都寻求情报评估，以支持他们先前所确信的关于伊拉克的情况，而自动地将不相融合的观点忽略了。结果怎么样呢？那就是错误地宣称伊拉克从尼日尔购买铀以及错误地判断伊拉克和塔利班有联系。

噪 音

当与危机有关的信号被更高水平的背景噪音所掩盖时，第二种类型的审视失误便产生了，而这更高水平的背景噪音或者是自然地来自于环境，或者是由旨在迷惑组织领导的敌对势力有意制造。我们这里的"信号"是指线索、预兆或其他将来临的危机的证据。"噪音"指的是对危机来说相冲突的，反映或解释其他重要问题的信息。当信噪比(信号强度与噪音的比率)较低时，即使最优秀的信息分析家，要从错误的预兆中识别真正的危机，也会变得十分困难。

1941 年 12 月 7 日，日本偷袭美国珍珠港军事基地时，高水平的背景噪音便发挥了作用。日本航空货运飞机悄无声息地抵达夏威夷岛，扔下他们的士兵和炮手，一时间雨一般的炮弹和鱼雷在美国珍珠港的舰队上方一阵连一阵地爆炸。[7] 也是在同一天晚些时候，日本又袭击了美国在菲律宾、关岛、米德韦和威克岛上的军事基地，都取得了战术上的奇胜。

在《珍珠港——警告和决策》(*Pearl Harbor: Warning and Decision*)一书中，罗伯塔·沃尔斯泰特(Roberta Wohlstetter)对珍珠港情报失误原因作了相当有说服力的分析，她指出，在偷袭前，美国分析家都快被情报淹没了。在坦率地强调从干扰事件识别危机信号这一问题时，她说："只能这样认为，在事情发生后看来，由于周围干扰因素的影响，如此清晰可见的相关信号在事情发生前特别模糊不清。”[8]

由于组织方面不断重复的错误警示信号的影响，信噪比变得更加糟糕。当组织的环境处于敌对状态时，情报分析家们在警戒方面犯错误是很自然的事。伯科威茨和古德曼将分析家的“警告作用”和“预告作用”进行对比，总结道：由于过分谨慎而带来的惩罚要比过于乐观造成的后果要好一些。[9] 信息家们内心容易过度反应，这会带来多种错误警告信号，这些错误警告信号会使其他组织成员疲劳，使分析家产生不愿提出另一个错误预警信号的心理。当那些负责审视环境的人员从过度反应转变为反应不够积极时，真正危机最终来临，组织就无法识别。

信息超载

那些负责审视环境的人员，也可能遭受信息超载之苦，信息超载也使他们不能识别出所有范围内的潜在危机，这样一来，他们的工作要么变得太分散而没有用处，要么是他们被迫忽视一些“优先等级较低”的领域。任何一种情况下，组织都会看不到正在来临的危机，直到为时已晚。值得注意的是，以下两种情况都会发生信息超载：(1)对于要处理的情报总量来说，专门致力于信息收集和分析方面的资源不足；或是(2)潜在危机的范围随着时间推移，或缓慢或急剧地扩大，不能及时调整资源分配，正如珍珠港事件触发前的例子一样。

当被信息超载所致被迫集中资源时，组织中关键人物的思想倾向可能出现严重的弱点。被珍珠港偷袭事件证明他们完全错误之前，美国情报分析家们排除了日本会在时间紧迫的情况下，在水浅的珍珠港中发动鱼雷攻击的可能性。他们知道，鱼雷从飞机上落下来，需要一定的水深来避免提前爆炸。结果，珍珠港的下面便没有安装反鱼雷的装置，这个令人放心的观点使情报分析家和决策者将他们非常有限的资源，用于准备其他他们认为更有可能发生的危机上了。但是，美国人所不知道的是，日本一直狂热地忙于研制一种在浅水中很快爆炸的鱼雷。[10]

管理人员要将选择性注意、噪音和信息超载视为大多数组织中非常普遍的现象。如果领导没能精心安排对可预见危机的调查研究，审查失误便极有可能发生。

整合失误

充分审视环境只是预防可预见危机的第一步，接下来，领导者必须确保收集到的信息被有效地整合和分析。当组织中不同部门或个人拥有预测可预见危机的全部信息，但没有将其发展为关于即将发生的危机的"可行动的方案"时，整合失误便发生了。

储存窖

整合失误一般是由于组织中存在独立的专门知识和信息流储存窖，它是组织中其他人无法获取的重要资源的存储库。领导者必须不断地在研究者劳伦斯（Lawrence）和洛尔施（Lorsch）所称的"差异化"和"整合"之间进行权衡协调。"差异化"是指需要制造和维持一些一定深度的专长知识的"池塘"，而"整合"是指需要在这些专长知识池间将信息进行整合和合成以达到预期效果。[11]随着一个组织“方案”总体复杂程度的提高，就像沉没一个老的石油平台，或是遵循复杂的公司运行系统需要作出努力一样，差异化的需求也不断增长。所以组织要形成多种专长的知识深井，这又反过来带来更大的整合的必要。充分整合这一目标，对领导者来说是个真正的挑战。

最简单一类整合失误发生在组织的各个成员拥有部分疑点，但是没有一个人拥有全部，更重要的是没有一个人知道谁知道所有疑点。基于对珍珠港前因的尽力调查，沃尔斯泰特总结道：美国政府拥有全部的、预料和防备这次偷袭所需的所有信息，但是没能及时将这些情节串联在一起以便采取行动。在她的书的开头，她是这样说的：“珍珠港事件为人们提供了一个戏剧性的袭击案例，而这次袭击有大量的不同预兆，然而结果却是一个彻底的令人无法抗拒的巨大意外”。[12]书的结尾是这样的：“如果我们的情报系统和所有其他的信息渠道，没能描绘出有关日本意图和能力的精确画面，那么此次失败不是因为缺乏相关材料。我们从来没有拥有过关于对手的如此完整的情报资料，或许我们再也不会拥有如此多的、可供我们任意使用的信息了。”[13]

简而言之，一个组织所掌握的全部信息永远也不会等于它的成员所拥有的信息之和，组织的不同部门或许拥有足以意识到和预防可预见危机的必需信息，但是没有一个人或部门能将这些信息集合在一起。理论上，高层管理人员应该扮演合成者的角色，将零碎的信息编纂成较完整的画面。但是实现这一目标的障碍是非常大的。当信息沿组织内部官僚等级向上传送时，组织成员便会对信息加以过滤。保留或敷衍地处理机密的、令人迷惑的或令人困窘的信息的诱惑力是很大的。因此高层人员不可避免地接收到一些不完整的、歪曲的数据，信息超载也会阻碍他们跟踪目前正来临的信息。

机 密

第二类的整合失误源于人们所称的“信息收集的基本悖论”。有时通过审视周围环境和分析后收集到的信息，似乎太机密而不能在组织内公开分享，如果分享信息就会引起组织行为漏洞或改变，也将传送给“对手”一些信号，也就会出问题。特别是当信息分享会披露信息收集的来源和方法时，更是如此。一些“知情”人士担心削弱自己地位，而不愿分享权力，这就会使事实变得更加糟糕。不管怎么样，连环事件的结果就是一些宝贵的情报不能在组织内部分享，甚至组织的高层领导也被蒙在鼓里。

这些问题在珍珠港偷袭事件中凸显出来。美国的密码译解者成功地破译了最高等级的日本 PURPLE 外交密码，还包括其他一些不太重要的密码。[14]破译密码获取的信息构筑出了日本战略意图的完整情节，甚至泄露了日本驻美国大使馆关于在偷袭之前某个时间毁掉一些重要文件的指令。但是为了避免危机，获取的 PURPLE 译码的人非常少，许多人出于自己考虑，没有与更高层人员分享这些重要情报。结果是，关于日本计划的关键信息评定没有传送到政府层级，而如果这些层级人员知道这些，是会预料和防备珍珠港偷袭事件的。沃尔斯泰特指出，一小组信息接收者对日本高级情报的“热情防卫”，使他们得出一系列过分乐观的错误假设。[15] 因此，导致可预见危机的因素中，组织和认知因素——在此例中，是积极错觉——会相互加强。

这些错误为管理人员提供了深刻的教训，即使你被纠缠于高度机密的谈判中，做好会前准备工作，并与高层顾问讨论也是非常重要的。为了避免可预见的危机，你需要对潜在障碍抱着彻底、毫无偏见的审视态度，来中和对成功的乐观主义态度。

激励失误

组织领导者或许拥有关于即将发生的可预见危机的行动方案，但是缺少足够动因去抢先行动，激励是组织内个体行动卓越程度的预测指标。当组织内人们意识到问题来临的必要性，但他们没有去行动，要么是因为缺少行动的激励因素，要么是更糟的，因为他们有一个会给组织带来危害的行动诱因，这时激励失误就会发生。

集体行动问题

组织成员常常面临这样的情形，他们个体的动机激励他们行动，但是这种行为会给组织整体带来危害，从而导致可预见的危机。另一种主要的激励失误是人们所熟悉的集体行动问题。在这种问题下，如果人们合作共同解决问题(或回避创造问题)状况会好些，但是每个人都抱有个体动机而不能合作。创造和维持社会价值的努力，在面对个体成员所称的自我价值时，是失败的。

对集体行动问题的经典解释是“囚徒困境”游戏。[16]游戏是这样的，两个重罪犯人合伙作案被捕，被捕之后，他们被分别关押在不同的地方并被提供给如下条件：“如果你坦白而你的同伴不坦白，你将被判一年监禁，你同伴被判7年；如果你们两个都坦白，你们每人将被判5年监禁。”警察确信如果两个囚犯都拒绝坦白，他们将受到较轻的惩罚，每个人将被判3年徒刑，这个结果是两个囚犯也能正确推测的。如果两个人都拒绝坦白，他们的监禁期将合计6年，如果他们都坦白总共是10年，一人坦白一人拒绝将会是8年。但是想一下每个“游戏参加者”推理的动机——“如果我的同伴坦白，我最好也承认。如果我同伴拒绝承认，我最好也是坦白。”每个人都认为另一个人也是这样推理的，所以两人都承认了，都被判处5年徒刑。这是一个双输的结果。

这种选择不去合作而只去寻求个体的利益的缺陷不但发生在个体间，也会发生在组织内。信任是这种问题的一种矫正方法，但是信任却很难建立和维持。另一个弥补方法是有能力去惩罚那些犯错的人。当人们多次参加这种类似“囚徒困境”游戏，而不是仅仅参加一次时，在未来的几轮中，错误的后果容易促进合作结果。[17]想想OPEC石油组织在预防它的组织成员生产过多的石油，和破坏组织更大的议程方面做得相当地成功。当游戏参加者的关系处于那种相互持久性较低的情况时，合作发生的可能性很小。当结果到来时，他们就会开始犯错，这种现象就是人们所知道的“游戏终止效应”,这种自我利益中心的行为是导致可预见危机的一个主要因素。

在第四章中,我们把全球渔业危机介绍为一种集体行动问题或是通常的两难问题:渔民个体短期利益与整个社会和渔业长期利益相冲突。可以预料,这种冲突导致渔业市场受到猛烈冲击。在这些事例中,像国际规则委员会这种拥有权力,可以处罚那些违反捕鱼禁止令和配额的人,并制定强制规则,这对维持公众利益是非常有必要的。

提供公共物品如安全、公路、教育或基础研究的联邦政府、州政府和地方政府的巨大挑战是另一种类型的集体行动问题。市场力量一般不能提供足够的激励因素,使各个社会成员为公共设施作出必要的贡献和牺牲。反而,每人都有想“搭便车”、让别人作出必要牺牲的动机。如果在公共设施上没有足够的课税和投资,结果可能是在提高整个社会福利的资源上产生系统性的投资不足。

集体行动问题在所有类型的组织中都会发生,它会导致可预见的危机。例如一个公司的激励制度可能会在服务于同一组消费者(稀有的公共资源)的销售人员间引起不良竞争,可以预料,这种竞争会引起消费者的不满。那些接到大量的、似乎不相一致的销售电话的顾客将会十分生气,并且当出现问题时他们不知道该给谁打电话。

组织中的成员也可能希望别人会对即将发生的问题负责,而自己搭便车。组织中的信息储存窖不但散播信息也分散责任。有时每个人都觉得其他人应该负责处理隐性问题,而自己可以自行其是，没有一个人感到应该去行动。当组织中成员觉得如果他们是正确的，采取防御措施不会给他们丝毫福利，而当他们错误时，组织会给他们严厉惩罚，这种情况变得尤其危险。

组织的分散化也会加剧集体行动问题。分散的单位领导因为追求地方利益，而不是为更大的组织寻求利益而受到明确的奖励。当危机发生在限定的单位范围内时，分散化不是一个问题。壳牌的分散的矩阵管理结构，由许多独立的国家商业单位组成，在处理“正常”状况，诸如为当地顾客制订销售方案这类常规问题时，运作得非常好。但是当较大的问题发生，而超出单位边界时，领导者们会很容易发现他们的工作具有双重目的性。

壳牌的组织结构在处理跨国家的危机时存在弊病，因为布伦特·斯巴尔位于英国所控制的区域，平台的处理责任自然而然地被赋予给壳牌英国公司，反过来，壳牌英国公司要从英国政府那里寻求处理平台的必要许可，并和英国环境组织进行协商。绿色和平组织扩大了事件的范围，没有将它的公共关系攻击定位在英国，而是放在了德国。尽管壳牌的德国运营公司在决定沉没斯巴尔问题上不扮演什么角色，但德国公司却成了绿色和平组织的中心目标。这个压力直接影响到德国部门的财务业绩和管理层补贴酬金，结果导致了壳牌的德国高级管理人员公开批评平台处理计划和他们的英国同事，这是令人遗憾的。[18]

值得注意的是，可预见危机常常在超过一般组织领导的任职期限的时间框架内发生。这为搭便车带来了一个变种，领导者们可能要问："为什么'我'要紧紧抓住问题不放，全身心投入，而可能在我在位期间什么事也不会发生呢？如果集中于我现在的短期目标，收获会更好一些。"在商业界，管理人员更换工作频繁，就会使管理者把令人烦恼的重大问题留给后任管理者的危险性加大。为什么安达信的高级会计师冒着失去安然生意和自己工作的风险，要求安然作出大量值得怀疑的账目转移？在这种事例中，这种个人职业声望在未来会是备受人关注的。

利益的冲突

利益之间的冲突，如第三章讲的会计师独立性等问题，是导致可预测到的危机发生的潜在因素中的第二个主要因素。在利益的冲突中，人们趋向于采取被认为是对他们自己有利的行动（至少是短期内有利的），而这些行动却对那些他们表面上所代表的人或组织有害。

利益冲突最典型的代表是"负责人—代理人问题"。在这种情形下，负责人控制资源，并对分配有决定权，或者是根据他自身利益分配给代理人作出决定的权力。[19]代理人提供了一大批的工作，包括会计、不动产评估、诉讼，以及投资银行业。当代理人能够向他们的客户提供有着极高价值的建议和服务时，负责人—代理人关系中就存在了一个基本问题：代理人往往可能有他自己的独特利益，通常是财务上的，他可能牺牲负责人的利益来寻求自身利益。代理人自己的利益和负责人最终对代理人的动机产生的不信任，都会导致信息不畅和控制的基本问题。尤其是，负责人不可能设计出一套激励系统，来完全协调代理人与他自身的利益。负责人也同样不可能完全观察或控制代理人的行动；对代理人的行为进行监测将是代价高昂的，而且代理人总是能够获得负责人不可能得到的信息。

利益间的冲突能够使得一个组织更加容易遭受可预见到的意外事件。以华尔街投资银行为例，它从各个公司中寻求高盈利的保险业务，同时，通过公布分析报告来影响投资者的认知，从而影响这些公司的股票价格。2002 年，桑福斯·韦尔(Sanford Weill)，花旗集团(Citigroup)的主席，因利用社团法人的资源向杰克·格鲁布曼(Jack Grubman) 提供私人帮助而被解雇。后者则是城市集团的子公司萨洛蒙(Salomon)内的一名明星分析师。韦尔非法地帮助格鲁布曼的孩子得到一个有特许权力的项目，以回报他在 AT&T 上发布了更好的报告，而 AT&T 成为萨洛蒙投资银行部门的一个重要的客户。宽松的组织政策也对韦尔的行为产生了一定的影响。正如《经济学家》杂志报道说："这里更多的事实证据和一些电子邮件的证据，都表明这些推荐帮助韦尔赢得了 AT&T 首席执行官，同时也是花旗集团董事会成员之一的迈克尔·阿姆斯特朗(Michael Armstrong)的信任，从而成功地取代了里德。"[20] 显然这毁坏了韦尔的声誉，使他的公司的发展变得完全可预测。

并不是所有的负责人—代理人关系都注定以可预见到的意外事件发生而结束。潜在的利益之间的冲突的伤害性，可以通过一系列的方法和手段得到有效控制:(1)设计出一套完整而成熟的激励系统,最大程度地满足代理人的利益;(2)创造一种有效而经济的监控系统,对代理人的活动进行监督;(3)对出现有损于负责人和组织利益的自我服务的行为进行严厉的惩罚。一个明智的领导者将在负责人—代理人关系中制定严格的禁忌,并为防止陋习的出现而设计出补充系统和惩罚措施。

虚假的"多数人意见"

组织还会遇到协商一致的错觉,这是由于多数的官僚机构为避免花费精力和承担责任两种心理而产生的一种潜在问题。当一个议题没有出现强烈的反对时,他们便简单地将其视为一种积极的支持。那些内心持怀疑态度的人可能会保持缄默,因为他们认为决策者通常都会获得更好的信息,或者是因为他们都想避免一旦出现错误时,要加以解释并负责任。然而,当一个可预见的危机发生时,那些保持缄默的人,立刻就放弃了他们自己的想法,转而向大多数人靠拢。

在取得对布伦特·斯巴尔进行处置的许可过程中,壳牌还向英国政府进行了细致的咨询。英国官员们还向北部海岸的其他国家介绍了壳牌的计划,但是他们并没有从外界得到支持,例如德国政府的支持。当德国的绿色和平组织引爆了德国壳牌事件以后,德国政府就开始试图转变立场。德国的官员们迅速表现出"关注"的态度,并且随后彻底地反对斯巴尔的沉没,只留下英国政府还在举棋不定。

"多数人意见的错觉",这个问题的一个小的延展就表现出了"对否定意见的压抑"。当组织的一个部门对某一专门议题承担太多责任,并且想要维持它自身的初衷时,对否定意见的压抑就产生了。如果市场职员对关键的产品设计拥有传统的决策权,例如,他们可以推出一款产品,而这款产品却被生产部门认为是很难加工制造的。可预测到的结果就包括对设计的最终改变、生产延迟,以及成本耗费显著超出预算等。

在这种情形下,组织的其他部门,包括那些拥有十分重要信息或者见解的部门,将会被排除在作出决定的过程之外。结果呢?造成了在这个议题上只拥有只言片语的观点,并且潜在的问题被忽略,或者排在次要考虑的范围之内。

多数人意见通常与群体观点一致,而后者描述了一个组织的成员是如何不说出他们的关键性的疑问,并且服从表面的多数一致意见。很多领导者,如古巴导弹危机中的约翰·肯尼迪,通过尊重群体的多重意见,成功地解决了虚假的多数人意见这一问题,例如不支配他人的想法;让群体成员扮演恶意拥护者的角色;让他们思考与主流相反的信息等。

学习失败

当组织不能从经验中学习或者不能在组织内部总结教训时,或者当来之不易的知识通过制度或惯例的不断浸染而逐渐缺失的时候,组织便经历了学习失败。在知识的创造和保留上,可预测到的失败结果是,组织先前遇到的问题会反复地出现。

组织的学习无能

组织危机的结果是，领导者有机会对经验进行反思，从而产生“值得学习的教训”，而这种教训能够在整个组织范围内传播。这种培训课程可以用因果关系的模型来进行自我教育，也可以用阅读的方式来进行，还可以把他们融入更正式的指导、目录、规章、程序和过程中。[21]当领导者错过了对组织反思的机会，和从过去的错误中总结教训来培训，就会产生组织的“学习无能”。

即使当领导者确实吸取了值得学习的教训，当他们将这些教训在组织内恰当地传播时，他们也可能失败。以前所讨论的关于整合挑战中的一个小的方面，就是当关键教训没有从总结传输到实用中时，组织的“学习无能”便出现了。

为了理解组织的学习为什么不会发生，区分不同类型的知识就非常重要。知识可以分为直接的和间接的，也可以是个体知识和相关知识。[22]直接或间接的知识的区别可以通过人们是被培养成物理学家或艺术家的过程来体现。有前途的物理学家学习数学和科学知识，学习他所在领域的课程，并解决一些有着对错答案的问题。他所必须获得的知识大部分是外显的，也就是能够被作为规则、规律和程序写在书上的，并且这些知识还可以通过论文、演讲和研讨会的方式，从一个经验丰富的人那里向经验较少的人传送。

相反，有前途的艺术家则主要通过“做”来学习，例如通过自己做艺术品，而且通过有经验的“大师”的指导来做。他所获得的知识大部分是间接的，不能作为规则、规律和程序记录下来，而且也不能很容易地通过口头或书本的方式，从一个有经验的人那里传输到没有经验或经验较少的人那里去。实际上，大师级的艺术家往往不能清楚地表达出他自己成功的秘诀所在。他们只知道好的作品一眼就会被鉴别出来。

当然，科学的基础是存在于艺术之中的，反之亦然。与此类似，组织所获得的知识也是由部分直接知识和部分间接知识、部分科学和部分艺术共同组成的。直接知识，例如规则、程序和过程，能够以口头或书面的方式从一个人那里传递给另一个人，并且不会出现很大的退化。而间接的知识只能够通过实践、示例，或者从与他人共同合作中获得。

我们可以通过看如何建立一个伟大的棒球队与篮球队，来阐述组织学习背景下，个体知识与相关知识的第二个区别。一个人能够通过挑选每个位置上最好的选手作为同事的方式，组织起一个出色的棒球队，因为棒球队员是彼此相互独立的，一个全明星的棒球队被认为能够得出优秀的成绩，不管他们是与谁比赛，好的击球手永远都是好的，而好的守门员也仍然是好的守门员。在棒球运动中，个体知识远远比相关知识重要得多。

但是如果你从国家篮球协会挑选出每个位置上的明星球员，来组成一个篮球队的话，你是否就组成了一个伟大的球队呢？可能，但不一定。篮球运动在很大程度上依赖于队员间的相互配合，因此，相关知识就是至关重要的。超级篮球队打得好，是因为队员们都已经使他们各自的技能整合成为一个整体，并通过大量的实践发展出一套相互分享的“球技书”。这些球星也可能仍然简单地按照自己的方式进行，但这样可能使得整体之和远远小于部分之和。

在表 5-1 中，我们总结了组织学习时综合起来的关键知识的类型。

表 5-1　组织知识的类型

	个体知识 （通过个体经验习得）	相关知识 （群体如何有效工作的知识）
直接知识 （通过口头或书面方式传播）	➢规则 ➢规律 ➢程序 ➢某种专业的“科学”	➢组织图表 ➢正式的决策制定过程 ➢协调的计划 ➢书面的交流协议
间接知识 （通过示范或与其他有经验的人共同工作获得）	➢阅读的规则 ➢技巧 ➢群体决策制定与问题解决的方法 ➢某种专业的“艺术”	➢个体决策制定与问题解决的方法 ➢责任分担的协商与沟通 ➢信息与影响力的重要来源 ➢信任和可信度

关于组织学习的这些总结，其重要的含义是：

- 对于一个组织来说，掌握通过解决问题而获得的个体的间接知识，要比掌握直接知识困难得多。假设员工要对维持制造部门的生产设备负责，他们就必须开始了解很多表面上看起来相似，但实际不同的机器的特性。这就是一种很难成文和很难传播的知识。

➢ 掌握通过解决问题获得的群体相关的知识要比获得个别专家的经验困难得多。例如，当遇到危机时，有经验的团队知道哪些成员能够解决那些困难的任务，成员们将会有什么样的反应。他们也并不需要对程序进行协商以得到迅速而有效的反应。这种知识同样是难以掌握的。

➢ 间接的相关知识，即个体拥有的但却不能很容易地向他人解释清楚的知识，是使组织融合在一起的黏合剂，并且是最难以保存的一种知识类型。

组织经常不能从过去最大的错误中吸取经验并学习，这是因为他们缺乏一种对关键教训学习的最大程度的分享和协调的机制。发生这样的失败也可能因为组织是处在负担过重的状态之下。一个具有攻击性的、“充满火药味”状态下的组织，会陷入一种拒绝学习的永久危机状态之下。当一个组织被驱赶到这样一种重复出现反复修补的境地，因为他们没有时间来找出并纠正问题产生的根本原因，所以自然地，这段时间为可预测到的意外的发生作好了安排。如果没人有动力进行个人的投资来学习，组织的学习同样会遇到集体行动的问题。

组织能够通过对先前危机的回顾来纠正错误并学习。在布伦特·斯巴尔沉没事件之后，壳牌依据经验建立了一套获得关键教训学习的过程，而这对组织的结构、过程和程序产生了巨大的变化。可能组织学习系统的顶端就是美国军队所要求的“行动事后回顾”的过程，以及负责进行回顾的核心智囊团——军队课程学习中心(http://call.army.mil/)。但是没有一个组织能够吸取这些失败的教训，以确保他们不再发生错误。

记忆缺失

即使一个组织足够用心地去从过去的危机中获取并传播值得学习的教训，这些课程也会随着新的问题出现而淡化，甚至消失不见。当组织不能够牢记过去的关键教训时，可预测到的意外事件就会发生。当对保存组织的记忆缺乏继续投入时，这些记忆就会被侵蚀。这种侵蚀可能是迅速的，也可能是缓慢的，但却是不可避免的。

每当一个有经验的员工辞职而他的位置被某个经验少的人取代时，组织便遭受到记忆的缺失。直接的知识可以通过书面或口头的方式传播，而间接的个体知识只能从一个人传到另一个人，并且这种传输需要花费大量时间。因而有经验员工的流失对组织来说最终可能是具有破坏性的。

有价值的相关知识也会在人员变动的过程中流失。重新回到我们那个运动的比喻中，考虑这样一个事实，那就是在一个棒球队中替换一个球员可能不会对整个球队的表现产生多大的影响。但是如果将篮球队中的某个队员替换掉的话，关键的知识可能立刻就“遗忘”了，球队的良好平衡会被完全打破。当然，在任何运动中，替换掉整个球队成员意味着这个群体累积的所有相关的知识都将缺失。新的团队必须很快建立起自己的相关知识。对于所有组织来说这都同样适用。那些频繁更替雇员的组织，不管是否是由于失业、罢工，或者是低的士气原因造成的，都很可能重蹈他们过去错误的覆辙。

幸运的是，组织的记忆仍然有冗余。在一个既定的组织里，所有有经验的员工同时辞职的可能性微乎其微，因而那些留下来的员工可以帮助组织培训新成员。同时，对重要领域内能力的侵蚀可能是微小的，那些有害的因素将会被人们所忽略。

组织记忆缺失的危险性在1992～1993年美国和联合国对索马里事件进行干预中得到充分体现。1992年底，索马里的形势已经达到了危急的状态：武装分子为控制国家而进行邪恶的战争；干旱毁坏了整个农业；每天都有数以百计的人死于疾病和饥饿。1992年12月9日，美国派出了大规模的军队进入索马里，以保证数千吨的食物和其他供给能够顺利到达难民的手中。[23]在前美国驻索马里大使罗伯特·奥克利（Robert Oakley）的号召下，联合国同意组成一支联合国特遣部队来镇压武装分子的斗争，并且为国际援助机构提供安全保护。

1993年5月4日，美国总结了联合国特遣部队的行动，声称这次军事人道主义援助的努力获得了成功。这项耗费1 600万美元的行动挽救了1万～2.5万人的生命。在作出撤销的决定时，美国声称这正是联合国进驻索马里建立联合国办事处（UNOSOM）的时机，并且它同意领导接下来的行动。[24]联合国驻索马里办事处具有十分重要的委任托管权，这在3月底的联合国安理会的会议上被通过，包括解散国家内部分散的帮派武装，对数以千计的难民进行安置，帮助索马里人民重建他们的经济，以获得国家的安定。

像索马里事件这样，对危机进行干预需要政治的、军事的和人道主义的人事的相互配合。为了更加有效工作，一个团队必须一起合作，从彼此的相对优势和劣势中获得经验，并著成一本可供大家分享的“战术书”。奥克利结束了他 3 个月的任务，并且美国也在 3 月初退出了索马里，撤去了大部分的军队，还包括一些心理上的行动，报纸和广播，和一支高智商的情报力量。在此过程中，他们在如何操纵索马里当前危险的局势方面获得了宝贵的经验。这在本质上并没有与引入的领导关系相交叠，也没有文本证明和分享教训学习。结果，联合国驻索马里办事处从来没有从这个机构在联合国特遣部队期间发展起来的记忆中获得任何的好处。个体习得的所有间接的知识，例如怎样管理摩加迪沙的街道、如何与索马里的军阀进行谈判，都被忘记了。在从联合国特遣部队向联合国驻索马里办事处的过渡期间，重要的相关知识也同样无可避免地被忘记了。

当联合国特遣部队离开时，美国海军上将乔纳森·豪(Jonathan Howe)任联合国专门代表，负责管理联合国驻索马里办事处的军队和市民的组成，面临着一大批的挑战。由联合国成员国捐赠的资源——包括武器、设备和人员都远远低于所需要的数量。联合国驻索马里办事处的人员数量不足在联合国撤军时计划内的 300 名员工的 1/4。审定的2.8 万名士兵只有 1.6 万名在国内，巴基斯坦作为主要的统治力量取代了美国。澳大利亚和加拿大，拥有着最有经验的、设备最先进的剩余力量，也在清点军队准备离开。

当对索马里进行耗费巨大的行动之后,美国似乎并不愿意发挥主要角色。“在某个地方一定有缺口存在,”罗伯特·奥克利声称,“在华盛顿政府改变之后,联合国对于其弱点的注意并没有使它对关注美国政府和积极参与进行警觉,从而使得联合国驻索马里办事处完全接管了这项任务。”[25]

这种组织记忆缺失的结果是造成可预见到的危机的发生。索马里的帮派领导和美国与联合国代表的经常联系,这种在联合国特遣部队期间被奥克利精心培育起来的联系,完全土崩瓦解了。6 月 5 日,巴基斯坦的士兵们实施了一项突击检查,它是对索马里最有势力的军阀穆罕默德·法拉·艾迪德(Mohamed Farah Aideed)的追随者控制的武装地点进行的检查。检查是在没有意外事件发生的情形下进行的,但是当士兵们开始返回基地的时候,他们被袭击了。这场战斗结束时,有 24 名巴基斯坦人被枪杀,另外还有 50 多人受伤。在一个紧急召开的会议上,联合国安全委员会一致通过了一个决定,这个决定谴责了发动这次攻击的艾迪德的组织,并且肯定了联合国驻索马里办事处对于“向任何发动武装袭击的组织采取必要的措施”的优先权。[26]为了更好地保护联合国驻索马里的人员,要求有更大数量的美国军队介入。五角大楼拒绝了其对特遣部队和重型坦克的要求,但却派出了其他额外的装备。

6 月 12 日,在巴基斯坦士兵被枪杀的一周之后,美国的 AC-130 武装直升机摧毁了艾迪德的广播电台和他的 5 个主要的武器点。6 月 17 日,海陆军联合力量粉碎了他的组织的命令并控制了复杂情况。7月12日，美国的快速野战队（一支留下来帮助UNOSOM运行的最快速力量）袭击了艾迪德的高级领导会议，这激起了一系列的冲突和报复。4名美军官员于8月8日被杀害，他们死于吉普车被定时炸弹的引爆。

在一次抓捕艾迪德的行动中，美国的三角州武装突击队在敌方的领地内包围了他的24位助手，正当突击队准备离开的时候，2架救援直升机被迫击炮手榴弹击落，救援的队伍在没有装甲车的保护下冲入了现场。在15个小时的营救中，正如电影《黑鹰计划》（*Blackhawk Down*）中描绘的那样，有8名美国士兵和1名马来西亚士兵牺牲，1名美国士兵被押去做人质，还有77名美国士兵受伤。[27]

国会对美国士兵的牺牲表示愤怒，并号召要迅速而彻底地撤回索马里的军队。10月6日，克林顿总统决定，撤兵时间定在1994年3月31日，军队将于那时撤出，仅留下一小支分队来保护美国的联络办公室。几乎所有欧洲的联合国驻索马里办事处的成员也都离开了，随后联合国也迅速将军队完全撤出。

这项行动对于联合国来说是一次严重的失败。“这在联合国的历史上是第一次，我们没有将行动纳入自由和平等，或是政治安定的选择框架中，”伊丽莎白·林登梅耶（Elizabeth Lindenmayer），前联合国维护和平行动部门的负责人说道。在联合国从索马里撤兵6个月之后，在1991和1992年之间导致国家陷入冲突中的那些武装分子又重新活跃起来。农作物的生长被毁坏，这次是由于洪水造成的。营养不良和疾病开始增加，掠夺变得普遍起来，并且在摩加迪沙新一轮的战争又在索马里的军队中间展开。

一个膨胀的使命和不充分的资源毫无疑问导致联合国驻索马里办事处的失败,组织记忆的缺失产生于美军在面对索马里残余力量抵抗时的突然撤兵之中。尽管艾迪德在5月底用了很多辩辞,例如,联合国驻索马里办事处的少数几个新的反间谍活动机构——联合国特种部队的缩影——也并没有找到任何有计划袭击的证据。而且当奥克利积极地培养与各军队之间的对话时,豪却避开了这一点。“联合国驻索马里办事处内部观点的不一致,”安东尼·吉尼(Anthony Zinni)将军,联合国特种部队指挥官的负责人指出,“使他们漠视艾迪德和阿里·穆迪士(Ali Mahdis)以及其他帮派的领导者,并且决定创造出一个新的国家,拥有严格的地区委员会以及行政官员。”[28]可悲的是,这种记忆的缺失是完全可预测的并能够被预防的。

昂贵的和不必要的记忆缺失折磨着大多数组织。人事的显著变动在任何时间都有可能发生,在一个工程中,一个团队里,或者是一个关键的组织机构都能发生,重要的知识被无可挽救地遗忘。类似地,任何时刻关键活动的责任,比如开发一个新产品,技术知识从一个部门传递到另一个部门,那就有可能使重要的观点在传输中丢失。

因此,领导者必须使知识在核心活动中得到保存。这种方法是当组织里关键的人和职位出现变动时,为确保完全而恰当的知识传输而确定的。通常这种方法能够推动组织延迟职位变动,或者向组织提供那些能够在过去和现在的责任之间架起桥梁的员工。

结　论

本章所讨论的失败的模式——审视失误、整合失误、激励失误以及学习失误都是导致组织中可预见的危机事件发生的关键因素。在这条信息加工过程的链条上，任何一个环节出现问题都会导致一个组织受到意外事件的打击。这些失败的模式通常还混合起来并且彼此强化。例如，学习失误可能是由于综合能力不足而导致的，也可能是由于组织的领导者之间缺乏学习教训的激励机制造成的。

然而对于这些失败并没有简单的解决办法，组织及其领导者所能够做的更多的是减轻这些失败。对环境进行系统地分析，明确地安排优先考虑的事情，并且进行假设，这些都能够增加问题被弱化的可能性。领导者还应该更多地关注组织整合机制的设计，比如将角色与团队相联系，以确保恰当的交流与整合的发生。通过这种方式，他们能够弥补由差异化和信息不对称所造成的阻碍。领导者们还能够通过设计激励和监控系统，以及建立和强化对满足自我利益行为的严厉的惩罚措施，来解决激励问题。最后，通过对教训学习的掌握、传播并保存必要的资源，领导者能够防止历史的重演。

导致可预见到的危机发生的组织因素是与前一章所讨论的偏见混合在一起的。这些可预测到的危机发生的可能性还能够通过下一章谈及的政治因素得到增强。

第六章 政治根源

——特殊利益群体的作用

可预见的危机所产生的后果是：利益群体将极端地反对有意义的改革，因为他们认为意外不可能两次发生在同一个地方。采取这种策略最典型的地方就是华盛顿。我们先来看一下安然和安达信公司倒闭后会计业发生了怎样的变化。一些公司如世通公司和环球电讯重演着多米诺骨牌游戏，在同样的情况遭挫后，一些主要的会计公司仍然坚持着他们的看法：只有极少数的"烂苹果"正在毁坏着他们的名誉，而公司核心部分的系统仍然是健康的。他们声称：绝大部分的审计师在利益的冲突过程中是清白的。因此，有了这个错误的暗示，布什政府一边继续对这样一小部分严重的违法者监控，以打击民事的和非法的活动；另一面又采取隐蔽的行动来保证改革暴露在媒体的聚光灯下深层次的逐渐减弱直至消失。

以 SEC 总裁哈维·皮特(Harvey Pitt)在 2002 年 7 月《萨班斯—奥克斯利法案》进行改革之后的几个月里所采取的行动为例。我们在第三章已经提到,皮特是律师出身,他以前的客户大部分都是那些大的审计公司(包括安然、泰科和世通),他曾许诺要结束在阿瑟·莱维特(Arthur Levitt)领导下的这个公司所面临的咨询费用的威胁,但是在安然、世通和许多别的公司都相继失败后,公众强烈要求政府对这一问题采取行动。主要的立法工作就是创立一个独立的会计监管委员会,委员会的职责包括登记公共的会计公司;建立一套会计的、符合道德规范的和独立的标准,以及对不道德行为进行调查等。[1]5 名由 SEC 选出的委员会成员,掌控着整个组织的议程。通过其任命者,SEC 将明确其是否真正致力于减少审计师之间的利益冲突,并使有污点的职业的可信度恢复。

当改革的拥护者听说皮特有意任命约翰·比格斯(John Biggs)来领导这个新部门的时候,他们非常高兴。比格斯是一位备受尊敬的 TIAACREF 养老基金会的会长。作为这次审计改革的坚定的支持者,比格斯主张工作中审计师的轮换制度,同时对咨询工作进行严格限制和约束。[2]

在 SEC 有效的领导力和强制措施的威胁下,整个会计业引发了一场针对比格斯思想的、在幕后进行的抵制运动。安达信集团几个月前刚被解散,但是所有人仍然极力分散、回避有意义的联邦政府的监管。一些公司以及他们的说客向国会发出抗议,指出 SEC 为了极少数的“烂苹果”的行动而惩罚他们，这样的理由曾在2000年反对阿瑟·莱维特针对审计师之间利益冲突而进行的改革时取得成功。同样地，这些会计师们再一次使得立法者的立场向他们倾斜：包括新的改革法案的作者之一、共和党人米歇尔·奥克斯利（Michael Oxley）在内的一大批立法者，据说都与皮特联系，并催促他替换比格斯。"（比格斯）是领导这个职位的最完美的人选，"《纽约时报》评论说，"这也是这个行业的说客们以及他们在国会的同盟者如此费尽心机地拉他下马的原因。"[3]

正如所预料到的那样，比格斯最终从SEC的名单中落选了。一个在华盛顿政界中熟悉的名字在这次竞争中作为胜者浮现在人们的面前，威廉·韦伯斯特（William Webster），前美国联邦调查局和中央情报局的主席，毫无金融方面的经验，却成为了SEC的新选择。随着他的委任状的正式颁布，韦伯斯特通过以鲜明的态度进行逮捕和起诉的方式，开展了被视为是针对公司丑闻的"烂苹果"方案的行动。

在与监管委员会斗争的高潮中，一项美国审计总署的报告披露：自1997年以来，有1/10的美国公司已经至少有一次重新申报了他们的收入。根据美国审计总署的报告，政策修订的速度在加快，被迫重新申报收入的公司的规模也在增长。[4] 毫无疑问，有10%的美国公司最近正面临着会计违规，这个事实表明利益间的冲突已经不仅仅只是感染到几个人。无论如何，SEC和布什政府继续将焦点集中在检举和起诉上，让公众产生他们很负责任的错觉，同时又确保所颁布的改革措施没有一丁点儿的威胁。SEC的5名委员，包括3名共和党和2名民主党，都抛开了他们的政治立场对监事会主席进行投票：比格斯出局，而韦伯斯特当选，至少目前是这样。

与SEC大多数人的意见相反，哈维·J.戈尔德施密特(Harvey J. Goldschmid)委员，他投了比格斯的赞成票，他认为推选出韦伯斯特的过程是不适当的也是有缺陷的。果然，一周之内，就有证据出现支持了他的声明。韦伯斯特向《纽约时报》透露说，在投票的过程中，他已经告知皮特，说他对自己是否适合这个委员会主席的职位存在怀疑。他曾经是美国技术公司的会计委员会成员，这个公司曾以欺诈行为被指控。“我说如果这是个问题，那么也许我们就不该再进行下去，”韦伯斯特回忆他是这样向皮特说的。[5] 随后就有报道说，以韦伯斯特为首的美国技术公司的3名会计委员会成员，曾经在这个公司的内部财政控制问题被广泛关注后，联合投票解雇公司的审计师赛德曼(Seidman)。[6] 在解雇赛德曼的过程中，韦伯斯特已经显示出他对公司责任和独立审计的漠视。作为监管委员会的主席，他本该对审计师缺乏独立性的行为进行揭露、惩罚，然而根据韦伯斯特所说，皮特声称SEC的成员已经了解了这个事情并忽略了这点。但有关美国技术公司事件的当事人则坚持，委任会从来未与他们有过联系。事实上，皮特并没有告诉他的同伴委员们有关这次丑闻的经过。对于皮特来说，这是他一系列政策上的失误中的最后一次，而每次失误都是由于他与会计行业过于友好的关系所造成的。随着布什政府面对越来越多的尴尬和难堪，皮特要求对自己的行为进行一次调查，然后就和韦伯斯特一样，迅速地辞职了。

我们注定无法确知韦伯斯特是如何领导监管委员会的，同样，我们也不知道布什政府的愿望是否得到满足。但是韦伯斯特过去的所作所为的确给我们提供了一些启示。他已经不止一次地被召集到国家机关，去缓和在可预见危机发生后所进行的改革，改革本质上是反对相似的、未来的意外的最后一道防线。

在第二章中，我们讲到了1988年泛美航空公司103航班在苏格兰洛克比地区上空爆炸事件所引发的航空安全改革风暴。在这次轰炸事件中，有270人死亡。国会提出了一个新的航空安全法案，这个法案是在乔治·布什总统关于航空安全和恐怖行动委员会的建议下产生的。正如所预料的，作为航线贸易组织，航空运输协会(ATA)的说客极力反对这个法案的出台，尤其是反对联邦航空局(FAA)提出的，关于要求对航空工作人员进行指纹识别和有无犯罪背景调查的建议。ATA指派韦伯斯特在1992年的听证会上就反对FAA提出的防范措施这一问题进行陈诉。作为国家安全方面的一个令人信服的专家，韦伯斯特向国会声称，他认为这次被提议的改革是完全没有必要的。[7] 明尼苏达州代表詹姆斯·L.奥伯斯塔(James L. Oberstar)被韦伯斯特这种对国家安全完全不负责任的姿态所震惊，他曾直截了当地问韦伯斯特：“如果你此刻仍然是联邦调查局主席，你还会以这样的立场说话吗？”[8] 但韦伯斯特的陈述最终取得了成功：法案最后指出，只有在当一个航空工作的申请者有一年没有工作的记录时，才能对其进行背景调查。[9]

2001年9月11日以后，韦伯斯特被要求对其在1992年时强烈反对进行航空安全改革的行为作出解释。“我只是不希望他们将钱花在错误的地方，”他如是说。[10]但是这位前中央情报局和前联邦调查局的主席并没有游说支持其他类型的安全措施的历史记录。相反，他的工作就是雇用一些说客，来帮助航线降低他们的安全费用。在这样的历史事实下，韦伯斯特的借口显得空洞无力。那么，作为监管委员会的主席，他会再一次反对改革浪潮，而置将要发生的可预见的危机于不顾，从而成为被整个行业所利用的工具吗？对此我们不得而知，但幸运的是，这种危险已经转移了。

前面的两章中我们突出强调了可预见危机的认识上的以及组织上的原因。本章将通过检验政治上的因素是如何加剧可预见危机发生的可能性，来对这些原因进行补充说明。首先我们对当今美国的特殊利益群体的作用进行了回顾和总结。接下来我们对竞选的财政的和竞选游说活动进行了简要的总结，来阐述特殊利益组织是怎样成长成为他们目前这种具有破坏力的形式的。我们还证明了在支持什么是可预见的危机这一领域最大的杀手问题——香烟问题上，政治所发挥的神奇作用。我们探讨了“9·11”事件的爆发，和由于政客和企业所造成的本土安全的隐患，并思考是否我们注定要一次又一次地重复着一些意外的发生。最后，我们针对修复一个被破坏的政治系统提出了具体的建议和措施。

特殊利益群体面面观

在本章中，我们用短语“特殊利益”来指代一些群体，他们只为自己的成员寻求利益，而很少或没有考虑到他们的目标对整个社会造成的全面影响，甚至他们所获得的群体利益远远小于整个社会为此所付出的代价。这里要指出，一些群体，如活动者和慈善组织，已经在很大程度上为社会带来了极大的利益。也正是受益于这些组织的政治影响力，美国人民才能够进行一系列收效巨大的社会改革。即使当群体间因为彼此特殊的意识形态而意见不统一时，至少他们所争论的也是各自所认为的最有益于整个社会的东西。与此正相反，特殊利益群体的工作并不是为了改善广大市民的生活，而是在于提高他们自己成员的收入。为了那些被选出来的少数人的利益，特殊利益群体给每个人强加了一种不适当的社会负担——以一种增加税收、空气污染、缺乏教育投资等的方式。

“福利”一词使人容易与贫苦的妇女接受政府分发的物品来维持家庭温饱的联想相联系。实际上，美国最广大的福利基金的受益者并不是那些贫困的人民，而是美国的公司。每年国家在对无依靠儿童家庭的援助、食物供给以及公共医疗补助制度上的花费合起来大约有850亿美元，而每年在对公司税金的免收和补贴发放上的花费，其保守估计的数额就有870亿美元，并且还有可能超过1 670亿美元。[11]

很难给公司福利明码标价，因为它的精确度是不确定的，因此它有赖于免收税金是否包括在这个整体当中。不管其数量多少，当国会进行每年的预算削减时，一次又一次得到福利保护的总是那些公司，而不是贫民。一个例子就是国会在2001年“9·11”事件后苦心想出的“经济刺激”法案。这个法案起草的最初目的在于促进经济增长和帮助那些在这次灾难中受害最深的人民摆脱困境。然而，最终的法案违背了这些美好的意图。2002年，法案在公司免税上分发了1 140亿美元，并为在过去3年时间里公司的折旧减少了970亿美元。[12]所有的账务中仅有7%用来帮助那些失业的人民。也就是说，当有1美元分配给失业者时，就应有8美元公司的免税。[13]

一些经济学家和政策学家将公司福利看作是增加就业和刺激经济发展的一个重要工具。然而，政治派别的任何一方都没有拿出可信的证据来支持这些观点。事实上，基本的经济学理论表明，总的来说，没有任何补贴的社会经济状况是比较好的。[14]有补贴的商品比如香烟之所以卖得比较好，一部分原因是由于补贴使商品的零售价格可以人为地降低。这可能对香烟制造者有利，但这却使那些生产不享受补贴的商品的公司处于不利地位，因为如果消费者将钱用来购买有补贴的产品，那么他在没有补贴的商品上的花费必然就会减少。除了扭曲市场和违反经济竞争的基本原则之外，补贴还占用了政府用在社会项目上的资金，并使得国家陷入债务中。

现在，关于美国政府补贴的更加全面和广泛的描述在许多书中都能够找到。本章我们仅对一些最典型的例子作一个简要的回顾。

采矿业

1872 年美国国会就制定了《一般矿业法》(*General Mining Law*),以规范对非燃料矿石(如金、银、铜)的提取。为了促进对西部地区的开发,这个法案甚至按照 19 世纪的标准向采矿者提供了极具吸引力的奖励措施。而今,125 年过去了,《一般矿业法》却从来没有修订过。令人难以置信的是,下述规定保留至今。

- 任何人在公共领土上发现了“有价值的矿物堆积物”。都有对其进行开采的权利,不管有无其他非矿物价值存在。
- 任何人证明了“有价值的矿物堆积物”的存在都可以按照 1872 年的价格拥有这块土地和矿物——每英亩 5 美元。
- 将有价值的矿石从公共的土地中拿走,不需要特许权。
- 没有环境标准。
- 没有开垦规定。[15]

根据这条法律,通过开采者申请专利或者设立自由开采权的方式,政府损失了总价值超过 2 450 亿的矿物储量。[16]仅 2000 年一整年的时间,就有价值近 10 亿美元的矿物被开采出来，而政府并没有为纳税人征收特许权费用。胡乱的开采，给公共的土地造成了严重的永久性伤害。根据环境保护部门的调查，采矿已经给40%的西部水域造成了严重的环境污染。全国范围内超过5.5万块废弃的硬岩石矿井被遗弃，预计清理它们需要花费320亿～720亿的费用。难怪负责监督政府浪费情况的绿色清理组织，将这个法律称之为“补贴的鼻祖”。[17]

“我认为(1872年《一般矿业法》)最异乎寻常的就是上议院每年都把这部法律放过去，”前参议院成员戴尔·邦伯斯(Dale Bumpers)如是说。[18]在2001年，国会就曾重申了1994年对公共土地专利申请的延期偿付的问题，但同时也规定在1994年之前的专利申请可以继续进行矿物的开采。那么为什么国会能够一而再再而三、年复一年地容忍如此浪费并造成环境退化的开采呢？那是因为整个矿物产业，向美国国会施加了强大的压力，尤其是向西部州的国会成员施加更大的压力，从而一次又一次地阻碍了对法律的修改。2000年，采矿公司在游说议员的活动中总共花费了752万美元。[19]如此数额巨大的矿物补贴会令人惊讶吗？我们预期大部分人都会回答说“是”。但是，继续对环境进行破坏，其结果必然会给采矿公司带来预想不到的高收入。因此，向政治方面施加压力无疑是最后解决方案的选择之一。

民　航

在第二章，我们详细介绍了美国航空公司通过游说议员和捐助竞选基金的方式，在几十年的时间里成功地抵制了政府想要进行的航空安全改进计划。有证据表明，副总统戈尔在 1997 年从想要实行新的安全计划的强硬态度转变为放弃这个决定，原因正是因为他想要安抚航空公司以便使他们在 2000 年的总统竞选中为自己服务。

但是戈尔并不是近年来迎合航空公司的唯一政客。马克·格林(Mark Green) 在他所著的《出卖——大公司是如何用金钱买断选举权、抨击立法并背叛民主的》一书中也叙述了与以上相类似的情况。1999 年是航空公司有史以来表现最差的一年。运输部门收到的顾客投诉是 1998 年的 2 倍还多，并且航班取消或延误的次数也达到了新的最高峰。[20]作为回应，参议院成员约翰·麦凯恩(John McCain)和罗恩·威登(Ron Wyden)引入了航空旅客公平法案，法案批准运输部有权要求航空公司改进他们的服务质量。结果航空公司在 2000 年 2 月和 3 月期间向这两个主要的政党捐助了 20 万“软”钱，因为这两个月份即是对这个法案的讨论上升到白热化的阶段的两个月。3 个月以后，航空公司又在一周内向政党的保险箱里“倾倒”了 22.5 万——这周是对法案进行投票的一周。6 月 23 日，参议院商业委员会投票淡化了麦凯恩和威登的法案，把对消费者的服务权交到航空贸易组织，即 ATA 手中。马克·格林指出：“最初的立法全部泯灭了。”[21]而法案的主要倡导人，同时也是孤独的参议院成员，威登则拒绝签署这个法案。其他的议员们和航空主管人员却很高兴：由于这个新的法案，他们可以鼓吹他们对“乘客公平”的贡献而又不会招惹到航空公司。唯一的受害者就是广大消费者，他们仍将继续面临航班延误、取消以及和往常一样的低标准的服务。

鉴于航空公司以上那些长时间的大胆行径，我们也就不会对其在2001年“9·11”事件后加紧对国会的运作感到奇怪了——航空公司完全忽略了正是由于他们几十年来对航空安全改进的抵制才导致这场袭击发生的事实。同样，我们也不会奇怪，国会给了航空公司150亿的补贴，并通过了一个已经被立法通过的保护航空公司免受起诉的法案。这在国家航空安全危机事件没有发生之前确实可以这样做，但现在已不可能被忽视了，因为新的航空和运输安全法案已经被通过。[22]

会计业

在第三章中，我们提到了会计业对后来的SEC主席阿瑟·莱维特在2000年提出的利益冲突原则持反对态度。反对改革的叫嚷是强烈的，并得到了政党和国会成员的支持，因为他们都曾在重要的竞选活动中从会计业受益。会计业已经不止一次将客户置于自身的公平性之外，这导致了可预见危机的发生。20世纪90年代中期，财务会计标准委员会提出关闭允许公司在资产负债表上隐瞒职工优先认股权的清算通道。FASB将财政状况中员工优先认股的缺失视为公司资本净值的失真。毕竟，员工优先认股是一项费用开支，仍然被作为税收的目的存在，就像是主管人员的薪水，如果不能成功解决它们，就意味着将投资者置于不了解公司目前债务的黑暗中。[23]

会计业和美国公司共同反对 FASB。尤其是高科技公司，他们更需要依靠员工优先认股来吸引和回报主管人员，并且他们能够预见如果选择权被列入法案中的灾难性后果。根据梅里尔·林奇（Merrill Lynch）的一项研究，不采纳员工优先认股权将会削减高科技公司平均 60%的利润。[24]

1994 年，议员乔·利伯曼（Joe Lieberman）组织了一项决议来谴责 FASB 的提议。[25]许多年以后，现在的 SEC 主席莱维特在一次美国公共广播公司（PBS）的前线采访中回忆了当时关于员工优先认股权的斗争：

我认为毫无疑问，会计公司对竞选的贡献在议员的活动中发挥了决定性的作用。美国公司向最具有攻击性的游说竞选活动支付工资，而且我认为他们把能够代表这个问题的所有活动都聚在了一起。国会方面回应说……所有这些被商业团体采纳的意见都被利伯曼议员放在了他的对立面。[26]

因惧怕一旦建议被通过，国会的后弹力会摧毁 FASB，莱维特催促委员会赶紧后退，而后又为自己作出这样的决定感到后悔。[27]

利伯曼的家乡康涅狄格州，是财富 500 强公司的集中地，其中许多公司都曾经资助过他的政治活动。在 1993～1994 选举期间，利伯曼从会计公司那里得到 6.21 万美元直接资助，使得他成为第四大议员接受者。[28]“所有的保险公司都在康涅狄格州，并且会计业也以康涅狄格州为主要的基地，”机构投资咨询委员会主席萨拉·特斯林克（Sarah Teslik）说：“FASB 就在康涅狄格州。利伯曼议员和多德议员一直以来都对会计业很照顾，并对其主管人员给予保护，即使他们在口头上说要建设一个好的自由开放的民主地带。”[29]

2002 财政年度中，高科技泡沫和财政丑闻以后，会计业和网络公司管理层突然间被看作是公众的敌人，以往大部分坚定的支持者被迫转移目标。尤其是对于利伯曼来说，他对于员工优先控股权问题上的立场反过来伤害了他。“我仍然相信员工优先控股是个很好的主意，”他在 2002 年 10 月的一次募捐会上讲到，正如《纽约客》杂志所报道的，这也是在他决定竞选 2004 年总统前几个月时发表的讲话，“但是它们被一些贪婪的和不道德的主管人员滥用了。这一点与我无关。”

学术界

不是所有从国会那里接受补助的组织都是营利性的。2002 年，国会向 600 多个大学和学院投资了 13.59 亿用于研究项目。[30]表面上看，鼓励健康、科学和技术领域可能取得突破这样的理由，与支持国家土地退化，或是暂停征收那些没有补贴就活不下去的公司税务等等理由相比，前者似乎更具有说服力。但是实际上，这些研究项目可能如同立法者其他的项目一样，是无意义的、浪费的。

传统上来说，联邦研究基金是国家科学基金会（NSF）和国家卫生研究所（NIH）准予承认的，后两者在评估被提议的研究项目的优点上和分配相应的资金时都有一套严格的审批程序。与此相反,每年计算联邦预算总和时,国会成员和他们的员工都依赖于在选择接受者同时接受他们各自的预算。他们不但缺少专业知识,而且还很容易受到个体忠诚度、大学和学院所雇用的说客的影响。[31]如此的学术基金是与政治声望紧密联系在一起的。根据高等教育年鉴,2002 年给予基金最多的 10 个州中,有 8 个都被 2001 年领导拨款委员会或是附属委员会的国会成员提出申请的。[32]对于一些学校来说,呼吁国会多分发资金,与可能被驳回的 NIH 和 NSF 计划相比,前者无疑是一种更好的利用时间和金钱的方式。

2001 年,布什总统的预算总监就这一问题向国会发出了质疑。米切尔·丹尼尔(Mitchell Daniels)刚刚知道,确立的学术拨款是怎样被划入到华盛顿的。"他们的座右铭是:'不要站在那里,而一定要去买些什么,'"当谈到支持这个项目的立法者时,他说,"这是让他们感觉到彼此相关的唯一方式。"[33]丹尼尔还抱怨遭遇到了来自国会针对个人的辱骂等。于是丹尼尔退步了,他在 2002 年 7 月说到,"我们认为(指定拨款)确实导致了糟糕的决策制定,但却带来了夸夸其谈。"[34]

因此,研究项目继续因其影响力被资助而不是因其价值而被资助。2002 年,指定拨款项目有 70 万拨给爱达荷大学用来研究古典爵士乐,有 25 万拨给佐治亚大学做洋葱刺激实验,还有 19.8 万拨给佛罗里达大学用来研究观赏鱼的培育。[35]而这些项目的结果可能是有趣的也是有用的,但是却不可能作为法律的制定者和他们的委员会做任何准确评价其价值的依据。学术上的资助应该一起被消除。如果这些研究项目真的值得花掉纳税人几百万的税金的话，那么国会应该通过增加 NSF 和 NIH 的预算来调节。

美国特殊利益群体简史

美国政治家和特殊利益群体之间的“给和取”的循环可以追溯到共和国的头几年。在第一届总统选举举行之前的几年，正如马克·格林（Mark Green）在《出卖》一书中指出的那样，乔治·华盛顿在他 1758 年竞选弗吉尼亚州议员的时候，为了拉选票曾采取一些令人质疑的战略战术。为了能够迎合当时的投票大众——拥有土地的贵族们的好感，华盛顿在豪华晚宴中向他们提供了很多昂贵的酒水，这也就是著名的“用糖酒痛灌殖民者”事件。[36]几个世纪过去了，现在所有的美国成人公民都有资格投票选举总统，但是利益群体享有不可思议的偏好水平与华盛顿时期相雷同。

对特殊利益群体的影响始于 1971 年，那是随着《联邦选举活动法案》（FECA）的推出而产生的。通过这个法案，国会试图建立捐助规则和支出透明制度，以控制竞选者在自己的竞选活动上的花费，并且限制在广告上的费用。竞选财物法案则创立了一个系统，纳税人资助的选举已成为衡量候选人游戏水平的手段。

改革的尝试间接导致了美国历史上最大的选举丑闻：水门事件。在 1972 年 FECA 提出改革之前的宽松时期，也就是在新法案没有正式生效之前，尼克松总统在争取连任的竞选活动中，通过接受不规范的捐助募集到了1千万的竞选资金。正如竞选改革共同事业小组的创始人约翰·加德纳(John Gardner)在1973年所说的那样："在事件发生前付给水门事件同谋者的钱，以及事情办完后所付的钱，都来自于这次竞选。"[37]

在发誓要对联邦选举进行彻底整顿后，国会支持了FECA在1974年提出的增加新的、更严密的对竞选活动基金进行有效限制的规定，这也是著名的"水门改革"。这次修订，限制个人每年联邦候选人捐助的金额不得超过1 000美元，并且每年向所有的候选人捐助的总金额不得超过2.5万美金。因为现有的直接从工会和社团得到捐助的限制是人们所支持的，因此组织被授权组建政治行动委员会，即PAC。政治行动委员会是一个独立的组织，专门负责接受个人对竞选活动的自愿捐献款。它还可以提议和资助候选人并鼓励他们对其政治观点进行交流和沟通。[38]政治行动委员会在每届选举中对每个候选人的捐助金额不得超过5 000美金。[39]

然而，FECA的修订案仅经过一天就被替代了，当时他们被反对机构改革的利益组织控告到法庭。[40]在对1976年巴克利诉瓦莱奥(Buckley v. Valeo)一案的判决中，最高法院反对了这次改革，主要是认为修订案中对竞选活动费用的限制，违背了个人自由发言的权利。法院宣称："事实上在今天的社会，任何交流的方式都伴随着金钱的支出。"[41]巴克利诉瓦莱奥一案放宽了一系列花费的限制，包括国会竞选花费、候选人的个人竞选花费、"独立的支出"即个人捐助的金额等。法院还认为政治行动委员不得直接与候选人或竞选活动联系。此外，还建立一套窥控机制，以了解在电视或广播上发布政治广告所需的资金，巴克利诉瓦莱奥一案还区分了两个概念：一是“表达支持”，或是直接鼓励选民支持或反对某一候选人的广告，二是“问题支持”，或是试图引导公众对候选人或议题的看法，而并不直接对某一候选人投支持票或反对票的广告。[42]通过解除在议题广告费用问题上的限制，巴克利诉瓦莱奥一案还允许政治行动委员会在选举期间用广告方式覆盖整个电视广播系统，并且通常是对某一候选人指名道姓地进行残忍的攻击。

在对巴克利诉瓦莱奥的反对观点中，审判长沃伦·伯格尔(Warren Burger)尖锐地批评了大多数人将金钱等同于自由的论调：

法院的方法并没有恰当地考虑到这个立法的完整本质……所有的候选人现在可以自由开销；从今以后，有影响力的候选人将随心所欲地花费自己的钱而没有任何限制；但是那些对普通候选人进行捐助的总数将受到极大的限制……我简直不能相信，国会竟然会制定出一个包含如此不恰当和不公正规定的法定程序。[43]

正如所预料的那样，巴克利一案对竞选活动费用限制的放宽直接导致了政治行动委员会数量的增多。1974 年到 1984 年期间，政治行动委员会的数量就从 608 个增加到 4 009个，并且他们对国会候选人的捐助从 2 260 万直接飚升到 111 160 万美金。[44]一个明显可预见的危机——80 年代后期的储蓄—贷款危机直接与政治行动委员会的数量和其捐助资金的影响力有关。共同事业小组评估认为，与储蓄—贷款危机相关的政治行动委员会和个人在80年代为联邦竞选活动共捐助了1 200万资金，以更改行业的规范。于是，一项违规的法案被迅速通过，给了银行家自由支配权力，可以用顾客在投资数以亿计的资金用来赌博。于是，美国人民最终为国会捐助资金的愚蠢行为付出代价：储蓄—贷款危机使纳税人的资金中支出了5 000亿美金。

因为与储蓄—贷款行业中最主要的玩家保持密切关系，有5名议员声誉扫地。[45]这几名议员，连同加利福尼亚州民主党人，从克里斯·吉恩(Charles Keating)以及他的家人和亲戚那里共收到140万的竞选资助。克里斯·吉恩是林肯储蓄—贷款银行的主管，他要求议员们介入到林肯联邦银行调查中。作为幕后工作者，约翰·麦凯恩、丹尼斯·德瓦西尼(Dennis DeConcini)、艾伦·克里斯顿(Alan Cranston)、约翰·格伦(John Glenn)以及丹·里格尔(Don Riegle)这五名议员说服了联邦银行调查人员在几个月的时间内暂停他们的调查。结果被证明，林肯在这场储蓄—贷款行动中是最大的输家，他损失了34亿美金；克里斯·吉恩因通风报信和欺诈破产行为而被判入狱12年，尽管他因技术操作而被提前释放。如此大的民族耻辱足以使麦凯恩放弃竞选改革。

20世纪末另一个为造成滥用竞选经费趋势作出主要贡献的是联邦选举委员会在1978年首创的“软货币”漏洞法案。[46]法案的生效成为促进市民参与到选举中来的原因。支持者认为软货币的捐赠被指定用于促进各州和各地区政党建设活动。比如投票者登记的运作和广告是一个政党取得选民支持的平台，而不是一个特殊的候选人。在软货币的捐赠数量上没有任何的限制，并且无论是个体还是组织都可以进行捐赠。

软货币开始涌入到总统竞选中是在1980年。杜卡基斯的竞选首先打开了这个缺口，随后便是乔治·布什的总统竞选。软货币的捐赠打破了硬货币的限制；价值10万～25万美元，甚至是100万美元的礼品都是家常便饭。在2000年的总统竞选中，民主党与共和党委员收到的软货币捐赠创造了45 700万的记录，而上一届总统选举仅收到23 100万捐赠，前者将近后者的两倍之多。[47]仅有不到1%的美国公民向政党候选人捐助200多美元，政党收到的绝大多数的软货币的捐赠是来自于少数美国公民和组织。[48]

通过使眼色和用肘暗示等小动作，候选人和政党声称软货币的花费是在法律允许的金额范围内。实际上，联邦政府的候选人常常从一些个人、公司和协会那里取得软货币的捐赠，往往这些个人、公司和协会对硬货币的捐赠已经达到了每年规定的上限。所有这些捐赠如漏斗一样倾倒给了州的政党，以便他们利用这些捐赠来进行选票登记的运作及发布“问题支持”广告。那些广告通常是赞同某一联邦候选人的观点，每个在选举期间观看电视的人都能够证明这一点。尽管这些开销是以州的名义进行的，但是联邦政党和候选人却是幕后的操纵者。

很多商业领导者都逐渐厌倦了永无休止的软货币的捐赠活动。“商业团体大体上是软货币的主要的提供者，”查尔斯·科尔布(Charles Kolb)这样说道。他是无党派经济发展委员会(CED)的主席。经济发展委员会是由一群有影响力的商界人士组成的，是呼吁进行竞选活动经费改革的组织。这些人说：“我们已经厌倦了被请求和反复摇摆的日子。政客们除了恳求公司捐赠更多的钱，还希望做其他的事情。”[49] 1999年9月，国会里最强烈反对竞选活动经费改革的米奇·麦康奈尔(Mitch McConnell)议员，在给经济发展委员会成员的一封信中谴责他们试图通过“反对金融界的演说控制”来“剔除那些参与到政治中来的私营企业”。[50]许多公司的主管，其公司正面临着国会的重要立法问题，都将这封信视为是一种胁迫的手段。“我认为在经济发展委员会的大多数人都已经明白了目前的竞选活动经费系统是多么的腐败，而且这封信仅仅是一个他们已经知道的例子，”经济发展委员会成员爱德华·A.坎加斯(Edward A. Kangas)这样说。[51]

在国会内部，约翰·麦凯恩(John McCain)和威斯康星州的民主主义者拉塞尔·法因戈尔德(Russell Feingold)在1995年成立了一个组织，为竞选资金的改革而战。最初的《麦凯恩—法因戈尔德法案》要求废除政治行动委员会和纸币的使用，即规定：参议员候选人可以在其居住州内筹集60%的竞选资金，可以用免费的电视节目筹款，以及给那些同意限度花费的候选人在邮政费用上打折扣。[52]参议员们不会知道他们的斗争会变成一个长达7年的冒险之旅，在此期间他们提出的改革如水一样一滴一滴地流走了。政治行动委员会的禁令被废弃了，提议免费电视时间和提供邮政资助同样也被废弃。1997 年，就在这个已经削弱的法案似乎要被通过时，反对改革者多数派领袖特伦特·洛特(Trent Lott)和米奇·麦康奈尔拼命工作，试图以宣称该法案是“有毒法案”为名将法案置于死地，他们知道法案的支持者是不能接受的，1997 年底，这种阻挠葬送了《麦凯恩—法因戈尔德法案》，[53]另一个以其发起者克里斯托夫·谢斯(Christopher Shays)和马丁·米汉(Martin Meehan)而命名的平行法案《谢斯—米汉法案》(*Shays-Meehan*)，在共和党议院纽特·金里奇(Newt Gingrich)领导的队伍中面临同样的障碍，但是最终在 1998 年得以通过。总统竞选时，乔治·W. 布什指责《麦凯恩—法因戈尔德法案》禁止软货币捐赠的行为是为“单方面解除武装”，这个改革将共和党置于竞争的劣势状态。(实际上，2000 年的竞选活动中，软货币达到了民主党派所筹集的 5.2 亿美元的一半，相当于共和党筹集到的 7.16 亿美元的 1/3。[54])

也就是在 2000 年选举后仅一年，2001 年，改革派最终获得了足够的投票使他们的议案在两议院中得到批准。《谢斯—米汉法案》以 240∶189 的投票赢得了议院的最后通过；参议院以 60∶40 的票数通过了《麦凯恩—法因戈尔德法案》。2002 年，布什总统已经清楚地看到当前形势，于 3 月 27 日签署该议案为法律。值得注意的是，与《麦凯恩—法因戈尔德法案》同时发生的是，参议院通过一项单独决议，即允许米切·麦康奈尔在对《麦凯恩—法因戈尔德法案》提出异议的法庭上作为主要原告，并且放弃报酬规则。这样，在以后的法律诉讼案件中，国会的支持者和反对者便得到了免费的法律帮助。[55]

《麦凯恩—法因戈尔德法案》包括以下几个主要条款：

1. 禁止对国家党派的软货币捐助。州和地方党派可以筹集资金数目至1万美元，但是捐款不得用于支付为支持州竞选人做广告的费用。

2. 外界组织（包括企业、团体和非营利组织）初选的30天内或是大选的60天内用软货币来支付用竞选者名字做的广告。在这些最后期限之前，支持这些广告的组织：(1)不能与竞选人合作；(2)必须只能使用硬通货；(3)必须遵守报告和所公布的法律。

3. 每次选举所能筹集的硬通货的个人捐献数限制在1000～2000美元（部分考虑到1974年以来的通货膨胀），与物价上涨相关联，个人在每两年的选举周期内可以捐助95 000美元。这种定额为扩大了一般竞选者的范围，使其能与富裕的、自我资助的反对者相竞争。[56]

在议案通过后，拉斯·范戈尔德（Russ Feingold）说："这仅仅是一个开始，这是一个温和的改革。"[57]共同事业的主席斯科特·哈什巴杰（Scott Harshbarger）也同意这种观点，他说："《麦凯恩—法因戈尔德法案》只是一连串措施中的一步，如果这一步变成最后一步，那么我们就失败了。"虽然这是对现存体系的一个显著改进，但是这些改革远没有 1995 年麦凯恩和法因戈尔德提出的最初的议案那么重要。他们这些议案条款也会产生一些没有想到的结果。《麦凯恩—法因戈尔德法案》增加了对总统候选人的硬通货限制，但是保留了给那些候选人竞选的联邦匹配资金的百分比。正因为如此，这个法律便可能具有鼓励总统候选人决定跨越公共资金系统和州消费界限的预期效应。[58]2000 年，乔治·W. 布什竞选时的传统做法是，超过公共筹集资金限制额的候选人，都可以不受限制地想筹集多少现金便筹集多少。

《麦凯恩—法因戈尔德法案》在政治竞选运动上带来了更有震动性的转变。竞选运动资金改革问题上的双方都期望新的法律将会大大削弱国家党派的力量，强化政治委员会的影响。虽然该法律禁止政治党派筹集和花费软货币，但是政治委员会仍保留着筹集与个体、企业、团体将给他们的一样多的软货币的权力。只要政治委员能独立地运作政治运动，不公开支持或反对一个特定候选人，在新的期限内不再通过广告表明自己的观点，那么他们就可以肆无忌惮地花费软货币来影响联邦选举。[59]作为一个强大的特定利益集团，而且是大的选举阵营新的来源，政治行动委员会是华盛顿最大的提议者和影响者，这当然是站在被当选的官员身后。民主党派和共和党将转移到界外区，按理论上来讲，是静观政治行动委员会向公众筹措并花费他们日渐增长的钱财。"民主党派所面临的问题是，我们怎样从那里把所有的钱拿出来，并将其投放到这一体系中。"在麦凯恩议案的后期，新民主党联网主席(New Democrat Network)西蒙·罗森伯格公开提到:“在后《麦凯恩—法因戈尔法案》时期,终止了以商业取向的 PAC 的新复杂的权力,我们将此视为迈向顶峰的一种责任,同时也是一个机会。”[60]

如果国家党派的确在权力和影响力上输给政治行动委员会,这一改变将在选举进程中回荡。民主党和共和党都不值得我们同情,但是他们的政权将被一股新的特定利益组织篡夺,这一事实反映出了麦凯恩法案的局限性。不是从体系中将钱冲洗出去,这些改革措施大部分是重新定位钱的流向。在影响力操纵和腐败方面,几乎没起到任何改变作用。

现在,政治行动委员会在选举之前运用软货币抨击广告的行为受到了限制,改革者可以从这一事实中得到些安慰。但是,就连这一合理的改革措施或许也站不稳脚跟。就在麦凯恩法案刚刚结束时,米切·麦康奈尔议员就发起了一场法庭之战,总体上攻击政治活动的广告和软货币的筹措上所设置的界限。[61]在 2003 年 5 月 2 日关于麦凯恩法案暂时决定中,“三法官”联邦法院发表了一个冗长的并且常常相互冲突的观点,支持大部分的法律,包括禁止联邦候选人筹措、花费软货币,禁止为联邦候选人筹钱,同样也禁止发行议题广告。但是,法院允许政治党派为其他目的筹措花费软货币,比如,赞助州和地方候选人,以及用于动员投票者活动等费用。[62]最高法院听取了这一案例,并且在 2003 年 12 月以 5∶4的投票决定支持了政治活动资助法律的所有条款,包括禁用软货币以及限制与选举接近的政治广告。约翰·保罗·斯蒂文

(John Paul Steven)和桑德拉·戴·奥康纳(Sandra Day O'Connor)两位法官写下了大部分人的观点:"正如案例所表明的,正是党派出卖了接近联邦候选人和公务官员的方式,造成了这种不正当的影响。"[63]这两位法官同样悲观地预见:"钱像流水一样,终究会找到一个出口。"[64]

同时,在麦凯恩法案法律上一直琢磨不定的是联邦选举委员会(FEC),它被《纽约时报》称为"本来应该是一个独立的实体,但实际上却是一个受到监管的跳舞的木偶"。[65]当被指控实施联邦选举法时,联邦选举委员会经常尽可能地解释得特别轻描淡写。2002年6月,三个共和党和民主党委派的人组成了委员会,《泰晤士报》(*Times*)强调:"他们中的大部分都非常得意地表示出对政治运动改革措施怀有敌意"。投票以5:1赞成对那个法律的豁免。那个法律能确保软货币继续流入政治系统,尤其是流入州和地方政党中。对最后投票持有异议的人,民主党委员斯科特·托马斯对其他的一些委员说:"你们已经被法律折磨到这等地步,这就不仅仅是愚蠢了。"[66]通过这些规则,联邦选举委员会:

- 允许国家政党成立"独立小组",仍然允许这些小组筹措和花费软货币,直到2002年11月16日法律生效之时止。
- 允许州和地方党派运用限制的软货币捐赠,去筹措更多的用于可以影响联邦选举活动的软货币,比如资助投票者签到和防止逃票运动。
- 允许州候选人在州和地方资金筹措会上筹措现金。[67]

《纽约时报》声称："这些规则和豁免规定只不过是未经选举的官僚体制权力滥用的结果，他们将一个喜好特定用途金钱的腐败机构，置于民众的呼声和选票之上。"[68]参议员约翰·麦凯恩和其他的一些改革者迅速发起了一场运动，即通过法律行动和诉讼案件，来解决委员会的破坏阴谋。[69]但是这些权力滥用是一个可预料的危机，它将继续增加，除非我们社会能更严肃地进行政治资金活动的改革。

肺癌：最明显的可预见危机

在美国，导致死亡和疾病的原因大部分是可以预防的。烟草消费每年带走 40 万人的生命。[70]常识告诉我们，如果更多的美国人开始抽烟，其中很多人会染上肺癌，一些人将会死亡。在美国几乎 1/5 的死亡原因是与吸烟有关，美国每天有 3 000 个 18 岁以下的儿童会吸烟成瘾，这些事实让人们震惊。实际上，大多数美国人支持通过授权给食品及药品管理局，监管烟草产品的生产、市场和销售，以及合法地持股，监管那些应为欺骗和不道德的行为负责的公司，通过有力行动以减轻危机。[71]食品及药品管理局和医疗保险项目组每年花费几千万美元来强化《未成年人吸烟法》，以及治疗那些染上肺癌和肺气肿的人。美国肺健康协会之类的组织勤恳地工作，对未成年人进行尼古丁的危害等教育。最近几年，克林顿总统及国会成员发起了几次运动，控制烟草业，应对以欺骗性或非法性手段促销其致命性产品的企业，使其对从中获利的行为负责。然而，透过他们的政治倾向性，更有势力而且资金更充沛的特殊利益组织阻挠这些努力，挫败了美国人民的意愿。

国会中的一些成员的工作使得烟民依靠政府的配额补贴，这似乎与作物遇灾害年份遇到的情况类似。另外，每年的补贴加起来达到几千万美元。1997 年 7 月，纽约国会代表妮塔·洛维(Nita Lowey)针对 1997 年农业部消费议案提出了一份修正案，要求消除庄稼保险，以及对烟农没投保的庄稼灾害予以补偿。相当一部分代表会认识到，支持农民生产一种每年可以杀死 40 万人的作物这一行为的荒谬性，但是这项修正案却以216:209的险胜票数被否定了。1997 年到 1998 年之间从烟草政治行动委员会和员工手里接受政治运动捐助最多的前 9 位国会成员都反对消减补助。这些代表们都为烟草种植州服务(肯塔基州、北卡罗来纳州和福吉尼亚州)，在这次选举周期内，他们接受的硬货币捐助数大致在 16 900 美元到45 000美元之间。[72]接下来的几年，对一些农民的烟草配额下降高达 50%。国会不但不把这一波动看做对这一致命作物需求量下降的健康标志信号，反而国会选择给烟草工业补贴3.4亿美元作为补偿。[73]最近国会和布什总统签署通过的 2003 年农业资助方案，以直接方式支付给烟草种植者和配额持有者 5.3 千万美元。[74]

1998 年，主要大的烟草生产商面临着一个 40 多个州的诉讼案，因为烟草生产商隐藏了香烟对健康的危害，于是生产商选择通过一个全球性的解决方案来减少他们的损失。然而，当国会接手这一案件时，这些公司便开始动用他们所有的游说和资金力量向法律法规挑战。由亚利桑那州约翰·麦凯恩议员发起反对吸烟的法案本来能解决国内所有与吸烟有关的法律诉讼案件。其中包括一项奠基性条款,即授权食品及药品管理局将尼古丁作为一种毒品来进行控制和管理。有了大多数的议员对该议案的支持,特伦特·洛特和米奇·麦康奈尔在6月份为了无限期地延缓投票,组织了一次冗长的演说。麦凯恩议案的支持者们离结束这个冗长的演说所需要的60票还缺少3票;这一小部分议员中的42人就足以使这个议案置于死地。美国外科医师委员会主席埃弗里特·库普(Everett Koop)在选举之后声称:"洛特议员和他的同事所做的一切是公共健康事业的失败,是苍白的、简单的。他们忽视了美国每一个健康专家的建议,他们所选择的只是手边的电视广告和一部分政治行动委员会成员的意见。"[75]

麦凯恩将这次失败归结为烟草公司以政治运动捐款的形式利用了"保护钱"。[76]下面的一些数据可以支持他的观点:反对麦凯恩议案的42名议员在他们最后选举之前的2年里平均从烟草公司接受了17 902美元的硬钱捐助。而支持该议案的57名议员收到的明显少多了,平均4 810美元。[77]强烈反对为诉讼提供资金的议员米奇·麦康奈尔,在1993年到1998年间从烟草公司和公司的工作人员中获取的捐助数名列第三。米奇·麦康奈尔在这期间收到了86 575美元;只有杰西·赫尔姆斯(Jesse Helms)和劳克·费尔克洛思(Lauch Faircloth)这两位来自烟草富裕地区的议员收到的多些

(1993年到1998年间分别收到118 950美元和117 486美元)。[78]烟草业在发动击败议案的运动中得到多少机会。游说的费用从1997年的382万美元上升到1998年的674万美元,在开支方面是烟草公司从1997年的第八位升到1998年的第四位,在1998年工业的领袖英美烟草公司和菲利普·莫里斯(Philip Morris)分别为第一和第二大个体消费者。

1999年,克林顿总统提出了一项200亿美元的针对烟草工业的民事诉讼案,以获得联邦健康基金,用于照顾退伍军人、州工作人员以及染上与烟草有关疾病的病人的护理。对烟草公司极少有的打击——215:183票,议院代表却通过了资助这一诉案。183个投反对票的成员从烟草公司收到的硬货币是那些投赞成票的7倍(10 715美元对1 539美元)。接下来一年,乔治·W.布什当选时,他悄悄地与烟草业达成了妥协,这一举动使反对吸烟的组织大为愤怒。在布什总统竞选期间,他从烟草利益相关组织中获取了650万美元的软货币和政治行动委员会的资助。[79]烟草业为2000年的联邦选举总共投入了830万美元,包括520万美元的软货币捐助以及240万美元的政治行动委员会捐助,以及来自烟草公司经理和员工们的个人捐助67万美元。[80]这些公司及其说客也照例为国会成员提供了一些好处,比如:机票补贴、政治会议赞助。

一些国会成员保护烟草业,使其不会受到合理的改革的伤害,保护的时间或许远没有采取措施保护其他的行业组织的时间长,如保护航空员、审计者以及种植其他作物的农业。

但是有一个因素是烟草业区别于其他大部分美国工业的：烟草是一个已被证实的杀手。美国人民还能允许联邦政府支持这种可预见的危机吗？每年带走几百万人民生命的工业寿命有多长呢？

国家安全问题会远离腐败吗？

在第二章和第三章中，我们提供了一些证据来说明特殊利益群体在2001年“9·11”恐怖袭击中的角色。美国人民极度恐慌地想知道航空业在多大程度上成功地弱化了安全的标准，而使国家在“9·11”袭击中处于弱势地位，并且极有可能在将来的袭击中重蹈覆辙。这样，提高国家安全性的需要便上升为公众意识中的前沿大事。最终有没有这样的可能，即达成一些不受特定利益组织操纵的远离党派的结果呢？

截至2002年11月，国会已花了150亿元将航空业挽救出来了一整年，国会通过了一项法律，要组成一个新的国土安全局，这一议案得到了两党的广泛支持，是预防以后恐怖危机的最广泛、最具有决定意义的努力结果。然而，即使在生死攸关的国家安全领域内，特殊利益组织的手也伸了进来。就在对美国政府内这一主要结构性改革的乐观情绪与日俱增时，议案在最后的时刻内还是神秘地加了两段。那么这两段是不是包括旨在保护国家边界和航空的条文？不是的。这是不是为了平衡法律的实施与新国民自由或第一修正案保护条款？也不是。这两段是不是与国家安全问题有着轻微的联系？不是的。实际上，这两段保护了制药公司伊莉·莉莉(Eli Lilly)以及由于莉莉疫苗与孤独症有关问题而引起的父母起诉要求经济赔偿案件中所涉及的公司。这些条款将赔偿额限定到了250 000美元，并且将支付赔偿的重担由莉莉转移到了美国纳税人头上。

疫苗与国家安全有什么关系吗？绝对没有！

莉莉疫苗中含有硫柳汞，而硫柳汞中又含有汞。在那期间的后几年，对水银可能导致婴儿神经性伤害的担心日渐上升。但是研究尚无定论，美国儿科学会和公共卫生局便命令药物公司停止使用硫柳汞。[81]我们没有要求医药及法律权威部门来对疫苗是否有危害的问题作出判定，但是我们的确知道国会并不是一个为我们社会来评判这一案例的地方。在位官员利用国家安全立法去保护被指责毒害儿童的药物公司这一事实，不但令人头痛，而且也是对那些在“9·11”袭击中失去亲人的人的不尊重。

或许比这两段本身更另人担忧的是这背后的秘密。2002年之初，参议员比尔·费里斯特(Bill Frist)议员试图悄悄地将对莉莉公司的合法保护条款加入国家安全议案中，其主要目的是增加疫苗的可用性。前议员多数党领袖迪克·阿米(Dick Armey)的发言人，也是反对政治运动资金改革的领导人，在《华盛顿邮报》上说：白宫已经请求在国家安全提案中加入莉莉疫苗保护条款，而白宫声称不知道这些条款来自何处。

确切地说出是谁将莉莉疫苗保护条款加入国家安全议

案中是不可能的。但是，这可能与乔治·W.布什总统的父亲乔治·H.W.布什总统有关，他在20世纪70年代在莉莉公司董事会中任职，可能与白宫的预算主任米切尔·丹尼尔(Mitch Daniels)(莉莉的前任CEO)，或是与莉莉的主席悉尼·淘罗(Sidney Taurel)——乔治·W.布什总统的一个顾问有关。也可能与莉莉公司在2002年捐献给政治候选人160万美元有关，这比其他药物公司捐的多得多。[82]另一件非常明显的事实是：2004年1月，也就是莉莉疫苗保护条款被曝光的几个月后，该公司的员工加入到了一个近70个共和党说客和精选出来的首席执行官的小组中，一起参加了一个闭门的“国家情况简报”会议，而这正发生在布什总统发表国家演说前的几个小时。[83]

这些亲密关系、财务方面的好处及后期的手法应该与莉莉疫苗保护条款没什么关系，但是因为最终完成这项法律的政府官员没有站出来说出真相，要求确切地知道这之间是否相关也是不可能的。我们可以这样怀疑，好处的受益者——莉莉公司应该知道一些关于那两段法律条文来源的事情。但是莉莉的代言人罗布·史密斯(Rob Smith)声称：“这对我们来说也是很神秘的。”[84]

国家安全议案的投票得到了极大的肯定，这是两党所愿意看到的。但是国会议员都被莉莉疫苗保护条款所体现出来的这一显然的制度腐败所激怒。约翰·麦凯恩说：“这一条文将使大的品牌制药公司受益。”难以置信的是，腐败及新的可预见危机会在一个旨在解决“9·11”事件的法律中明目张胆地得到解释，但是，证据是不容忽视的。

对部分破坏者的错误搜寻

是什么导致了安然公司的破产，是对虚报并不存在的利润的经理进行奖励的制度？像任何一个合理的会计分析所要求的那样，美国政府要求计算股票期权的成本费用是错误的吗？是由于安达信想忽略腐败的账目以获得更多的会计业务，甚至获利更大的咨询业务？或者它是不是一个特例，一部分破坏者利用了这一业务结构的优势？答案是非常明显的：以上这些原因都有。但是政治家们只把注意力放在最后一个原因上。在这一过程中，已经暴露了他们本身所固有的偏见。

大多数最复杂的失败，包括“9·11”恐怖袭击及安然的倒闭，都是由一系列的原因共同引起的。偶然地，大众传媒会选择几个起因，如确实是暴风雨在1991年袭击马萨诸塞州海岸，并赋予塞巴斯蒂安·琼格(Sebastian Junger)灵感写《完美风暴》(*The Perfect Storm*)。塞巴斯蒂安·琼格在这本书中介绍了一些人类决策与三种不同的气候模式间的相互作用。更多情况下，人们的思维只围绕着一个原因。就像前面早就提到的，关于十几岁青少年怀孕的争论，右翼派认为这是由于性混乱行为引起的，左翼则认为原因是缺少避孕措施。[85]事实上，大多数理性人都会同意，这里没有什么生理秘密：青少年怀孕是在缺少避孕的情况下，由性混乱行为引起的。然而党派人士只集合在某一个原因的解释上。

安然倒闭后，美国人民要求知道这一事件是如何发生的，又是什么原因引起的。随着其他公司纷纷效仿这一例子，要求得到解释的呼声只会增加。可以预料的是，随着会计行业的带头，许多在位官员对此的反应都仅仅指向一种原因：腐败。如果你将原因归为体制方面的，那就意味着需要改革，而这又意味着牺牲政治运动资金和其他利益，更简单的、短期内政治上最安全的做法，便是去责怪那些破坏分子。

不止一次，政治运动筹金的紧张并不是领导们默认的特定利益组织造成的唯一原因。事实上，人类思维总是很自然地将过失归因于个体而不是系统内各因素之间复杂的相互作用。[86]系统是很不切实际的，也难以具体说明。不管是像本·拉登那样残忍的人，还是像杰弗里·斯基林（Jeffrey Skilling）那样贪婪的企业家，都更可能引起公众的注意。问题是，即使我们能找出这些破坏分子并对他们进行惩罚，潜在的问题仍然存在。体制的改变对消除任何可预见危机的起因是非常必要的。我们可以毫不费力地将破坏分子处死。事实上我们更希望看到破坏分子被关押起来。确切地说，在对任何一个既定问题的解释上，我们反对头脑简单的、只在政治上可行的调查。

2002年12月，揭发者谢伦·沃特金斯（Sherron Watkins）、克里恩·罗利（Coleen Rowley）和辛西西亚·库伯（Cynthia Cooper）被提名为《时代》杂志的年度人物，因为他们分别在揭露安然、FBI、世通公司的腐败及不适当行为上冒了很大的风险。《时代》杂志赞扬这些妇女是要提醒我们“美国人的勇气和价值观都是关于什么的”。[87]2001 年夏天就在安然公司倒闭之前的几个月，有一封信说，安然的副总经理沃特金斯警告主席肯・莱（Ken Lay）关于财政上的不正当做法以及公司倒闭的可能性。克里恩・罗利和 FBI 的全体员工的代表写信给 FBI 的主席罗伯特・米勒，信中写道：国家政府没有在对扎卡拉斯・穆萨索伊（Zacarias Moussaoue）的怀疑进行深入调查，而他日后被发现是“9・11”事件的合谋者。世通公司的内部审计员副主任辛西西亚・库伯告诉董事会，要警惕总裁掩饰了 380 亿美元的欺诈行为，这一事件揭开了世通公司欺诈行为的遮蔽物。这三件事中，他们都是冒着职业上的风险，在各自组织内提供针对错误决策的无可争辩的证据。

鉴于沃特金斯发起揭露了安然公司，她被誉为英雄和爱国者。而为什么肯・莱没有被关在监狱？显然，在一个忽视了大的腐败现象的管理者面前寻找证据是件非常容易的事，尤其是在一个急于想摘取“坏苹果”进行处置的总统面前。但是，即使是在对破坏分子进行处置时，布什政府似乎也有它的局限性。毕竟，莱是布什家族的长期朋友，也是副总统迪克・切尼的主要顾问。《国家》（*The Nation*）杂志记载了莱是怎样为“布什/切尼”能力任务部队精心提供一些关键的政策建议。切尼也尽其最大努力对公众掩盖布什政策的记录。这导致了审计总署采取前所未有的措施控告执行机构以获取信息。（审计总署在美国联邦地区法院法官判定该机构缺少足够的证据迫使切尼公开记录后撤诉了。）肯内思、

"Kenny 男孩"莱和安然是乔治·布什选举的最大捐献者。莱为布什筹集了 10 万美元成为布什"先遣队"中的第一个;他也为布什组织了一个 2 100 万美元价值之高的资金筹集队伍(在当时已是创纪录了);还提供安然公司的喷气式飞机为布什家庭成员和竞选的助手们方便使用;为 2000 年共和党会议筹款;帮助在佛罗里达州进行选票重新计算;帮助布什的就职演说工作。[88] 鉴于所有这些在华盛顿中的权钱之间最愤世嫉俗的联系,那么安然的员工、顾问和咨询师被赋予布什白宫中的一些重要领导职位,这一现象便不足为奇了。这些重要领导职位包括主要经济顾问劳伦斯·林赛(Lawrence Lindsey)、美国贸易代表罗伯特·佐利克(Zoellick)、证券交易委员会主席哈维·皮特(Harvey Pitt)、军队秘书长托马斯·E. 怀特(Thomas E. White)等。(林赛和皮特于 2002 年被迫辞职,因为他们的不胜任越来越成为布什的尴尬。怀特于 2003 年被迫辞职。)

对一部分破坏者的搜寻或许是平息公众的一个好的方式,但是当你不能很好地将那些破坏分子牢牢地控制起来的时候,就无法保证以后不受可预料危机的侵害了。那时你的可信性便降低了,也会在所有公开事项上失去群众的支持。因此,为了避免重蹈覆辙,我们必须既要密切关注破坏分子又要看到制度方面的原因。

下一步是什么呢?

美国在许多领域内充当着世界的领军人物:在技术的发

展和增值及医药的突破上无可匹敌，美国的高等教育机构令全球所羡慕，它的民主制度也早已被世界上许多国家成功地模仿学习，然而，许多国家在贯彻林肯所提倡的："人民的政府，受制于民，服务于民。"这一完美境界的过程中，其进步远远快于美国。[89]最近几年所暴露的公司财政丑闻便是这一弊病的象征。在允许这些可预见危机爆发的具体政府内存在着一个腐败的政治体系。

在美国，为华盛顿内的腐败现象打赌实际上已成为一个国内休闲活动。所以，为什么美国公众一贯忽视选举制度改革的意义？为什么如此少的人注意 2000 年总统候选人约翰·麦凯恩或比利·布拉德利为政治运动资金改革的呼吁？原因之一是政治运动资金改革是一个仅仅能间接影响选民利害关系的问题。也就是说，政治运动改革被视为一个无聊的问题，太抽象、太间接而不足以激起众多选民的热情。1997 年 Pew 研究中心调查发现，只有 28%的美国选民相信资金改革应是一个重要的运动，并在他们的重要性顺序列表中将其列为第 16 位，远远排在诸如降低犯罪率及改进公立学校这样的能够给他们社区带来即时的明显效益的目标之后。[90]选民们都坚持认为他们需要诚实的选举，政治家要将更多的注意力放在他们选区的选民意见上，而不是放在政治行动委员会的赞助上。然而，政治运动资金改革没能像诸如教育、福利、社会安全、处方药物等直接事项那样吸引公众的注意力。具有讽刺意味的是，通过他们对所有这些问题的影响，特殊利益组织在这些问题上惹恼了公众。但是很容易预料的是，人类的判断集中于鲜明的事物上，对无聊的事物给予极少的注意力，在继2002年的伊丽莎白·斯马特(Elizabeth Smart)暴力绑架事件后，儿童被陌生人绑架的事件成为一个非常鲜活的问题。然而，大众传媒及公众仍然对每年成千上万个被亲戚和熟人在家中虐待的儿童给予极少的注意。非常矛盾的是，在赢得公众的注意力方面，由于缺少政治运动资金改革使得政治运动改革本身显得不那么重要。

政治运动改革没能引起公众注意的另一个原因是个过程问题，并不是结果问题。政治运动改革影响政治过程，而政治过程又反过来影响其他的问题。要评价这一改革的价值，人们需要想透这一过程。但是心理研究表明，人们不能凭直觉想象未发生的一些问题。[91]谈判者常常想不出他们的对手对他们下一步举动的反应，在另一方拒绝他们的请求时，他们常常不能形成一个连贯性的计划。提前想将来的措施的技巧，是实施评价政治运动资金改革价值的一个必要的先决条件。

正如我们在第四章中所提到的，总体上人们需要有关改革必要性的真实证据。2001年和2002年一些公司的倒闭，部分地是由于当时的政治腐败引起的不健全的制度。因为安然和其他一些不诚实公司，从他们与在位官员的密切关系中大大获利的事实已经变得很明显了，要求改革的呼声越来越大，最后《麦凯恩—法因戈尔德法案》终于得以通过。当然，为了更能迎合那些依赖于现存制度的政治家们的口味，这一议案已经被加进了大量的水分，并被远东会议进一步腐蚀。

要消除体制中的不良影响还有什么其他必要改革措施呢？在《售出》这本书中，格林马克提出了四项改革措施，通过将"选民提升到捐助者之上"，来还原我们的民主选举。首先，通过巴克利诉瓦莱奥一案——这一案中通过将捐助界限与消费界限区别开来，而放松了捐助界限，他支持从中得到的观点，即有意义消费界限。因为格林认识到劝说最高法院翻案以保留其中一个决定的困难，他向法院指出1954年布朗诉教育部的案例推翻了德雷德·斯科特(Dred Scott)，格林看到了当前法院认识到巴克利的错误以及可能很快采取措施改正它们的征兆。

第二，格林支持对国会选举的公正赞助，因为它"提高了演说能力，促进了竞争，平衡了竞选各方，降低对特殊利益组织的信任"。因为这些"干净钱"的法律能得到广泛支持，并取得良好效果，格林提出了一个慷慨的4:1的资金竞赛比率，即指每个被提名的最大个体捐献数为250美元的，都可以有一个1 000美元的公共资金与之匹配。候选人将面临"数量阈限"——从他们选区内能筹集到足够的钱来提高他们的可信性。候选人也要服从为初选及大选制定的通货膨胀调整的消费界限。这个界限是为了鼓励资金不足的候选人进入竞选，并阻止有钱人放弃自愿体制而精心制作的。格林也提倡减少有钱人和自给自足的候选人与他们的贫穷的对手之间的不平等；使政治行动委员会服从适用于个体和其他组织的各种捐助数目界限；实施"酬金信息封锁"来缩短选举期限;对小的政治运动捐助征收偿还额,来鼓励市民的参与并增加竞赛资金储备。

第三,像麦凯恩和其他的改革倡导者一样,格林也寻求对远东会议进行检查。共同事业的前任主席弗里德·沃特海姆(Fred Wertheimer)提倡用一个可以独立运行的实施者去代替远东会议的六个委员。[92]格林将增加远东会议的预算,恢复它对政治运动的杂乱的审计工作进行管理的权力(这一责任在1979年被国会废除),增强远东会议找出和消除漏洞(而不是公布和传播他们)的能力,将远东会议委员的数目由偶数改为奇数以减少僵局,改善选举的过程以确保称职的、有经验的候选人当选。[93]

第四,像拉塞尔·法因戈尔德一样,格林支持在《麦凯恩—法因戈尔德法案》制订的漫长之旅中被遗弃一边的一项改革:赋予候选人免费的或是比较便宜的电视广告时间作为降低政治运动资金筹集的一种手段。[94]依据1934年联邦通信方案中的条款,为了换取免费的联邦许可证,广播公司有义务"为公众的利益、方便和需要服务"。[95]电视、广播网络从没有尽到这个义务。格林提出了沃尔特·克朗凯特(Walter Cronkite)1982年提出的市场定位的建议:可以发给所有称职的候选人免费的广播凭单,为了保证这些凭单的有效散播,可以像商品一样进行交易。格林说,这些凭单只应该局限于接受消费界限的候选人中。同样他相信,接受公共资金的候选人应按要求与他们的对手进行辩论。

虽然格林提出了一系列的消除危机预防中的政治障碍

的具体措施，这些观点在更广的意义上是起到了这样一个警钟的作用，即要求经理们问问他们自己："在我们组织内消除危机预防中的政治障碍是什么?"在多数公司中，经理们没能对可预见危机作出反应的原因之一，是许多个体组织为了保护自身的利益反对某些有效的措施。例如，我们将许多公司没能在他们的资产负债表上将员工股票期权列入，这一失误也是可预见的危机。

核心问题至少是在短期内，必须作出决定以消除可预见危机的决策制订者的疑惑，如果不进行股票期权列入，他是获利的。预防可预见危机需要改变对待问题的传统做法，而改变不可避免的获利和损失。但是，当获利远远超过损失时，变革就应该发生。对领导者的挑战是，阻挡那些因变革受到负面影响的人的破坏性政治行为，即使这些人是领导者们本身。另外，对领导者来说，另一个挑战是，他们必须有勇气，能抵挡住特殊利益群体的反对。我们仍然相信，如果克林顿和戈尔没有航空业的支持，他们会在 1996 年的改选中获胜，他们应该有勇气和先见之明进行必要的改革，他们应该将这些改革精神有效地传达给公众。

第三部分 可预见危机的防范

在第七、八、九章中，我们描述了一个结构图（RPM 模型），描绘了需要致力于三项核心的危机预防方面的任务：认知、优先处理和动员。为了预防可预见危机，领导者必须增强组织在识别潜在危机、分清轻重缓急以及动员所有可利用资源这几方面的能力，以便采取有效的防御措施。领导可以运用以下表格所标出的流程，从评价组织系统在认知方面的、分清轻重缓急和动员这几方面的充分性开始着手评估组织的适应性。

为了详细阐释这个框架，你可以想一想你所在的组织内或是其他你非常熟悉的组织内最近发生的重大危机的案例。问问你自己下面的问题：

- **认知。**这个危机是否应该被认识到？
- **优先处理。**如果已经认识到，这个危机是否已经被优先考虑和处理了呢？
- **动员。**如果危机已经被置于优先考虑和处理的位置，组织是否做到了有效动员一切力量来解决这个问题呢？

正如该书中我们所强调的，并不是所有的危机都是可预见的。如果一个防御性问题不能预见或是领导已经尽其全力来预防它了，那么不能责怪这样的领导。与此同时，如果一个危机是可预见的和可预防的，我们就应要求领导置于水深火热中。这意味着，为“责任领导”设立一个标准，这个“责任领导”相当于法律疏忽案件中的“责任人”。经过理性思考，人们是否认为这个负责的领导会尽到认知、优先处理和动员的责任来避免问题的发生呢？如果回答“是”，那么这次领导工作的严重失误，就可能导致可预见的危机。如果回答“否”，那么我们就可以让这个领导卸职。

这是一个很高的标准，为了避免可预见的危机，领导者必须努力发现组织内的薄弱环节，并加强系统力量以便识别潜在的危机，设置合理的优先处理权限，动员有效的防御性行为。

预防可预见危机的一个先决条件是组织领导提供活动的中心，为组织注入活力，锻炼判断能力，并敢于站在大众所不认同的立场上去思考问题。虽然领导的个人能力是必要的，但是还是不够，必须使整个组织本身更有责任感且更有灵活性。

在接下来的三章里，我们会探讨为预防可预见危机需要做哪些工作。现在，我们将注意力集中在成功地识别危机、优先处理以及动员问题的障碍上，我们会讨论那些领导用来加强组织执行这些关键任务的能力而采取的策略，而这些策略都是已经被验证过的。

认知—优先处理—动员模型

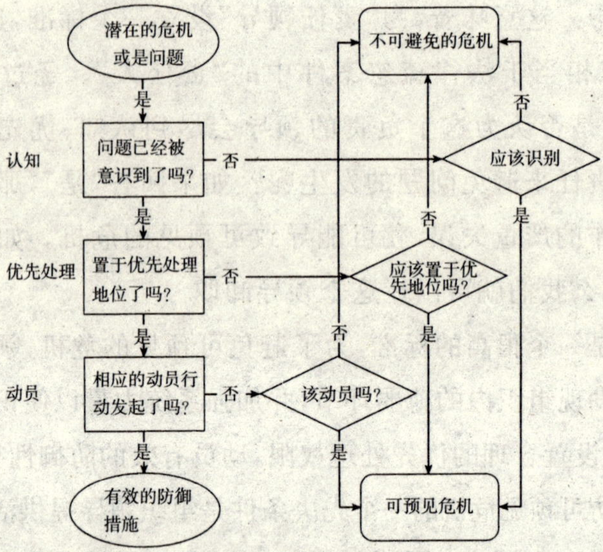
潜在的危机
或是问题
是
认知
问题已经被
意识到了吗?
否
应该识别
否
不可避免的危机
是
是
优先处理
置于优先处理
地位了吗?
否
应该置于优
先地位吗?
否
是
是
否
动员
相应的动员行
动发起了吗?
否
该动员吗?
是
是
有效的防御
措施
可预见危机

第七章　认知

——尽早识别可预见的危机

2000年春天，佛罗里达州霍姆斯特德的美国农业部办公室的职员乔艾尔·布赖恩特(Johnelle bryant)会面了"9·11"塔利班恐怖分子领袖穆罕默德·阿塔(Mohammed Atta)。[1] 布赖恩特在整理申请那些支持地区农业发展贷款的文件，穆罕默德来了，他要求65万美元的贷款。"他要贷款购买一架双引擎六人坐的飞机。"布赖恩特在"9·11"袭击后回忆道："他说自己是个工程师，想建造一个能安装在飞机里面的化学箱子，除了飞行员坐的地方，利用上任何可利用的空间。顺着机翼装上洒水管，这样飞机既可以作为庄稼除尘机，也可以作为包租的飞机。"

当布赖恩特告知阿塔说，她不能简单地给他65万美元现金时，阿塔刚开始指控说布赖恩特歧视他，后来开始威胁，阿塔指着布赖恩特身后的一个旧的黑色保险箱说："没有什么能阻止我到你桌子后面砍断你的喉咙，并携带那保险箱里的百万美元现金逃离这里。"当布赖恩特告诉阿塔保险箱里没有钱，并且说自己学过空手道时，阿塔退了回去，然后问布赖恩特在哪里学的空手道。

当看到一张华盛顿的航空图片时，这张图片是布赖恩特的同事们送给她的，阿塔提出来买下它："他说，这是他见到华盛顿照片中最美的一张，他开始往我桌子上扔钱……我说，这是别人送的礼物……不能卖。"布赖恩特回忆道。据报道说，然后阿塔就开始盘问布赖恩特华盛顿的主要地面标志建筑。"他问起五角大楼和白宫，我都给他指出来了，……还有首都……，这张照片包括了纪念馆等所有一切建筑物……他还告诉我他要去纽约参观世贸中心。"布赖恩特甚至回忆道，阿塔对他的背景和社会关系直言不讳，其中包括现在居住在阿富汗，和他在德国受过的工程方面的训练。"他提到了塔利班，"布赖恩特说，"他提起过本·拉登，当他说这个时，我对他所说的东西没有一点头绪，难道说本·拉登就是我所知道的全部？"

当然没有理由说，布赖恩特本应该预料到一年多后，穆罕默德·阿塔可能在华盛顿和纽约发起的灾难性袭击。在2001年9月11日的前几年里，没有几个美国人能意识到拉登和他的恐怖组织所带来的威胁，仅仅是在后来的回忆中，布赖恩特把这些情节联系在一起。这个故事并不仅仅只是个人忽略的例子，它更是美国政府中许多人所拥有的许多信息中的一个例子，这些信息集合起来就能及时揭示"9·11"

恐怖分子的身份及目的，及时阻止这场袭击，但是这类信息却从来没被收集和整合过，这些都说明了个体和组织在妨碍对可预见危机的识别过程中所扮演的关键角色。

一些灾难不可预见，例如，没有一个人能预料到20世纪60年代艾滋病毒会突破种族和物种障碍，从猴子身上开始以这么大规模的方式传染到人群中。但是在考察那些破坏组织的未预见的灾难时，我们发现绝大部分是应该早能被觉察到的。再认知的失误是由第四和第五章中所谈到的认知和组织的弱点综合起来造成的。认知的偏见会导致个体对即将来临的危机视而不见，而组织的因素会阻碍对信息的必要整合，甚至会导致整合为时过晚。

为了避免认知的失误，领导者必须努力降低偏见的影响，确保组织资源能得到合理的配置。判断认知错误是否发生的方式之一，是判断领导者是否安排充足的资源，仔细观察周围环境，为即将来临的危机作好准备。也就是说，判断领导者在指导组织对可得到的数据在收集、分析、解释方面是否都做得恰当合理，如果这一切没有做好，那么这个组织必须加强对即将来临的危机的识别。

个体认知失误

当组织的领导者对即将来临的危机或问题持续视而不见时，个体认知失误就发生了，正面的错觉，自我服务偏差以及对未来打折扣的倾向性都会使人们认识不到问题即将发生。如果他们的否认状态足够强烈，甚至就会看不到暴风雨来临前正浓云密布。即使他们看到了，他们也会低估危险事态发展的重要性和可能性。

预料“9·11”恐怖袭击

艾丽诺·希尔(Eleanor Hill)，“9·11”原因联席调查委员会主席，在国会面前作的证词里指出，令美国情报局惊讶的是，塔利班袭击的地点正是在美国内而不是海外，并不是根据他们的时机进行的选择。[2] 希尔的国会证词记录中越来越多的信息如潮水一样，均指向2001年夏天即将来临的攻击。但是在情报局内大家广泛认为，本·拉登不可能去袭击美国本土，因而这次袭击自然是指向外国目标的。[3]

这种信念极大地影响了情报局的审视和危机评估活动，也导致对一系列正在国内发生的事件的内涵产生错误的评价。正如希尔主席在她的证词中多处指出的，尽管许多明显的证据都表明本·拉登是要袭击美国，但这一偏见一直持续。[4] 为什么情报局没有预料到本土受到威胁呢？有证据表明，一个导致认知失误的关键因素——噪音，在屏蔽美国受到攻击的威胁中起了重要作用。希尔在她的国会证词中指出，国内危机的报告淹没在大量的报告中，这些报告支持袭击原因来自国外。[5]

通用电气(GE)和霍尼威尔(Honeywell)的合并

认知失误甚至也会给最有经验的高管带来麻烦，在欧委会协调官员拒绝批准通用电气2001年花420亿吞并霍尼威尔的协议后，人们引用通用电气首席执行官杰克·韦尔奇

(Jack Welch)的话“总会有吃惊”。韦尔奇是个著名的强硬派执行官，如果期望有谁能让他做什么事情的话，那人只能是他自己。但是韦尔奇把欧委会的决定看做是一个真正令人惊讶的意外，是件不能预见的事。他的判断是否真的正确呢？证据表明他错了。当时《经济学人》杂志报道，有许多警示信号都可以表明，欧委会有拒绝这项交易的意向。[6] 该杂志指出，在较长一段时间里，在公司合并规则方面，美国和欧委会的分歧正在加深。同时人们广泛认为，马里欧·蒙蒂(Mario Monti)，最近当选的欧委会竞争委员会主任，正在寻找机会，确认欧洲的独立。

韦尔奇似乎非常吃惊，因为他简单地忽略了对这场交易有着关键威胁性的环境因素，根据联合新闻社报道，当韦尔奇和他在霍尼威尔的合作伙伴迈克尔·邦西格诺(Michael Bonsignore)正匆匆忙忙结束这场交易时(联合技术公司也迫切期望合并霍尼威尔)，这两位 CEO 甚至从未与他们在布鲁塞尔的律师进行过密切磋商，而这些律师都是欧洲竞争法律事务的专家。[7] 韦尔奇似乎认为，这次合并能顺利通过反信任审查，而且它的确很轻易地通过了美国审查——毫无疑问，更进一步加强了韦尔奇的自信，但它却在欧洲搁浅了。如果韦尔奇能提前认识到否定性决策的可能性，那他完全可以区别对待合并谈判和反信任审查，如果这样，霍尼威尔今天或许就成为通用电气的一部分了。

组织认知失误

个体或许会认识到一些谜团的关键之处，对环境的审查及信息的整合的失灵可能会阻碍这些个体所属的组织认识到即将来临的危机。正如我们在第五章里所讨论的，组织往往拥有能使他们认识到问题即将来临的全部信息，但常常不能将员工和部门间的具体细节联系起来。信息系统这一资源或许就没有被充分利用起来，或者是信息系统没有被调适到可预见危机所潜藏的领域中。另一种可能性是，组织的不同部门可能拥有不同的信息，而组织作为一个整体却缺少必要的人力和系统去综合，并把它们提炼成可行动的愿景。

预测“9·11”恐怖袭击

有相当一部分证据表明，组织的惯性和弱点都致使美国容易受到来自塔利班的大规模袭击，[8] 尤其是资源的限制似乎降低了情报局信息搜查的有效性。[9] 如同希尔指出的：“反恐怖资源的欠缺已成为一个不断强调的话题……我相信，参谋机构、中央情报局和联邦调查局都同意，‘9·11’之前投入到塔利班调查的所有的人力、物力资源与袭击后相比都相形见绌，正如中央情报局的一个官员所证明的，中央情报局和联邦调查局中所有调查本·拉登工作的人员‘9·11’之前完全被工作压力所压倒”，虽然情报局将此工作优先考虑，但各个不同部门似乎对确保信息整合方面投入的资源都不是很充分。[10]

有效信息整合上的障碍也会严重地妨碍情报局为预测“9·11”攻击所做的努力，考虑到涉及其中的机构数目之大（十多个），和收集分析信息的任务之复杂，如果信息整合不是情报局的一项主要任务，这倒是很令人吃惊的事情。不幸的是，这种现状远远超过已面临到的问题。像白宫情报永久遴选委员会的成员加州地区代言人简·哈曼(Jane Harman)所坦言的："迄今为止，'情报局'这一词一直是有名无实。现在这个部门事实上是一系列独立工作的'钢筋'的组合体，并且在运作方式上是经常相互冲突和以自我利益为中心的。"[11]前国会议员、白宫情报委员会主席李·汉密尔顿(Lee Hamilton)在他的证词中也同意这个说法，"'情报局'这一次很有趣，它显示了我们的情报能力是多么地分散和零碎。"[12]

联席调查委员会主席希尔的证词中也同样揭示了，在关键部门中内部情报整合失灵严重到了令人吃惊的地步，表现在对"9·11"袭击人员的信息进行调查的时候。[13]翻阅一下所谓的备忘录，这些问题便会很明确，凤凰备忘录是美国"9·11"之前几个月内重要的反映美国重要事情发展的三个记录之一，这三个关键事态彼此之间并没有必然联系，也没有被包括在更广泛的反映逐步升级的危机预兆内容中。[14]

"凤凰备忘录"指的是2001年7月10日在联邦调查局的凤凰分部的特殊机构发给总部的一个电子交流文件，其中概括了该部门所关注的问题，即美国一些飞行学校正在训练恐怖分子。[15]这个机构指出，调查表明，有一批人正在亚利桑那接受飞行训练。该部门进一步推测，这种训练反映出有人力图组建这支队伍，队伍中的这批人能整装待发，以便将来从事恐怖活动。[16]这个备忘录请求总部的关键机构——RFU(激进组织部 radical fundamentilist unit)和 UBLU(本·拉登部 usama bin ladin unit)要执行以下四项建议：

- 总部应该将全国的国内民航大学列出一个名单。
- 联邦调查局应与学校间建立交流与合作。
- 总部应该与情报局讨论凤凰备忘录的观点。
- 总部应考虑与当局沟通，获得想参加飞行学校的个人的签证信息。[17]

不幸的是，凤凰机构的备忘录没有引起任何行动，这个交流文件没有给联邦调查局总部或纽约办公室任何警示，这两个部门对恐怖分子的调查都是负有主要责任的。接到这个备忘录的一周后，基层总部人员认为没有得到任何后续行动的授权。2001 年 9 月 11 日前，联邦调查局总部没有一个领导参与到这个决策中，甚至也见过这个交流文件。[18]根据希尔声称，收到这个备忘录的人员没有注意到恐怖组织派遣航空学生到美国的早期报告，也不知道总部在 1999 年已经努力识别在美国的中东地区飞行员。[19]

根据接受过联席问询调查过的联邦调查局人员的观点，这一疏忽反映出信息分享方面的问题，希尔主席指出，问题是“机构将来往往只会熟悉自己小组内的问题，对其他小组内的调查研究一无所知”。她进一步指出，这件事“暴露了情报局的优势和不足”。

联邦调查局在凤凰城的机构认为，在混乱的案例中，恐怖分子能利用美国发展良好的飞行员教育训练系统，在本国内准备一次袭击。这个机构相信，有必要透过个别事例进行深入分析，并排除地理局限，进行更广泛的经验分析。他将这一直觉性想法提交给 FBI 总部，而总部，却由于一系列原因对此并没有产生多大兴趣。首先,没有人从联邦调查局自己的记录中搜集到,而政府中有人说过这种情况。第二,联邦调查局一直没有对于预料将来危机这项工作付出巨大努力。第三,情报局的最高层未根据2001年夏天可能来临的恐怖袭击的信息增多,而与它的下属有效地交流关键信息。最后,联邦调查局的管理层没意识到应该在机构内部警示工作人员,也不知道地方机构所感觉到的危险的潜在价值。[20]

罗伯特·沙皮罗和孟山都公司

企业界也不是对认知失灵有免疫功能,著名的生命科学公司孟山都公司(Monsanto),在20世纪90年代末,由于首席执行官罗伯特·沙皮罗(Robert Shapiro)和他的幕僚所犯的系统认知错误,经历了一场近乎倒闭的惨痛。由于公司押注生命科学的前景,所以公司的高管们致力于追求转基因产品所带来的巨大商机。为了做这些,他们卖出公司或将孟山都传统的化学产品作为副产品生产,并大量转移收购子公司。

沙皮罗认为,生产和销售转基因食品不但会给自己的公司带来利润,而且会缓解全球饥饿状态,造福社会。然而他和他的美国幕僚们没有足够重视获取公众对转基因食品的认同这一目标。

这在欧洲尤其是个危险的错误。当时欧洲正遭受疯牛病、关于有二氧化物污染的鸡肉以及无数其他与食品报道有关的负面消息的侵扰。从1980年起,欧洲就开始反对美国在出口给欧洲牛肉中运用激素来提升瘦肉产量的做法。尽管在国内仍运用类似的甚至更不安全的激素生产牛肉，但在1989年欧盟明令禁止进口任何激素处理过的牛肉。早在1993年，一项对1.2万名欧洲居民的调查显示，消费者对生物技术非常警惕，大众传媒是公众获取新奇食品和转基因生物技术的主要渠道。1999年春季一项英国贸易和工业部门所做的调查发现，仅仅有1%的英国人认为转基因食品对社会有利，相对来说，几乎无人相信政府在这个问题上能代表他们的利益作出科学决策。消费者们在这个问题上倾向于相信消费者群体、环境保护者以及医生而不是政府。[21]

在1998年赢得欧盟协调处关于该公司转基因大豆的认同后，孟山都公司花了500万美元开展了一个广告宣传活动，旨在教给欧洲消费者有关转基因食品方面的知识。在一封公开信中，孟山都公司写道：

> 尽管我们从事这方面的研究已经超过20年，但生物技术对欧洲消费者来说相对较新……今天，农业上的生物技术受益者仍主要是农民和环境……明天，农业上的生物技术将为发展中国家不断增长的人口提供更多的购买得起的食物。[22]

诸如此类的公开信大大激怒了许多欧洲消费者，他们感到这个公司以屈尊的方式与他们谈话，并置他们的利益于不顾。然而，孟山都公司还是投入生产。

结果引发了公共关系危机，在1999年早期，英国食品零售商——爱尔兰将其转基因食品全部从货架上拿走，并声称，他们将只出售非转基因的私营商标食品，人们觉得这场运动对于市场占有份额的考虑比对消费者健康的考虑更多一些。几家英国主要的食品连锁店——Tesco、Co-op 和 Sainsbury 不久都仿照爱尔兰的行动，因为超市食品货架上 60%的食品是某些形式的转基因食品，这些超市公司的态度引起了对传统谷物和大豆的巨大需求，欧洲从 1998 年由从美国进口 27%的大豆谷物品降到 1999 年进口 7%。[23]

截止到 1999 年 4 月底，优力美、雀巢和吉百利都宣布他们将逐步撤出转基因食品市场。到 1999 年底，德国银行已经建议他们的投资者抛售他们所持的生产转基因食品公司的股票。了解转基因食品的德国人中有 82%的人说，与传统食品相比他们更不愿意购买这种产品。超过 75%的法国人也同意这种说法，1/3 的英国人认为从安全和健康角度考虑，这种食品没什么优势。[24]

孟山都公司没有考虑到欧洲消费者的利益和观点是多么令人吃惊，但同样也是可以预料的。一个试图帮助孟山都公司与他的反对者达成共识的顾问事后说："我们从没遇到过一个障碍如此大的公司……消除这些障碍要真正听取人们在说什么。"[25]首席执行官沙皮罗没有有效的信息收集系统，去帮助他预测欧洲消费者的态度和行为，所以也就没有关于即将来临的灾难的警告。

正是由于将注意力几乎全部集中到技术和战略方面的挑战上了，忽视了取得民心这一复杂工作，沙皮罗最后也失去了他的公司，他被迫将公司卖给了 Pharmacia&Upjohn 公司。而这家公司仅仅只对孟山都公司的配药部门感兴趣，视该公司的农业生物技术运作一文不值。[26]

惊人的成功

考虑到环境中高水平的噪音，由于认知障碍引起的熟视无睹和懒散，可能会得出这样的结论：个体和组织没有机会去识别和避免新的危机。然而值得庆幸的是，事实往往不是这样的。许多有远见卓识的领导和有效的组织都成功地识别和避免了可预见的危险。有两个案例，一个是来自于公共政策领域，另一个来自商业界，他们证明了识别和避免可预见危机这一目标是能够实现的。

合作性降低核威胁

随着 1989 年苏联解体，位于前苏联共和国内的核武器、核原料都面临着被扩散的危险。认识到扩散后潜在的灾难性后果，前苏联总书记米哈伊尔·戈尔巴乔夫请求美国政府帮助拆除核武器，在这次危机的情报评估的引导下，乔治·H. W. 布什政府提出了一项建议，帮助前苏联在其境内选址、拆除和销毁这些武器。最后形成了合作性威胁削减项目，由国会确立同时得到《苏联 1991 年核武器削减法案》批准。由主要提供者参议员萨姆·纳恩（Sam Nunn）和理查德·卢格（Richard Lugar）的名字命名。纳恩—卢格（Nunn-Lugar）立法机构声称，帮助苏联和它的可能的后继政府减少核武器的威胁，这将会提高美国国家安全利益，专家们认为这个威胁包含了三项危机:1.前苏联可能导致核事故的低标准原料的保护、控制和使用的措施。2.核武器的组成成分落入恐怖分子手中的可能性。3.核武器或与核武器有关的信息可能传播到边远野蛮的国家中。[27]在1992年早期,这项法案从安全部门基金中拨出4亿美元来消除这些威胁,1992年10月,另一个4亿美元的拨款将用来在《前苏联武器消除法案》(*Former Soviet Union Demilitarization Act*)下建立安全和保障解除对话机制。

从1991年到2003年,合作性威胁削减项目取得了许多显著成果,[28]该项目销毁了5 990个核弹头,密封了194条核武器试验隧道,并摧毁了479发洲际导弹、435个弹道导弹发射台、97发手榴弹、336发海底发射的导弹、396座海底发射台、24艘战略导弹潜艇。并移走了分别位于乌克兰、哈萨克斯坦和白俄罗斯的世界上第三、第四、第八之大的核武器库。大约有22 400个前苏联科学家在这次威胁削减工作中作出了重要贡献,这就避免了他们被一些国家开展秘密武器开发的机构而吸纳。

这个项目也帮助发现了在前苏联境内开展的为扰乱恐怖组织和邪恶国家为获取核原料而进行的猖狂行动。1994年萨菲(Sapphire)行动从哈萨克斯坦移走了600千克高纯度的浓缩铀,而这些铀可以用于制造30件核武器。1997年一年里,他们趁还未被其他国家买走而抢先一步获取了21架具有核能力的MIG-29C战斗机。1998年,奥本努力行动(Operation Auburn Endeavor)从前苏联移走了8.8千克高纯度的浓缩铀。[29]

考虑到合作性威胁削减计划发生在冷战刚刚结束的时

候，冷战期间美国和前苏联几乎处于40年的敌对状态。所以这次行动所取得的成功就显得特别显著。国家能如此快速地从高动荡的敌对状态到合作方式，是对布什和戈尔巴乔夫的领导能力和卓绝远见的最好证明。

爱德华·琼斯

即使在远离超凡权力的政治圈的世界中，辨别和阻止可预见危机对一个领导的成就也是非常重要的。投资公司爱德华·琼斯(Edward Jones)未受到90年代末期互联网经济泡沫破碎的影响和2000年到2002年经济下滑的打击就证明了这一点。而它的对手们都陷入互联网狂躁症中，牵涉到事后的利益冲突，甚至欺骗行为的泥潭中，而该公司仍在这些边缘之外。[30]

尽管爱德华·琼斯并不是一个家喻户晓的名字，但它还是一跃成为美国最大的投资咨询公司之一，它创建于1871年，最初只是作为怀特科公司(Whitaker)的一个投资部门，随后怀特科公司在1943年与圣路易斯(St. Louis)的中介公司爱德华·琼斯(成立于1922年)合并。在随后的55年里，该公司修订了非集中化战略，创建了超过800多家办事处和机构广泛的工作网，在美国内提供以顾客为中心的投资建议。1994年初，该公司致力于在加拿大(575家办公机构)和英国(100家办公机构)的全球扩张。[31]

20世纪90年代后期，互联网经济泡沫通过公司的经纪客户，在他们的投资目标未清晰的前提下就首次公开募股，其他投资公司允许他们沉湎于互联网的泡沫中，他们由于企业共同基金问题使经济人间产生冲突，或是没有使分析家保持独立性，却让其公司客户投资。但爱德华·琼斯抵制了这些倾向，仍然坚持其战略和原则。

这个公司的成功源于一系列简单的战略和组织设计原则，而这些原则可以使公司避免一些已经危害其他公司的可预见危机。[32]

- 爱德华·琼斯只是一个大型金融服务公司，不为个体投资者(如小投资者)提供服务，并不寻求这些公司的业务。这家公司避免了为留住委托人而产生道德上妥协的风险。
- 爱德华·琼斯公司不会出售它认为有风险的产品，包括期货、商品期权、低价股、首次公开的募股，这家公司的股票分析家不会推荐经营期低于 10 年的公司股票。这项政策或许使爱德华·琼斯公司失去了一些值得冒险的客户，但另一方面它使这家公司避免了被纠缠于时尚但具有欺诈性的投资，并且也使它的委托人避免陷入复杂局面。
- 爱德华·琼斯公司遵循一项长期的“买并持有”的投资战略，而不是迅速的投资和撤资的战略。这项战略降低了目标消费者可预见的危机，帮助公司避免了这样的指控——市场交易的结束可能使公司陷入泥潭。
- 与许多提供内部的产品如共同基金的公司不同，爱德华·琼斯仅仅出售由其他机构提供的产品，这样做，避免了当公司认为自己的产品胜于其他公司产品时所引起的利益冲突。

- 爱德华·琼斯避免了在线交易和其他形式的集中化投资，赞成有良好关系的买卖。私人公司代表他们自己的社区为委托人服务，他们把关注顾客和维持长期关系作为企业的中心思想。
- 作为一家私营公司，爱德华·琼斯较少受到短期利润的压力影响，而其他公共交易公司经常经历。

正因为如此，这家公司较少的受到泡沫的伤害，当其他公司在经济泡沫期间和破产期间都被要求非现实的期望时，琼斯保守的战略使它免受潜在的毁灭性损失。

在长期的经营中，公司的经营模式已经取得了显著的成果，2002年爱德华·琼斯被《注册代表师》（*Registered Representative*）杂志连续第十年评为第一号经纪人。2003年是该公司连续两年在《财富》杂志“美国100个最好的公司”排名中列为第一名，2002年被《基普林个人金融》（*Kiplinger's Personal Finance*）杂志排名为所有服务经纪中介之首。也是在2002年，权利与关系联合会（J. D Power & Associate）在所有服务投资者中做的关于消费者满意度的调查中，该公司名列第一。该公司在福布斯美国最大的私营公司中排名第81位。

爱德华·琼斯的长期成功在投资行业中是很罕见的，但并不是偶然的。该公司长期优秀的历史源自于一个商业战略，那就是，不管是清晰还是模糊的，要认识到可预见的意外带来的危机。

提高辨别问题能力的工具

心理学家尼尔斯·博尔(Niels bohr)曾经指出:"预料是很困难的,尤其是对将来的预测。"的确是很困难,但不是不可能的。为了提高识别即将来临的危机的可能性,领导者们必须在组织内建立一些有效的早期预警系统并使之制度化。可喜的是,这里有一些已被证实过的能克服偏见和障碍的技术,以及能强化组织问题识别能力的一些技巧。下面的四项技巧可用来提高及时识别潜在的可预见的危机的可能性。

1. 重新设计评价系统。重新定义组织将注意力集中到潜在问题领域的措施。

2. 建立信息网。在组织内建立致力于环境监控和内部信息整合的网络。

3. 远景规划。运用结构化的程序来识别潜在的未来趋势,并对组织内员工进行这方面的教育。

4. 控制学习进展。从过去发生过的危机中吸取教训,积累这些重要知识,使这样的学习系统化、制度化。

技巧1　评价系统的重新设计

领导者用测评系统来追踪记录他们组织的绩效,这样的系统包括:(1)一系列在常规基础上收集和汇总得到的变量。(2)一系列有关测评的方法和频率、信息传播、行为的激活以及反应性质的程序。

测评系统在组织中对人们的行为起着很大的作用，正如人们常说的“无法测量的便无法管理”，自然的结果便是，组织中成员太过于关注组织所能衡量的，尤其是这些尺度是用来作为个人奖赏的基础时。另一个结果便是，人们倾向于忽略甚至可能“看”不到组织不测评的部分，尤其是如果没有什么内在刺激因素使他们留意这些未知的指标时，更是如此。

所以测评对集中组织的注意力发挥了重要的作用，如果一个测评系统引导人们去注意导致可预见的危险将发生的一些问题或领域，那么该系统将有助于避免危机。如果不是这样，那么测评系统将会把人们的注意力从即将发生的问题上转移走，直到这种倾向性达到引起危机的水平。

下面是许多会导致可预见危机的常规测评：

- 组织把太多的注意力放在内部绩效（诸如产品数量、生产成本和承诺）考核上，没有足够注意外部绩效（实际质量、客户满意、客户关系）。结果是，组织将会失去关于顾客不满意度上升的关键信号。
- 组织太关注于衡量结果（如制成品的质量或客户对服务的满意度），而没有足够重视测量关键的过程的绩效（如生产过程的精确性或者回答客户电话的平均时间）。这就意味着组织或许不能识别一些非常严重的过程问题，直到这些问题对客户来说已经很明显，或是导致更为严重的返工。
- 组织对评价活动开展得不够频繁或太过频繁，第一种情况下，缺少了测评，组织可能会缺少关于可预见危机的足够警告。现在当"信息循环时间"——开始程序到向政策制定者呈现结果所需的时间——延长时，尤为明显。相反，过于频繁的测评活动可以掩盖变化的幅度，因为每个累积的起伏都显得特别小，并形成一个新的底线。

➤ 组织没有足够的行为激发和反馈制度。如果组织没有建立合适的阈限，或是没有确定什么时候关键指标应发生改变，它就会面临着双重风险，要么对重要的变化反应不够灵敏，要么对统计上的不显著的起伏反应过于强烈。

列举这些缺陷的用意在于，领导者应该(1)将组织的注意力重新放到那些他们认为是可预见危机潜藏的领域，包括内外部问题、结果和过程。(2)仔细确定测评的频率及行为激活的阈限。

重新关注问题的目的可以通过定义新的评价尺度和使组织注意这些问题等办法来实现。在罗伯特·西蒙(Robert Simons)的经典文章"在授权年代的控制"中，他指出了有经验的经理如何将正式的控制系统作为战略和变革的工具。[33]例如，如果一个组织过于关注与内部的、与过程有关的绩效测评，那么将组织注意力移向外部，例如集中到客户满意度或竞争者行为研究等方面，则能提高组织及时识别可预见危机的能力，以便避免危机发生。

可以重新设计测评系统以便及时发现可预见的危机。罗伯特·卡普兰(Robert Kaplan)和戴维·诺顿(David Norton)

的“平衡记分卡”方法是一个结构化方法的优秀例子，目的在于重新设计公司测评系统。[34] 如图 7－1 中所展示的，平衡记分卡迫使管理者从几个相互补充的角度审视组织。

图 7－1　平衡记分卡

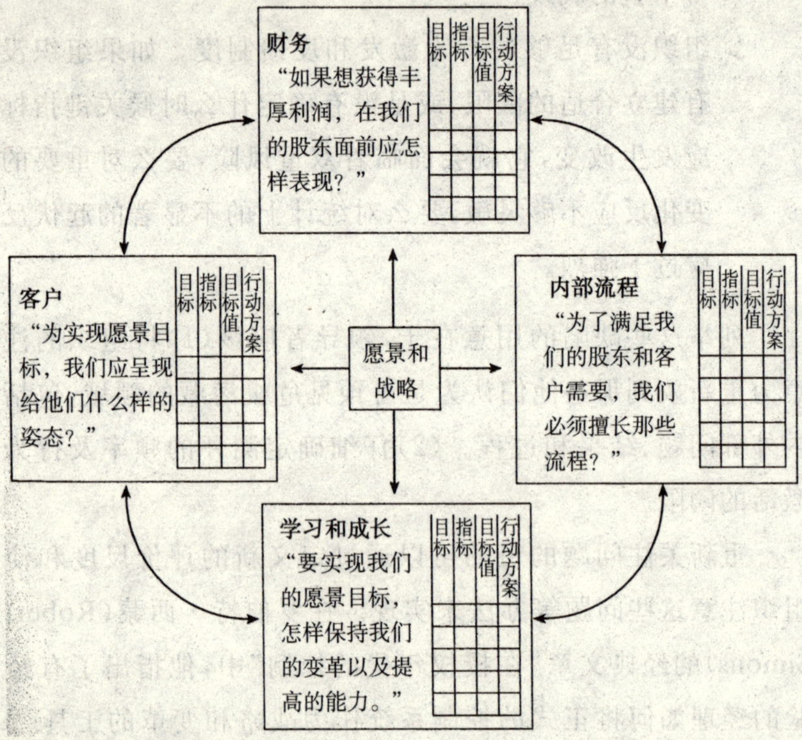

虽然平衡记分卡也包括一些公司财务绩效方面的传统衡量尺度，但它也加入了一些客户满意度、内部生产流程效率和效能以及组织学习和成长的能力等测评手段。通过将注意力集中到非财务方面，平衡记分卡提升了组织在认识那

些在客户、流程和组织发展等方面出现问题的能力，所以可以避免这些领域中可预见的危机。

技巧2　信息网络的建立

虽然消除内部所有信息分享方面的障碍是不可能的，但是可以通过跨公司信息收集网络来降低这些障碍的影响。为了建立这一网络，领导者应成立一个或多个跨功能团队，专门负责收集和合成来自公司各部门的相关信息。正如伊丽莎白·维特(Elizabeth Vitt)，迈克尔·勒克维茨(Michael Luckevich)和斯塔西·米斯纳(Stacia Misner)在他们的《商业情报》(*Business Intelligence*)一书中所谈到的："交叉功能和商业功能主要应用于那些决策制定和战略问题，这是保护和提高公司实力最重要的部分，它们有可能带来最大回报，是更高级的商业信息形式。"[35]

专门负责信息收集的团体不必很大，只要他们能获取那些人的真知灼见就可以了，这些人能给这些信息收集者提供问题的第一手资料。这样的小组的典型应包括"边界人员"，如公司外部的人，如客户、供货商、与供货商打交道的人员，[36]它也包括置身于组织关键流程上的人员，和那些能及早提供早期预警的人员。

为了有效地避免突发危机，管理层也必须建立负责个人信息收集和分析的网络。经常地，领导者关于组织面临潜在挑战的信息仅仅是建立在他们的直觉之上，通过获得组织一系列公司内、外部信息，领导者可以检验和改善他们的早期印象，并帮助他们反驳自己潜意识中的偏见。[37]

技巧3　远景规划

远景规划是一个预想和分析未来可选择远景和这些远景对组织意义的结构化技巧。“远景，来源于外部世界的分享和共识的心智模式”，克斯·韦德·海登（Kees Vander Heijden）在他的《远景——战略对话的艺术》（*Scenarios: The Art of Strategic Conversation*）一书中写道，“管理者应通过创造内部一致的和未来可能的有挑战性的描述，使企业受益，而这又体现着外部世界未来发展的情况。”[38]远景规划的目的是帮助组织识别和量化危机，以便使他们既不会遭受未识别的危机，也不会变得过于规避风险。

最简单的远景规划可以是一个非正式程序，不妨来试一下，问问你自己和你的同事们：“我们公司正要面临什么样的危机？”这看起来似乎是一个很明确的问题，但事实是它很少会被问及。组织的上上下下、组织成员往往能意识到即将来临的危机，但是都选择沉默。很多情况下是出于怕翻船或被认为是麻烦制造者。通过积极鼓励人们参与，领导者可以将其他人可能不提及的问题提到表面上来，组织内的匿名意见也可以用来帮助暴露一些即将面临的问题。

在一个正式的远景规划中，来自组织内部、外部的（为了保持内部人的诚实而需要引进的）有知识、有创造力的一些人被召集起来，检查、审视组织的战略，挖掘外界发展趋势中可得到的信息，进行交流，识别未来种种可能性和潜在的不连续事件。基于这样的分析，这个小组便制定出一套合理的远景规划——正面的和反面的，而这些规划会在一定阶段（比如说2年到3年）在组织内外发生的。这些远景成了防御性和准备性措施的基础。组织应该要求这些活动的参与者制定一些远景，如果不能达到这样，那么这些情节的发生将对组织产生深远的毁灭性破坏。

远景规划方面的专家建议这样的活动应该每年进行一次，组织和环境变化的正式的更新应该每季度被计划一次。

技巧4　控制学习过程

并非所有即将来临的危机都是新奇的，通常组织会遇到以前发生问题的变化版本。如果组织能有效学习并能做好记录，出现的问题可能激活对潜藏问题的早期认知，组织就可以作出有效的防御反应。学习能力低下或记忆力丧失的组织是不太可能识别正在来临的危机。这种情况下，这种组织或许注定一次次受同样问题——可预见的危机的折磨。

每件危机事件都为组织学习提供机会，但是组织方面的障碍会阻碍这种学习，并且制度可能替代学习的开展。伊恩·米查夫（Ian Mitroff）在他的《危机发生前的管理》（*Managing Crises Before They Happen*）一书中指出：

> 不幸的是，很少有组织去进行危机或近期损失的分析或反思工作，即使有些组织去做这些工作，他们不是不能正确开展，就是不能贯彻他们所发现的问题……除非在亵渎罪或是玩忽职守的例子中，常常不鼓励责怪和找错的办法。主要应强调的是无错误学

习，也就是说，应该主要放在需要学习的以及那些在过
去未能吸取的教训上，要弄清楚为什么要学习。[39]

领导者可以通过使组织的学习和记忆保持制度化来加强早期预警能力。每次重要的未预料事件或危机发生之后，都应该进行一次彻底的“事后”反思。指引这些反思的问题应该如下：为什么会发生这次危机？组织对这次危机优点和不足的反应各是什么？应该吸取哪些教训？为了避免这些事情的再发生，要对组织的流程和后勤保障作哪些调整？然后这些分析和反思的成果应合并成为组织的管理实践。许多情况下，将这一结果印制成一个简短的报告或是备忘录发给全体员工是非常有用的。这样可以保证这些吸取的教训用于整个公司内。

组织也可以有计划地克服组织记忆力缺失的弱点，留意观察环境的责任可以分给那些能在专门技能和人际关系方面有所发展的个体。当然，这些个体（可能）离开组织或在组织内部担任新的职务，这些信息会随着这些变化而消失。交叉培训或在重要岗位上的人员轮换可帮助缓和人员流失造成的影响。同样地，那些将负责主要任务的责任交给团体而不是个人的组织，较少受信息流失的破坏，如果一个组织要重新设计，保持一个核心团队不动，这样重要的信息可能会保存下来。底线是，最关键的信息必须尽可能最大程度地识别和保存。

从识别到确立优先地位

危机识别是避免可预见危机的一连串环节中的首要一环，然而一旦识别出来，领导者必须在充满竞争优先事项的嘈杂环境中确立防御行为优先地位。识别危机但没有确定其优先地位的可能性是可以理解的，任何一件重要的危机过后，常常有些人会承认他们曾看到灾难正来临。在下一章中，我们会研究领导者怎样能确立个体和组织的优先地位。

未雨

第八章　优先原则

——集中在关键的问题上

1997年，罗伯托·戈伊苏埃塔(Roberto Goizueta)这个自1981年起就掌管可口可乐公司的人突然逝世，使得道格拉斯·艾夫斯特(Douglas Ivester)由总经理直接晋升为可口可乐公司的首席执行官。[1] 在外人看来，艾夫斯特似乎是被任命为首席执行官的最佳人选。分析家佩因·韦伯(Paine Webber)这样写道："(对于可口可乐来说)真正的挑战在于他们的成功不是偶然的。而且我认为，就可口可乐目前的阵容来讲，从道格拉斯·艾夫斯特开始，他们很可能会变得骄傲自满。"[2]《财富》杂志还将艾夫斯特视为"21世纪的模范上司"。[3]

从一名受过培训的会计开始，艾夫斯特差不多花了20年的时间一点点得以提升。1985年，也就是在他37岁时被任命为公司的首席财务官后，于1986年成为可口可乐公司瓶装灌注业务的带头人。1989年，作为欧洲业务部的总经理，他开始关注公司向东欧的业务扩张。一年以后，艾夫斯特被提拔为美国可口可乐的总经理，并且在 1994 年成为整个公司的总经理和首席运营官。

尽管有着卓越的业绩，艾夫斯特却没有在首席执行官的职位上创造巅峰，其结果是一系列的失误，这些失误虽然并不致命，但是却逐渐地侵蚀着艾夫斯特的信誉。他对欧洲协调官态度的不当，导致了可口可乐公司在收购法国 Orangina 公司上的失败，并且极大地降低了可口可乐公司收购 Cadbury Schweppes 商标的价值。艾夫斯特还被一致认为错误地制造了在 1999 年比利时可口可乐罐装污染的危机事件。他对可口可乐公司在亚特兰大总部的种族歧视事件没有给予积极回应，而且他关心价格和产品总量，他给予已经压力过度的瓶装生产线员工过分的压力，而并不关心价值和产品质量。这些问题都导致对艾夫斯特离心背德。

1999 年，在接任首席执行官仅两年后，艾夫斯特就辞职了，他已经丧失了作为可口可乐公司领袖的自信。尤其矛盾的是，他离开公司时，正值公司从亚洲金融危机的影响中逐渐恢复，并且重新成为领导消费产品的佼佼者。“运作一个像可口可乐这样庞大的公司就如同指挥一个乐队演奏一样，”《华尔街日报》评论说，“但是道格拉斯·艾夫斯特好像是有着一只听觉有问题的耳朵……他熟知数学，但却不懂得使领军世界的组织正常运作所必备的音乐。”[4]

关键的问题是，艾夫斯特的失败不在于错误地理解了关键性的挑战，而在于没能有效地区分出这些挑战的主次关系。很多年以来，他观察到他的前任如何成功演绎有关成功领导者角色的第一手资料。但是艾夫斯特却从来没有将这些角色视为是至关重要的，也从来没有优先学习和掌握它们。

当领导者或组织认识到了潜在的危机但却并不认为这些危机应引起足够的重视时，主次的失败就产生了。采用有效排序行为在认知上和组织上的阻碍是十分巨大的。在认知层面，正面的错觉和忽视远景的倾向性，使他们低估了潜在问题发生的可能性和其破坏作用，并逐渐成为影响有效排序的主要障碍。在组织层面，保持现有状况的倾向，通常会通过有选择的行动或利益上的冲突，使现状进一步恶化。具体表现为关键性人物不愿意或不可能接受用可预见的结果来正确排序。

即使注意力被各种相互竞争的需要所包围，领导者怎样才能对呈现出来的危机进行正确排序呢？他们怎样才可能从无数不可能发生的潜在的意外中区分出那些将要发生的事情呢？当然，他们不可能作出 100%完全正确的区分，不确定性总是存在的，可能性大的灾难有时并不发生，而可能性小的灾难有时却又偏偏发生。因此，如果一个组织能够仔细地进行成本—收益分析，并且优先考虑那些可能造成高成本的危机，那么，这个组织的领导者就不应对排序的失败负责。如果他们没有采取这些步骤，那么他们就必须集中注意加强适应优先等级的方法。

个体排序的失败

考虑到工作中的困扰——每天困扰着资深总经理的许多潜在的干扰情景，排序则成为他们面临的最大挑战。最重要的问题就是要识别它并集中在关键的和优先的事情上，并且以开放和有规则的方式展开调查。在玛蒂娜·娜芙拉蒂洛娃（Martina Navratilova）于1986年第三次赢得美国网球公开锦标赛的冠军后，被问及有何策略时，这位网球明星回答道："我只是极力将注意力集中。"[5] 然而组织的领导者往往在遵循这条建议时却失败了。在本章节中，我们将从个体角度来看排序的失败，并继续分析道格拉斯·艾夫斯特在任可口可乐公司首席执行官时的失败原因，还要对摆在美国国防部长唐纳德·拉姆斯菲尔德面前有关战后伊拉克问题的可以预见的危机进行分析。

可口可乐公司的道格拉斯·艾夫斯特

艾夫斯特和他的前任罗伯托·戈伊苏埃塔，曾经组成了一个非常相配的团队组合。性格外向的、具有领袖魅力的罗伯托·戈伊苏埃塔一直发挥着战略家和远景规划者的重要角色。作为一名训练有素的商人，他将可口可乐商标的保护权作为个人优先考虑的因素。作为一名首席执行官，他同样开创并保持了与重要的外部客户之间的良好关系。

艾夫斯特则与其相反，他是内向的，强烈内在驱动的并且非常注重细节的。这些性格使他在首席运营官的位置上做得极为出色。他的财务和运作经验、策略战术及执行技能都决定了他作为一名高效内部执行者的重要地位。他的焦点必须在于取得财务和运作上的结果，因此实现目标成为他个人优先考虑的因素。作为首席运营官，他侧重于公司的内部运作，除要为分析家们提供报告以外，还要保持与政府和媒体的关系等。

艾夫斯特曾十分热衷于得到可口可乐公司首席执行官的职位。但这次晋升同时也是他的领导生涯中的十字路口。一方面要求他学习新的技能，另一方面是要考虑新的优先级。为了成功，他应该抛开他所熟知的方式而去学习新的技能。

艾夫斯特没有接受这些挑战，他用一名“超级首席运营官”而不是首席执行官的方式开始工作。即使是在公司董事会施加强大压力的情况下，他仍拒绝为他原来的位置提名一个新的代替者。他那超凡的关注细节的能力，曾经是他在财务和经营角色中的一个优点，现在却成为了绊脚石。他坚持每天听 16 个人向他汇报情况，而且认真介入到经营的每个细节中去。由于陷入到每天的交易中，艾夫斯特似乎忽视了作为可口可乐公司有效的首席执行官所要求的、作出总体战略规划和远景目标的职责。

艾夫斯特进入了一个典型的排序错误中：他期望在他的新工作中，仅仅通过比以前多做一些，就能够取得成功。“他们任命我这个职务，是由于我的技能和所取得的成就，因此那些就是他们所期望的我现在的样子。”这种想法摧毁了艾夫斯特。通过完成相似的任务，他回避了他的新责任。就是这种策略使他在任期内，面对可口可乐公司大量问题所引发的可预见的危机时，变得不堪一击。

唐纳德·拉姆斯菲尔德和伊拉克战后计划

2000 年唐纳德·拉姆斯菲尔德任国防部长，他是布什总统在国防部成立以来任命的最富有经验的和最有创新能力的领导者之一。[6] 这位前海军干事(1954～1957)曾效力于美国议会(1962～1970);担当过美国驻 NATO 的大使(1973～1974)和福特总统的参谋长(1974～1975);以及福特总统的国防部长(1975～1977)。1977 年,拉姆斯菲尔德先生被授予国家最高公民奖,并颁发了总统自由奖章。这位有着高智商、高效能和高集中力的领导者先后担任了 Searle 制药公司的首席执行官和主席(1977～1985),然后任通用仪器公司(General Instrument Corporation)的主席兼首席执行官(1990～1993),并且还在美国反弹道导弹威胁委员会任主席一职(1998)。

2000 年,拉姆斯菲尔德被任命为国防部长,被要求对美国的军队进行改革,使之成为机动性更强、更具有杀伤力、技术更加精湛的军事力量。他通过改变权利义务以及委任军队中有思想的人为领导者的方式来强行进行了总体战略的转变。在此过程中,他成功地疏远了国会成员和军队中的许多高层人员。事实上,在 2001 年"9·11"事件发生时,拉姆斯菲尔德似乎已经开始行动了。拉姆斯菲尔德对五角大楼被袭击后反应迅速,紧接着听从委员会的建议,迅速发动了阿富汗战争,快速地转变成为一个领导全国的人物,并在布什总统的政府中确立了自己的位置。

在将反恐战争推进到伊拉克的进程中,拉姆斯菲尔德成为了国防部的一个首要的领导。他逼迫参谋长联席会议采纳一项快速作战计划,这个快速作战计划一定能成为有效计划和集中优势的教科书案例。在短短数周之内,一支相对而言队伍较小、机动性更强的军队就打败了萨达姆·侯赛因的武装部队,并解放了伊拉克。

如果说这个作战计划是全面的和优秀的,那么为了保证伊拉克稳定与和平的战后计划则是没有价值并令人震惊的,是在错误的假设下制定的。为了哀悼那些在战争中死亡的无辜的美国士兵和伊拉克平民,随后国防部试图推行全面的战后计划,但是这个计划很快就破产了。[7]2002 年春,由外交官托马斯·沃瑞克(Thomas Warrick)发起制定的伊拉克战后重建项目,比较系统地确立了和平外交原则,伊拉克的流放团体也参与其中,制定了一个全面的占领和改革计划。这个计划指派 10～20 人为一个工作组,每个小组分别负责从事战后 17 个关键的政策领域方面的工作,包括民主原则和程序、经济和基础设施建设、教育、公共财政、石油和能源、传媒、移民等工作。[8]

工作组列出的全面的 13 个项目准确地预测出了美国在伊拉克驻军期间会遇到的"意外",甚至包括萨达姆政权土崩瓦解后出现的大规模掠夺。[9] 一些资深的伊拉克流放人员对拉姆斯菲尔德和他的主要下属在五角大楼简报中表达了同样的关注。马森·巴尔齐民(Massoud Barzani)是库尔德领导人,同时也是美国长期的盟友,他在《纽约时报》发表评论说:"在很多场合里,我告诉美国人,从政权瓦解的那一刻起,如果没有一个新的替换的政府出现,那么将会是权力真空的局面,会出现混乱和抢劫。从历史上看,这种情况是显而易见的。"[10]

五角大楼的高级公务员拉姆斯菲尔德的发言人保罗·沃尔福威兹和道格拉斯·费思,及一些重要参谋员,如理查德·

佩里(Richard Perle)都对上面的发现和国会在伊拉克重建计划中的建议置之不理,这部分可归因于基本意识形态上的冲突。五角大楼的官员们高度批评了国会的多边计划,认为它制约了美国的权力。在这个反对的背景下,当战争变为一种事先预测到的现实时,这两个部门在许多重要的战术问题上发生冲突。五角大楼的批评者推出了阿莫德・查拉比(Ahmad Chalabi),伊拉克国会主席,由这位重要的流放团体的首脑来领导战后的伊拉克,但是国会却对查拉比效力于五角大楼的信息表示怀疑,相信他是为了间接得到资金才来帮助伊拉克的残余抵抗力量(查拉比曾在约旦因涉及银行诈骗而入狱)。

拉姆斯菲尔德还忽视了对萨达姆政权倒台后维护伊拉克安定的军队数量的建议。[11] 2003 年 2 月 25 日,在战争开始的前几周,军队的主要负责人埃里克・谢伊克(Eric Shinseki)将军警告国会说,控制伊拉克将需要"数十万"的美国士兵。而拉姆斯菲尔德和沃尔福威兹以及其他五角大楼持批评意见的官员则否定了他的评估。在被国会证实之前,沃尔福威兹认为谢伊克给出的军队数量是"疯狂超标",他说:"实在很难去设想在后萨达姆时期,维持伊拉克稳定所需的军队数量,要多于发动战争本身和保证萨达姆的安全部队及其军队的投降者安全所需要的军队数量。"[12]

在有效地赢得了与国会的政治斗争并取得国会的支持后,五角大楼于 2003 年 1 月 20 日,也就是在入侵伊拉克的前 8 周,成立了"重建与人道救援办事处(ORHA)"。当主要的军事行动停止不久,人们就很清楚有关战后计划是一种事后的设想。美军在解决大规模抢劫和掠夺、快速恢复电力等基础设施服务、以及应对抵抗萨达姆的支持者而发动的攻击等方面犯了一系列的错误。

杰伊·加纳中将，被拉姆斯菲尔德授权负责重建计划，后来透露说曾经接到命令，要他忽视伊拉克战后重建计划。[13]加纳还说上级拒绝了他让托马斯·沃里克做其参谋的要求。后来加纳的位置被大使保罗·布罗默(Paul Bremer)取代。

"我们必须加快速度选出一个新的政府来，"加纳在BBC广播电台的一次访谈中说，[14]"如果时光可以倒流，我们可能需要在巴格达安置更多的步兵、更多的军队武装力量。"

究竟是什么原因造成了如此重大的排序失败呢？一种解释是仅仅由于资源缺乏。五角大楼可能有足够的时间和资源来计划战争，但是对于战后的阶段却没有充分的规划。第二，更加似是而非的解释就是不够仁慈。以前以强力推进削减美军规模和数量的决定，使拉姆斯菲尔德没有能力将伊拉克战后重建计划作为优先考虑的因素。事实可能已经很清楚地表明小规模的机动力量可以用在战争中，却对战后重建起不到应有的作用。但这样的事实无论是在战争前还是在战争后都不能被拉姆斯菲尔德所承认和接受，因为它打乱了他更大的安排。第三个解释是拉姆斯菲尔德在排序上的失败是缘于官僚化的政治体制，特别是当一个组织的目标和责任没有明确界定时，组织中不同部门为了资源，会发生竞争，由此而产生了官僚政治斗争。

组织排序的失败

如果个体能成为排序失败的牺牲者的话，那么对于组织易受影响也就不足为奇了，无论这个组织是由几十人还是由数千人构成。正如在第五章中所讨论的，激励失误、集体行动问题以及利益的冲突都能够导致组织成员去追求错误的优先等级，造成可预见的意外。

预知2001年9月11日恐怖主义袭击事件

在第七章中，我们描述了联席咨询委员会主席艾丽诺·希尔的证词，是关于2001年9月11日发生纽约和华盛顿袭击事件的原因。联席调查委员会发现，情报局的高层已经对发生在本土的恐怖主义日益严峻的威胁非常警觉，但是这个结论却并没有转化为官员行动中优先考虑的问题。希尔总结说，正是由于情报局的领导者没有将信念和优先等级联系起来，结果他们将注意力错误地集中在海外目标上。[15]

例如，资深领导者和分析家中有关威胁的评估与优先等级中糟糕的沟通使得资源被错误地分配，导致了在指派人员去排查与航空有关的恐怖威胁上的资源错误。在1998年8月驻东非的两个美国大使馆遭遇炸弹爆炸事件之后，情报局的领导阶层就认识到本·拉登的塔利班网络组织的广泛危险性。1998年12月，中央情报局局长乔治·特尼特在为中央情报局写指导手册时强调要与本·拉登"作斗争"。他写道："我们现在必须把反对本·拉登的努力提高到一个新的阶段……我们处在战争中……我希望所有人都要不遗余力地加入这场战争，无论是中央情报局还是整个社会。”[16]

但是联席调查委员会调查发现：“尽管中央情报局在1998年就已经强调战争，但在资源分配上却没有向这种威胁倾斜的迹象”。在希尔的证词中的许多方面，强调已经有迹象表明本·拉登可能采取用飞机来袭击美国目标（见第二章）。[17]尽管清楚地表明恐怖分子可能会以飞机作为武器，但是联席调查委员会发现情报局并没有进一步组织人力对发生这种袭击的可能性进行具体和综合地分析评估。[18]

类似的排序失败还发生在联邦航空局。1998年8月，情报局获得情报说，有一群不明身份的阿拉伯人准备从国外驾驶一架装有爆炸物的飞机进入世贸中心。这项情报被同时递交到联邦情报调查局和联邦航空局。经过两个部门的工作协商后，联邦航空局认为，如果是一驾从外国进入国内的飞机，对这种飞机进行引爆非常不可能。他们也相信，一架外国的飞机在它到达美国本土的目标之前，就会被发现并拦截。[19]尽管一些高层联邦航空局官员和国家情报评估处在对恐怖主义进行评估时指出，美国在航空安全问题上存在着重大隐患，他们仍然作出了上述的结论。[20]2000年12月国会的保密报告书中提到，联邦航空局和联邦调查局都忽视了民用航空的威胁：

> 联邦调查局的调查确信，国内本土和国际的恐怖主义在美国境内活动，但没有明显支持证据表明

恐怖行动要以国内的民用航空飞行器为目标。美国境内的恐怖行动将主要集中在筹款、征募新成员以及散布谣言上面。当国际恐怖组织已经开始对美国的国土实施袭击时，这些行动对于他们以往只针对美国在海外的利益的传统目标来说显得有些反常。[21]

因此，正如希尔提到的那样，错误的假设使联邦调查局的调查员疏漏了恐怖分子可能在美国的飞行学校受到培训的证据。这同时也导致调查员在将视线转移到其他的解释上，如本·拉登需要在阿富汗内部的飞行员去运载人员和材料。[22]在"9·11"事件发生的前一年，尽管所收集到的信息是恰好相反的，但联邦调查局和联邦航空局仍然认为恐怖组织利用国内的民用航空飞机实施袭击事件的可能性是相对较低的。

在"9·11"事件发生前，联邦调查局并没有"将这些分散的点串联起来"，这也在一定程度上归因于激励系统，它影响着机构中重要人物的行为，即影响那些在分支部门中掌权的特殊人员。在她的证词中，艾丽诺·希尔指出：组织的文化和报酬系统在很大程度上刺激分支部门的人只将注意力集中在他们自己的事情上，而忽视了更广泛的整合问题。

联邦调查局处理凤凰备忘录（2001年7月10日，在电子通讯中提醒联邦调查局总部，认为恐怖

> 分子很可能正在美国的飞行学校受训练，见第七章）这个事件就是他们将短期行动作为优先考虑的表现，这是以长期的错误战略分析为代价的……受案件驱动的、法律强制的手段，即按照联邦调查局传统使命去做，并不能从总体上激励人们将注意力集中在重要的问题以及预先分析策略等方面。尤其是当对一个正在进行中的犯罪指控没有直接的和立竿见影的影响时，就更能证实这种观点了。[23]

在他的国会证据上，负责凤凰备忘录文件的负责人回应了这种结论，他并不认为联邦调查局投入了足够的资源来进行反暴力活动，尽管它被排为“优先等级第一号行动”。用情报语言来说，反恐怖活动和反情报活动从来都被当作联邦调查局的“私生子”来对待，而不像那些集中抓捕暴力罪犯和毒品交易犯，这种项目不会有实质结果。[24]联邦调查局这种本末倒置的做法属于典型的诱因失败，这种类型我们在第五章已经讨论过。对组织成员行动的最佳预测就是依据他们行动的诱因。如果，像联邦调查局，都被鼓励集中于个体和局部的问题，那么毫无疑问他们不会将注意力放在更全面的集体事件上。

2003 年停电事件

2003 年 8 月发生的停电，始于 2003 年 8 月 14 日，在波及了绝大部分地区后，于 8 月 15 日结束。它使美国东北部、中西部地区以及加拿大安大略湖附近的5 000万人受到影响。

其情况可见记录:“2003年8月14日,停电:事情的进展。”[25]这次停电事故是对数千条断开的和存在其他故障的电线重新焊接,并要穿过俄亥俄州、密歇根州、纽约及安大略湖的高压处理和传输系统。由16个设备运行的超过100多个电力厂停止运转(包括9个核工厂)。整个纽约市停电长达29个小时。由于断电造成跨过被影响地区的航空和商务中断,其经济损失高达数千万美元。

为了了解这次停电的原因,首先必须要理解电力网络的结构和动力。电的一个重要优势就是能够在一个地方产生,并且经过远距离传输,在另一个地方消耗。许多电力来源地和许多电力消耗者可以相互连接,形成具有高电压和高容量传输线的分散的“格子状”或是网状。随着时间的推移,逐渐地大部分北美地区都以这种方式连接。

一个完整的系统是为了保持供求之间的平衡而设计的。随着系统的负荷日益增大,电能的生产也不断加重。当负荷开始接近可用电能的容量时,就需要连接额外的发电机了。随着供给和需求的平衡,系统就需要增加或减少产量。如果一个系统出现不能够补偿这种不平衡的局面,无论是因为没有足够可利用的发电机,还是因为受传输线的限制而不能传输足够的电力,都会停电。自然地,系统中会有一些冗余部分存在。如果一条传输线不通畅,那么电力就会自动分流到其他的线路中,这样能确保线路不会自己超负荷。同样地,如果一个发电机被切断,其他的发电机也自然会以增加它们的输出量作为补偿。但是,如果其他的线路也一样都超负荷的话,结果就会造成大规模的短路和断电。2003 年的停电就是由于这样的系统失灵造成的，它是受俄亥俄州的事件触发的。大致的事情进展可以概括为："2003 年 8 月 14 日，停电：事情的进展"。

这次停电事故并不是由于认知上的失误造成的。美国的能源网络存在着越来越多的隐患，主要是由于日益增大的负荷和缺乏资金投入造成的，这是人们非常了解的。但是维护这个网络从来没有作为行业应该优先去办的事情来考虑。在 2002 年 2 月的报告"运输膨胀：问题和建议"中北美电力可信协会(NERC)指出：

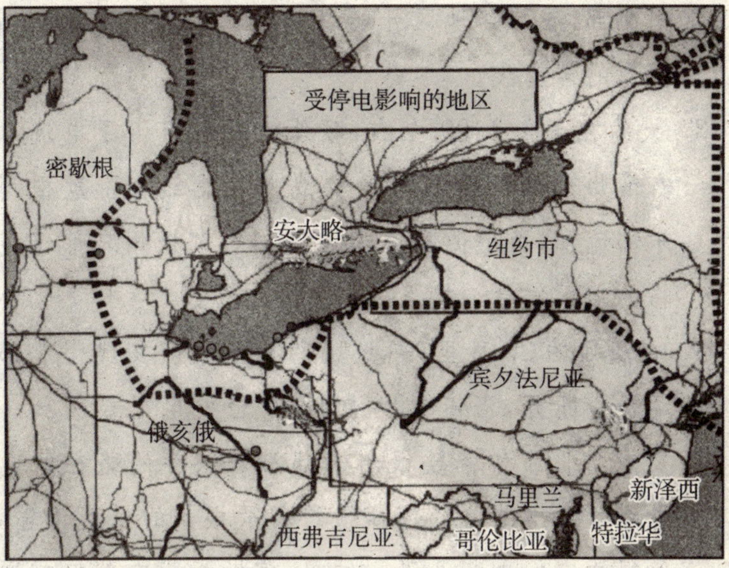

2003 年 8 月 14 日，停电事故：事情的进展

1. 在 3:03 至下午 3:41 期间，连接俄亥俄州东部和北部的 3 条运输线断开。这些运输线中第一条线断开的原因是它与一棵树接触而自行断开的。第二条线断开并在这一天的早些时候，因为不明原因而被重新连接过两次。结果使得电力在从俄亥俄州东部向北部传输时传输效能减少，电流开始涌向其他的传输线，又使其他的传输线负荷超重，从而触发了俄亥俄州北部的自动断线。

2. 在3:45至下午4:09期间，连接俄亥俄州东部和北部仅存的两条线也断开了。为了补偿，电流开始从这个州的其他地方和宾夕法尼亚州、密歇根州涌入俄亥俄州北部，底特律地区开始过多地依赖贯穿密歇根州东西部的传输线。

3. 大约在下午4:09左右，额外的断线阻碍了电流从俄亥俄州南部和西部向俄亥俄州的北部和密歇根州的东部流动，留下俄亥俄州北部和密歇根州东部仅与相临的地区保持连接。

4. 在随后的30秒里，穿过密歇根州和俄亥俄州北部的运输线断开，沿着伊利湖的20台发电机被关闭。俄亥俄州北部和密歇根州东部沿着仅存的路径的电流量增加。这些路径包括横跨密歇根州的东西传输线，但很快它们也断开了。结果，密歇根州东部仅仅通过安大略湖和俄亥俄州北部与整个网络相连。电压超负荷，底特律地区停电。

5. 上游的纽约州北部的电流被安大略湖地区吸入，并传输到密歇根州。结果造成伊利湖沿线的电流被大规模地反向传输。

6. 宾夕法尼亚州和纽约州之间的传输线的断开，保护了宾夕法尼亚州的电力系统。额外的运输线也断开了，而且发电机的损耗导致俄亥俄州北部电力的缺失。纽约—新英格兰的传输线断开，保护了新英格兰。安大略湖从纽约中分离出来并断电。大约在下午 4:13，整个纽约进入黑暗中，至此，串联顺序基本完成。

资料来源：Adapted from "Cause of the August 14th Blackout in the United States and Canada: August 14, 2003, Outage Sequence of Events," U. S.-Canada Power Outage Task Force, November 2003。

这次大规模的电力供给的反常现象导致一系列的变化，包括电气制造工业的改组和重构，并为市场参与者创造了许多新的挑战。这次反常的发生，导致电力系统（生产系统）快速扩充起来。然而，这种运输系统的扩充并没有与整个生产系统内的扩充协调起来，以地方为基础的传输系统的扩容导致了北美不同的运输系统拥塞，这使得电力市场的运转不能像预期的那样有效。[26]

像许多电力供应商一样，在俄亥俄州建立的第一能源公司（First Energy），它在输电线上的失误触发了这次停电事故，主要是缺乏在传输线容量上投资的动机和诱因。[27]2003 年《华尔街杂志》评论说：第一能源公司经历了一次由于操作问题而造成的重大损失，包括关闭一些有问题的核设备。8 月

5 日，这家公司重申了它 2002 年的收入减少了 6 700 万美元，同时还发布了 2004 年和 2005 年的赢利警告。[28]

正如美国北部电力稳定协会在 2002 年的报告中总结说：基本的诱因问题可以导致那些可预见到的危机。[29]这些缺点包括：

- 最初为了传统的居民和地区的稳定性而设计的传输系统，不符合具有竞争性的电力市场的需要。
- 扩充的要求必须满足州政府的报告，或是适应零售的需要，但这些东西都使传输过程计划的实施被迫放弃，从而留下很少的时间去开发最佳传输方案。
- 经济效益越来越严重地左右着决策的制定，而将稳定性放置一边。追求短期利益和缺乏长期的服务承诺驱使着能源公司的决策。
- 由于各个地区在步骤和方法上的不同使连接发电系统变得复杂化。

最后一点突出强调了大家所公认的缺点，这个在控制电力传输网络上的错误似乎促进了中西部的电力问题向大面积广泛停电事件的发展。[30]分布在全国各地的网络的操作者，保持着对他们本地的输电线的中心控制权，因此他们要对发展问题作出快速应变。但是由于各机构表面上看要负责控制中西部的网络，而独立系统操作员（ISO）缺乏这种中心控制权，因此必须协调 33 个独立的设备公司间的业务。[31]这些设备公司和在中西部各州的一些反对那些规则的政治家们自发组合成了一种力量来维持中西部 ISO 的弱势。联邦政府并没有将改正这种不足作为优先考虑的事情。结果，第一能源公司在监测设备上出现了小的失误，随后是中西部 ISO 出现的失误，继而触发了不可挽回的灾害横行。

能源损失的惨重后果已经被广泛地认识到了，但是那些阻截可预见危机的权威人士——在美国国会和中东部一些州政府任职的政治家及官僚，并没有将纠正行动作为优先考虑的事情。

有趣的是，2003 年的这次停电事故同时也显示出一些组织是如何预见到这种可预见的意外，将预防作为优先考虑的事情，而另外一些人却没有这样做。这次停电影响了无数的组织，很多组织是促不及防的，另一些则不是。很多社团组织未雨绸缪，在没有受到任何破坏的前提下度过了这次停电事故。而他们在其他地区的同伴却遭受了很大的挫折。看下面的例子：

- 纽约大部分的供水系统能利用备用的能量继续运转。底特律和克利夫兰的供水系统完全被切断，而且还受到了污染，迫使居民们在恢复供电以后不得不饮用煮沸后的水。克利夫兰的市长简·坎贝尔(Jane Campbell)说："这样的事件本不该发生的，我们要确保这样的事件以后不会再次发生。"[32]
- 在 2001 年 9 月 11 日遭遇严重的破坏之后，纽约证券交易所(NYSE)就投资购买了备用的设备和能源系统。结果，NYSE 能够在电力消耗的当天关闭系统而不会丢失数据，并在第二天毫不拖延地正常营业。纳斯达克(NASDAQ)如往常一样也于星期五上午 9:30 开始交易。但由于电力问题而推迟美国证券交易所营业，它也坐落于纽约市内。[33]

- 一些主要的美国航空公司都在恢复电力后的早晨正常营业，但是加拿大航空公司在 8 月 15 号由于主要的和备用的电力系统的控制中心都失灵而临时推迟了营业。[34]
- 当线路的电话服务已经很通畅地贯穿了受停电影响的地区时，移动通信服务却受到很严重的破坏。由于移动传输中功率的不足导致移动电话音量的恶化。[35]
- 这次停电事故几乎没有对那些依靠强信息技术经营的公司，如数据和消费者服务中心，造成影响。无论是在千年虫的防备上还是在“9・11”事件后，许多公司都安装了备用系统、柴油发电机、第二数据中心等。[36]
- 纽约市的官员们迅速开发出一个在“9・11”事件之后的安全计划。警察们在布朗克斯有另外一个警察控制中心，而这个控制中心是为了防止高水平袭击标志性建筑物的事件发生而设计的。2 000 多名额外的警察被派到大街上，总数达到了 9 000 人。结果是在纽约仅发生了一例抢劫案；[37]而在加拿大情况却刚好相反，在渥太华和多伦多发生的抢劫案数量比以往更多、范围更广。[38]

组织通过以上这些成功的经验与失败的教训可以学习

到如何对可预见的危机作出快速而有效的反应。在下一部分我们将提供一系列的工具来帮助你成功地设置优先级并避免可预见意外的发生。

超越认知：强化优先

为了成功地实现由认知向优先行动的转化，领导者们必须把注意力集中设置在优先等级的安排上，并且更关键的是他们必须对组织内部工作设置优先级，用玛蒂娜·娜芙拉蒂洛娃（Martina Naratilova）的话说，是为了使他们的"注意力保持集中"而运用的工具。下面的技巧能够为组织在设置优先任务上提供帮助。

1. **结构性对话。** 制定一个能解决质询问题的决策过程，而不是鼓吹自己兴趣的观点和立场。通过这样做，可以增强信息共享，并能用有原则性的观点进行综合评价。

2. **决策分析。** 通过对可能性、成本以及不同行为阶段相关联的效益的评估，采用严格的方式界定决策选择和潜在的结果。

3. **重新设计激励系统。** 尽最大可能兼顾个体和组织的利益。减轻或排除潜在的利益冲突的危险性。

技巧1　结构性对话

恰当的优先等级的确定往往是组织里的高级管理团队在有效的辩论中产生的。不幸的是，建设性辩论所产生的障碍也是很多的。能防止可预见危机发生的行动过程经常会在组织中识别出胜利者和失败者；必须在某些领域扩大预算而其他领域削减预算；最喜欢的项目被搁置；权力在组织和个体之间的分配会不可避免地发生变动等。

当一个有效反应可能会产生赢家和输家时，辩论就成为一场对付已经确定立场的支持者的没有建设性的行为。在《哈佛商业评论》上的一篇文章中，戴维·格雷维纳（David Gravin）和迈克尔·罗伯托（Michael Roberto）指出了支持决策模型的危害，并且将它与他们称之为“调查”的方法相比较：

> 当一组人员支持优先等级的观点时，参与者会将决策看做一场竞赛，尽管他们没有必要完全公开地竞争，甚至是有意识地竞争。纪律良好的组织群体有着特殊的利益，例如他们处理分歧就是想办法增加预算，巩固某人的特殊地位。参与者对于他们所偏好的结论有着无限的热情，因此会坚定地站在反对者的对立面。这种热情使人们很难保持客观，限制了人们将注意力集中在反对的论点上。[39]

如此讨价还价的结果既不是僵局，也不是在最低层次的共识，而是一个在预防可预见危机中失败的“结论”。

为了使决策过程从支持转向质询，格雷维纳和罗伯托建议领导者有目的地对构成辩论的两种相反观点施加结构性影响。一种方法是“辩证地质询”，就是将一个团队分成两个小组，选择各自的行动路线。然后两个小组在一起讨论每个计划的优点。

在这种“魔鬼拥护法”中，团队的领导者还可以指派一位成员观察并评价不同的行为拥护者的立场。这种方法可以确保那些即使是底层的团队成员也能够充分表达他们的观点。[40]

1962年，当间谍飞机在古巴发现了苏联的导弹后，军队领导人就催促肯尼迪总统批准实施一项迅速的军事袭击。刚刚吸取完猪湾事件教训的肯尼迪，没有立刻同意这个要求，而是建立了一个结构化的决策过程来评价他的选择。[41]作为魔鬼拥护方法的先驱，他组建了两个队，每队都包含政府官员和外界专家，然后来讨论并评价这两个主要的选择——袭击古巴，或是建立一套封锁系统以防止导弹入侵。基于这两组的分析和辩论，肯尼迪决定建立一套防御系统。前苏联放弃了原来的主张，核战争消失了。近来有关资料显示，如果美国当时侵略了古巴，那么结果将是灾难性的：没有被美国确切定位的前苏联导弹很可能进攻美国的几个城市。[42]

技巧2　决策分析

“增加作一个好决定的概率的唯一可行方式，可以让你在最短的时间内，用最少的精力、金钱获得最好的结论。”这是约翰·哈蒙德(John Hammond)、拉尔夫·基尼(Ralph Keeney)和霍华德·雷里夫(Howard Raiffa)在他们的《聪明的选择——作出生活决策的实践指南》(*Smart Choices: A Practical Guide to Making Better Life Decisions*)一书中提到的，[43]严格的决策分析应当与对未来事件的可能性的系统评估，以及为取得某种结果的成本收益的脚踏实地的评估相结合。也正因为如此，决策分析是一个十分有效的工具，它可以帮助组织克服偏见，而这些偏见会在评估自己不喜欢的事件发生的可能性时出现。

决策分析首先要对将要作出的决策有一个明确的概念，然后要对目标进行明确陈述，同时对评估可选择的行动过程的优点确立明确的评价标准。这样我们可以获知决策者想要得到的净成本或者净收益。接下来是确认行为的潜在过程和他们的结果。因为这些要素经常可以通过画决策的树的方式呈现出来，因此这个技巧也被称之为“决策树分析法”。最后，这个技术指导决策者，基于在行为的不同过程中潜在的成本收益的基础，来作出明确评价并斟酌作出决定。[44]

为了实施一个恰当的决策分析，领导者必须仔细进行成本和收益的量化分析，可接受风险的评估，以及对发生不同结果的不确定程度的范围进行研究。这些评估完全是主观的，但是量化的过程毫无疑问是极其有价值的。它强迫参与者表达出他们的假设和观点，使他们的观点变得清晰和明朗，主观上能够承担挑战并有所提高。

图 8－1 所示的决策树对个体所面临的决策作出了简单明了的分析：是买一辆新车还是仍然使用旧车。选择新车将会有 100% 的可能性使决策者每年有 3 000 美元的花费（主要是因为担保和保险使新车的费用一直居高不下）。相反，选择接着使用旧车则充满不确定性。这种不确定性可以用三个条件进行量化——旧车不存在问题、有一些问题和有很大的问题，这些条件都与概率和成本相联系。对这两种不同的

决策选择进行成本分析后表明，在可预测的价值分析上，决策者继续使用旧车要比买新车的成本小。[45]但是对于只有有限方法同时反对风险的决策者来说，有 30%的可能会花掉6 000美元来维修，这个风险有些显得过分突出了。因此这就有可能使他做出风险较低的买新车的选择。

图 8－1　决策树分析

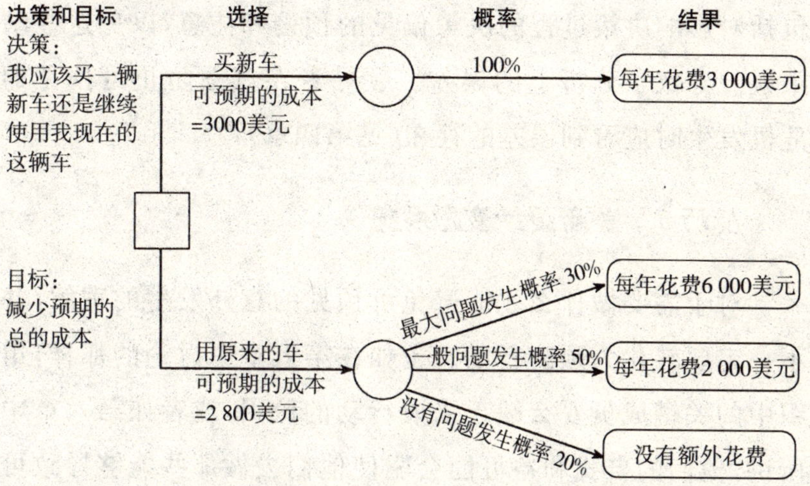

决策树分析的显著优势在于，它可以使决策者将注意力集中在那些有着低可能性、但却有着潜在的高成本的结果上。例如核工厂的彻底垮台和一个密封的实验室有毒病菌的泄漏有关。在缺乏对成本、收益和可能性的严格量化条件下，那些偏见，诸如在正面错觉、自我服务的评估，以及对未来发展趋势打折扣等，都会导致决策者低估这些低可能性但存在着潜在灾难性危险的事件。决策分析同时也迫使小组参与讨论，并要求在所作决定和与之相联系的目标、替换选择、结果权衡和风险上达成一致意见。同样地，它是对远景规划最自然的补充，正如我们所讨论的那样，能够帮助我们确定潜在的结果或者那些还没有被认识到的其他事件。决策分析为评估不同假设远景和规划可预见的行动提供了合理的基础。

哈蒙德、基尼和雷里夫指出：一个有效的决策分析必须包括对影响决策过程的决策偏见的预警和注意，以免这些结果误差导致了分析上的误差。领导者在试图防止可预见的危机发生时应看到误差的存在(见第四章)。

技巧3　重新设计激励系统

对于需要做什么才能避免可预见的意外发生的理解，并不一定要转化为预防行动。正如在第五章中讨论的那样，组织中的关键成员要么缺乏采取行动的诱因，或者如第六章中所讲，他们的自我利益可能会驱使他们去做那些能够导致可预见意外发生的事。因为这些原因，领导者必须密切关注组织激励系统的设计。

理查德·索普(Richard Thorpe)和吉尔·霍曼(Gill Homan)在他们所著的《奖励系统的策略》(*Strategic Reward Systems*)一书中提到：

> 没有任何一种报酬系统或激励的形式能够达到一个组织中所有成员的目标，因此管理者就有必

要对所有可能的结果进行同等的评估，然后在作出公正的评判之前去衡量每个系统的优缺点。此外，什么都没做并不等于一个选择，最简单的原因在于所有的老板都需要一个机制，尽管在本质上来说只是为了付给员工工资。[46]

根据设计激励系统的基本原则，组织成员应该尽力作出对于组织整体有利的决策，而不是作出仅仅考虑特殊的人或群体利益的决定。此外，涉及到组织外的人员的利益上的冲突（建议者和其他利益群体）也应该被鉴别和排除。

这些看起来很简单明了的原则在执行中就变得复杂起来了。在某种利益能充分得到界定的条件下，个体的激励不可能完全同组织或社会的最佳利益相一致。同样地，也不可能完全消除流离在组织边界外的所有人之间的利益冲突。有效的激励系统通过“胡萝卜加大棒”的整合方式高效率地督促员工，试图达到激励整合的最大化，这要比一味地追求完美实际得多。集体的行动问题如全球渔业危机，也可以通过激励整合的方式来解决：积极的一方，比如保持可持续发展的渔民，应给予他们一定的合理回报，并帮助其他人进入新的工作岗位；消极的渔民，则应处以严格的惩罚，当然包括罚金。这样的奖励和惩罚必须在系统的监督下实施，而且还要有纪律的约束。激励系统中的任何一个部分上的弱点都会导致整个系统的失灵。

利益间的冲突也可以体现为相似的方式。例如，在美国会计行业的案例中，如果会计师们不用依靠那些客户的经济上的补贴的话，那就是再好不过的事情了。但是对于大公众会计政策的制定来说，其政治上的障碍是十分巨大的，而且这个解决问题的方法一般不会被采用。接下来最好的解决问题的方法就是，允许会计公司有合理回报的方式，同时通过市场和 SEC 的联合监测和罚金系统来惩罚和阻止过度的诈骗活动。一个好的系统应该通过制定法律规范来激励。这样规定的目的在于内在地规避一些会计偏见，这样的规则还包括转换会计公司，限制会计师为客户提供另外的服务，还包括不允许从客户公司中谋职。这些立法上的措施将降低其他的会计公司步安达信后尘的可能性。

在组织内部，是否对个体或是一定群体的业绩给予奖励，以及是提供固定回报的还是以激励为基础的回报，类似的问题就显得突出了。当成功更多地依赖于群体的协作时，奖励个人的方式会给组织惹出一系列的问题。如果上缴太多的利润，那么个体可能会不惜一切努力来“隐瞒数量”。当然，缺乏足够激励的员工可能会成为公司的“排水沟”。通过有效的校准这些细微的方面，重新设计激励系统是个很大的挑战，当然，如果失败的话也将是致命的。

从认知到设置优先等级的成功转移也为 RPM 模型设置了最后一个要素——机动性的产生作好了铺垫准备。领导几乎没有将优先等级转化为行动的直接权力。因此，如果他们想要防止可预见意外的发生，他们必须去劝说，去协商，并且建立合作关系。在下一章中，我们会将重点放在这些方法的影响上。

第九章　动员

——为预防行动提供支持

1998年2月，一个由39个美国和欧洲的制药公司组成的联盟，对南非政府企图降低一种用于治疗艾滋病的抗逆转录酶病毒药品价格的行为提出了反对。[1] 1997年，南非政府通过了《南非医药法案》，它使得进口同类的药品合法化，并且允许用同类替代品来替代专利药品。对同类药品的进口，使南非能够用较低的价格从别的国家进口那些昂贵的药品，从而取代从制药商的当地分支机构购买这些药品。有了同类替代品，国家便可以直接从制药商那里低价购买替代药品，而不用购买专利药品。

面临着超过1/10的国民感染HIV病毒和世界上最昂贵的药品价格的现状，南非政府当然想要以低成本大量购买那些救命的药品。但一些制药工业界的人士指出，从一开始，南非政府就是在寻求将大众的注意力转移出它失败的公共健康政策的方法。政府总统撤布·姆贝基(Thabo Mbeki)直到很晚才承认艾滋病是个问题，甚至更晚才承认它是一种性传播疾病。[2] 另外，国家公共卫生的基础设施也十分糟糕，为了抑制疾病发展，要求严格遵守烦琐的日用药品的规则，防止产生抗体，都十分令人质疑。

就制药公司来说，他们担心南非将开一个不受欢迎的先例。如果在南非，治疗艾滋病的专利药品被有效地取代，这种趋势会导致更加糟糕的后果。这些公司担心，南非的状况最终将会破坏他们对发展中国家关键的知识产权的控制。

1997年5月，庄臣公司(Johnson & Johnson)的奥尔德里奇·库珀(Aldridge Cooper)与美国制药研究和制造商哈维·贝尔(Harvey Bale)开始向美国贸易代表署的官员沙琳·巴尔舍夫斯基(Charlene Barshefsky)和商业秘书威廉·戴利(William Daly)写信，要求他们抵制《南非医药法案》。[3] 其他好多药品公司代表和国会议员也致信巴尔舍夫斯基和其他美国政府官员，指责南非的做法。国会议员纷纷向克林顿政府施压，要求进行干预。作为回应，美国贸易代表署已将南非列入1998年特别301监察名单中，南非将面临被美国经济制裁的风险。

1998年2月，以南非药品制造联盟(PMA)为代表的制药公司联盟在比勒陀利亚提交了反对该法案的诉讼，他们反对的关键在于该法案是违宪的，因为它赋予卫生部长过多的权力，违反了知识产权贸易的国际协议，并歧视制药工业。

同时，在美国，政治上的压力也逐渐增加了，促进了在南非使用艾滋病药物的权利。1999年6月，艾滋病组织ACT-UP

为副总统阿尔·戈尔的总统竞选蒙上了一层阴影，指责他是“药物种族歧视”，[4] 美国政府清楚地了解该抗议。1999 年 9 月，重申了他们达成的在国际协议下全面保护知识产权的共同目标，同时也说明了南非政府已经确认了健康问题。几个月后，美国贸易署将南非从特别 301 监察名单中除去。[5]

然而在南非，制药工业界进一步加紧了他们的诉讼。2001 年 3 月开始的争论在国际间引发了众怒，全世界的新闻报道都强烈指责制药工业界采取的策略。失败以后，制药公司又指出，专利保护对于维持他们现阶段及以后的研究和发展的花费是至关重要的。但是，将赢利和投资研究与对挽救生命的药品的迫切需要相比，他们打了一场败仗，不久以后，该诉讼被驳回。

故事并没有到此结束，制药工业的诉讼促使了发展中国家和非政府组织的联盟决定开创公共健康领域。这是国际法律对于控制知识产权贸易的一个特例，也是制药工业界长时间以来非常艰难地取得的成果。在南非和印度政府及一些非政府组织（如国际健康行动组织、TAC、可得到治疗运动组织）的领导下，该联盟掀起了一个提高“必备药物”可获得性的国际运动，提出世界上 1/3 的人口缺少获得急需药品的途径。[6]

这个“必备药物”联盟将它的战场选择在多哈，2001 年 11 月的一个部长级会议。这个会议原来打算启动新一轮的国际贸易谈判。通过警告可能会打断谈判，这个特殊的警告导致了 1999 年底西雅图的世贸部长会议的失败，该联盟在多哈宣言中获得了公共健康豁免权。

制药行业未能有效地指出政府和非政府组织关注他们在艾滋病肆虐的非洲的药品政策的缺陷。这是公民所关心的话题，也是一个典型的由于未能充分进行动员而导致可预见危机的案例。动员失败一般是发生在这样的情形：领导能够意识到即将到来的危机，并且认识到必须先采取优先行动阻止危机发生，但是却无法尽力作预防性回应。

就像在第五章、第六章讨论过的，强大的组织和政治障碍阻止了预防可预见危机的动员。组织往往愿意向人们展示其连续性和稳定性，如看到员工和客户的忠诚。[7] 可是负面的激励、集体行为问题或纯粹惯性，都会成为所需行为的障碍，使得整个组织在危机面前不堪一击。在政治方面可以预见到，那些有着切身利益的人将会共同捍卫他们的利益，结为联盟，游说并设法阻止反对者。能做到不顾及少数强势方（比如制药工业）的反对，而坚持满足大众的合理利益（如获得可支付得起的挽救生命的药物）是很困难的。这些阻碍的力量，及人们的抵抗都是不可低估的。一位领导人的努力，不仅能够被公开的反对所破坏，也会被持保留意见的，或是切断才华或信息来源的人所破坏。

当能够确定一个紧急的威胁具有潜在的严重后果时，领导者必须进行动员来阻止威胁。这意味着要整合支持力量，争取赢得重要的外部支持，集中组织中重要人物的注意力，把对危机的预防放在首位。如果领导者能应对挑战，并对它所包含的风险尽了相应的努力，那么，如果危机发生了，他也不必因此而承担责任，如果他没有做到，就必须增强有效的动员能力。

组织动员失效

一些组织动员的失效，是源于领导方面的不作为。另外一些，如制药界对于南非政府所设置的艾滋病危机的挑战的反抗，都是源于被误导的动员，他们作了积极的努力去面对严重问题，但却用错了地方。

重提壳牌公司与绿色和平组织

在第五章叙述的壳牌公司和它企图将布伦特·斯巴尔海上石油钻井平台沉入海底的案例给我们提供了有效动员（绿色和平组织）和无效动员（壳牌公司）的例子。绿色和平组织对付壳牌公司的策略是一个利用弱势组织对抗强势组织的不对称的经典案例。严格地说，这个故事解释了戴维·约菲（David Yoffie）和玛丽·克瓦克（Mary Kwak）所描述的"柔道策略"，或者说是用速度和灵活性等优点来弥补它体积小的方法。[8]

绿色和平组织的目标就是使壳牌公司制造并维持危机。它首先占据布伦特·斯巴尔平台，然后制造一个刚开始的焦点事件，以引起媒体的关注。通过不断地威胁说要再次占领它，绿色和平组织使壳牌公司处于防御地位，像那些游击队一样，绿色和平组织希望壳牌公司会有很激烈的反应来使这个故事继续，保持媒体的关注，激化其敌对情绪。绿色和平组织似乎懂得：那些公司一旦成为媒体眼中的负面典型，就能增加他们的损失。壳牌公司用水炮阻止了激进分子重新登上这个平台，并允许绿色和平组织提供唯一的与布伦特·

斯巴尔平台的媒体连接这种方式，来巩固其形象，并维持这个世界性新闻。壳牌公司的解决办法——用水炮来守卫布伦特·斯巴尔平台，从方法上来讲是十分有效的，但是从政治上讲是很愚蠢的。绿色和平组织的成员冒险开着橡皮艇进入交叉射击的场景，给全世界的媒体提供了令人瞩目的录影带和足够的批驳壳牌公司的机会。

绿色和平组织有效地与公众产生共鸣，用这种方式激发了这场争论的展开，通过把布伦特·斯巴尔海上石油钻井平台沉入大西洋比喻为把汽车沉入村中的池塘，绿色和平组织使壳牌公司的计划遭到公众抨击。同时，壳牌公司理性工程学的思维方式显然使它忽视了公众的情绪和公众的重要性。

绿色和平组织同样有效地通过指出壳牌公司组织结构的弱点来转移战场。这些激进分子不是与它强势地正面发生对抗，比如从法律和政治上作出对抗，而是攻击了公司的弱点。壳牌公司的英国机构打算把这个平台沉海，并且与英国政府沟通，获得了沉海的许可。但是，当然有好多国家位于平台沉入的北海，包括德国。绿色和平组织知道北欧公众对环境问题比英国公众更敏感，壳牌公司在德国和欧洲大陆的其他地区拥有很大控制权，也应该了解欧洲的这些地区差异，但是其他壳牌公司集团却没有参与到沉海平台的决策中去。

除了媒体的新闻报道，绿色和平组织也利用了合理的时机，正好在一次关于北海环境问题的高层会议召开之前占领了该平台。这个行动导致了德国对壳牌公司的联合抵制，并使壳牌公司处于德国政府的压力之下。如此依次在德国激化壳牌公司的政治与经济问题，直到领导者开始敦促他们的英国同事和壳牌的董事会，取消这次沉入行动。

壳牌公司该怎样更好地动员来对绿色和平组织占据布伦特·斯巴尔海上石油钻井平台进行回应呢？它不应该通过对绿色和平组织那些抗议者进行攻击的方法来延长危机，而应该把握住沉海事件的主动权，宣布它的计划，以获得以后与英国政府对话的机会，这样的策略就能使那些抗议者不安地在北海不断活动。没有"壳牌公司反击"的后续故事，媒体可能就会迅速消失。一个把握住处理计划主动权的早期决定，就能通过否定绿色和平组织那种高调提问和吸引听众的做法来阻止危机的逐步上升。

制药企业与南非政府

对比壳牌公司没能进行动员以应对绿色和平组织带来的威胁的彻底失败，制药企业不是做了积极的工作，而是在处理南非政府和艾滋病药物的问题上作了错误的动员。该工业，就像莎士比亚所写的"搬起石头砸自己的脚"，不仅没能支持他们的观点，反而促成了一个反对联盟的形成，这是一种叫作"营造反向作用联合"的现象。[9]

这只是领导者通过错误的动员实际上为自己创造了可预见危机的诸多情形中的一个例子。乔治·W.布什政府的国际外交方式，如通过威胁采取单方面的军事行动来动员起集体的行动等都是丰富的例子。从对伊拉克的入侵到《京都议定书》的拒签，从强迫征收钢铁关税到优先考虑同盟国援助伊拉克的战后重建，在各种情形中有据可查，政府本身反应的单边主义和对强权的依赖，已经挥霍掉了美国的国际友善形象和软"价值"力量（当然，很多人会争辩说，克林顿政府也通过使国家陷入多边主义的沼泽，而挥霍了美国的强硬力量）。

从这些错误，给那些希望能够预防可预见危机的领导者上了很直接、很全面的一课：那就是要避免采取可能使敌对方获得比自己更多支持的行动。南非的制药工业应该采取什么样不同的行动呢？放弃上诉，建立慈善基金会，捐赠药品。特别要注意的是，最后是怎么做的。由于早期没能采取这些合作行动，该行业被认为是不情愿地作出许诺，但这只作为最后的手段。一个产生亲善力的机会，和媒体关注南非政府的失策的机会一样，都错过了。

政治动员失效

在政治领域中，在第六章所描述的特殊利益集团通过抵抗动员来促进可预见危机的产生，是缘于下列可理解的因素：

- **害怕失去舒适的现状。**人们对现状、拥有的权力及所得的补贴感到满意，会尽力去维持它。
- **对自我价值的威胁。**所需的改变将会对"什么是有价值的"传统观念产生挑战，最终，人们担心他们将以自己想象完全相反的方式去行动。
- **失去工作"能力感"。**人们担心在改变后的环境中，会显得无所适从，并且不能做得像所要求的那样。[10]

重提 2003 年大停电

我们在第八章提到过，在美国和加拿大的许多地方，对于电网的控制是授权给独立调度系统(ISOS)的，由于电力工业在 20 世纪 90 年代已被解除管制，这些运营机构是作为准独立机构而设立的，独立调度系统负责监控电网的操作，匹配电力供给和需求，并维护电网运行安全。

1992 年，国会通过了《能源政策法案》，为电力设施行业解除管制和改组设置了具体步骤。《能源政策法案》将确定解除管制的时间与形式的权力授权给州立法机关。[11] 在 2003 年 8 月的大停电中，中西部地区独立调度系统扮演了关键角色，它在 2002 年 2 月负责监控 15 个州中的部分地区的州政府达成协议。在大停电的时候，它是最新设立的调度系统之一，然而，不像国内其他大多数的独立调度系统，中西部地区的组织没有被授权可以操作地区电力市场，结果，该地区没有对电力如何买卖进行统一的控制。更糟的是，中西部地区独立调度系统也没有被允许购买额外电量，作为备用和替代的，它不得不与地区内 33 家电力设施集体控制电力。[12]

这个由中西部地区的州政府共同谈判而形成的、权力弱小的独立调度系统，代表了一类经典的政治动员失败。尽管对分权管理的危险性有清晰的认识，可是中西部地区独立调度系统刚诞生仍旧在中西部地区州政府之间拥护与反对解除管制的政治争论中走得很艰难。[13] 为了寻求维护当地设施的权力，反对方的州联盟成功地创建独立调度系统的计划。

美国—加拿大电力系统储运损耗任务部作出结论：混乱和缺少协作对 2003 年 8 月 14 日的大停电产生了巨大的影响。[14]

面对着大断电的经济成本和有清晰证据显示中西部地区独立调度系统的弱势促成了这场危机，每个人可能合理地期望这个问题能够尽早得到解决，从而阻止另外一场可预见危机的发生。然而，令人惊奇的是，一个地区集团的联盟竟然进行了成功的游说，阻止了电网管理收归联邦权限，将联邦政府的设施控制权转为地方的权力。[15]

大停电的后果中，联邦能源监管委员会（FERC）制定了一个重组电网的宏伟管理计划，将对于 15 万英里的传输线的控制权置于 4～5 个地方政策权力中，而非 130 个独立的调度机构。该计划也要求管理电力市场和州际电力传输的规则标准化，这个目的，部分地是要规范市场操作（不规范市场操作是造成 2002 年加州电力危机的主要原因），同时增强了可靠性。

与这种努力相反的是一直都获益于低成本电力的东南部及西北部的受益者的行为。依靠着拥有丰富的水利电力和利用低成本电力发展的历史，这些地区所做的就是终止市场管制和地区控制。对于他们，FERC 的计划意味着地方控制权的大部分丧失。

在议员玛丽亚·康特威尔（Maria Cantwell）的领导和一些公司（比如南方公司）的支持下，南部的四个州成功地对为超过 400 万的顾客提供服务的电力垄断的联盟进行了游说，在布什政府的有争议的 2003 年能源法案中加入了一款，这一款修改了联邦能源监管委员会（FERC）的计划，它使得电力设施即使名义上是在独立调度系统的管理下，但他们还能够拥有对使用他们的传输线的优先拒绝权力，并从内部瓦解了改革的安排。[16]从《华尔街日报》上“政策回应中心”的统计数据上可以看出，南方公司已成为白宫能源和商业委员会现有成员中的第二大捐献者，从1989年开始总计捐赠了48.15万美元。[17]

因此，需要对国家基础设施的关键薄弱点进行加强的改革方案与特殊的政治利益相冲突。2003年11月底，一个由民主党人和六个共和党人组成的联盟联合起来的力量在参议院进行表决之前阻止一揽子的能源账单的批准和拨付。[18]这些拨付包含：

- 使乙醇的生产翻倍的补贴；
- 对燃料添加剂MBTE的生产商提供的责任限额（保险单上规定的最高赔偿金额）；
- 对石油和天然气工业的减税；
- 对公共土地的扩大开发；
- 现有环境法律对老煤矿厂所有者的免税规定。

参议院的这次行动至少会将FERC改革政策的制定延迟到2004年。如果没有及时制定改革措施，国家再发生这种破坏性的电力中断，就没有人会觉得惊奇了。这些都是可预见的，并不奇怪，唯一能让人惊讶的是为解决这些问题所进行的动员失败。

南非的艾滋病(AIDS)与人体免疫缺损病毒(HIV)

南非政府最终采取了强有力的措施，对那些受HIV病毒感染的人提供抗逆转录酶病毒的药物，只是这种峰回路转出现得太迟的时候——在疾病肆虐了很久以后才出现。政府所有人，尤其是总统姆贝基在20世纪90年代到2002年都没能行使其领导权，在这段时间，HIV的感染率超过南非人口的1/10，或者说数量将近500万。这在国际公共健康界没有引起争议；在南非广阔的医学界，也没有任何结论认为HIV病毒导致艾滋病、是一种性传播疾病。

姆贝基政府拒绝对感染HIV病毒的怀孕妇女提供药物AZT的做法，造成了1999年的悲剧性后果。1999年10月，针对该主题的演讲中，姆贝基说道："大量的科学依据表明，在所有的药物中，该药物的毒性事实上对人的健康是一种威胁。"[19]他进一步声称：如果不关注研究者对AZT的安全性的可怕警告，将是一种"不负责任"的做法。然而，在许多国家，AZT是一种标准的用于防止新生儿受感染的药物，它的有效性（降低了50%的感染率）和安全性在权威界是无可争议的。艾滋病防治的支持者最后赢得了一场诉讼案的胜利，迫使政府为HIV阳性的孕妇提供药物。

南非政府对艾滋病危机进行失败的动员是有其历史、价值和经济根源的。在美国和欧洲，当时艾滋病和HIV病毒正在折磨着同性恋者，撒哈拉以南非洲各国的患病者绝大多数是异性恋者。南非人比别的国家的人更可能拥有多个性伴侣的事实加速了疾病的传播，在南非，多数人不愿意承认这个事实。这些黑人男性通常拥有不止一个的性伴侣。缺少对安全性行为的教育，特别是避孕套的使用不是很普遍，也使得南非对于HIV病毒的传播更缺乏抵抗力，那些可怜的黑人穷人缺乏免疫的状况也加重了这种情况。

由于这些原因，要将艾滋病和HIV病毒作为首要问题来认识的南非政府，并没有开始行动，直至最后才行动。姆贝基在2000年9月接受《时代》杂志的采访中，当被问及是否准备承认HIV病毒与艾滋病的联系时，他仍然给予了否认，并且给出了令人感到困惑的原因：

> 不，我想说，你们不能把免疫能力缺乏单单归咎在病毒身上，那很可能是病毒，但是，比如TB，它毁坏你的免疫系统，如果你用了TB，在某个时间你将测出HIV呈阳性，因为这时你的免疫系统在与正在摧毁它的TB斗争，然后你就会进一步说，TB是造成艾滋病感染的机会。然而事实上，它首先是破坏免疫系统的。但如果你得出结论，认为HIV是唯一破坏免疫系统的，那你唯一的措施就是给他们注射抗逆转录酶病毒的药物，不需要留意TB，因为它只是一种机会感染。如果科学家……说这种病毒是使得人们免疫系统缺乏的各种病毒之一，我则对此没有异议。[20]

在姆贝基政府官员中只有一个部长有勇气打破陈规，直到前总统纳尔逊·曼德拉开始就该疾病作出直接的公开发言，并且在非洲国会中积极提倡在艾滋病政策上的争论，才使得风向开始转移。在姆贝基发表上述引用的观点的那个月，曼德拉直接向他们提出了挑战，引证了“全世界都盛行的主流观点”，即HIV病毒导致了艾滋病。曼德拉声称，只有新科学研究显示“那种观点最终是错误的”，他才会信服。[21]在英国的《星期日泰晤士报》（*Sunday Times*）的后续采访中，曼德拉说：“我们不能继续争论下去，在我们的争吵中，一个又一个的患者死去了。”[22]他还对一个领导者在预防可预见危机中应扮演的角色发表了重要讲话，强烈谴责了姆贝基的领导行为。

2002年2月，姆贝基仍然拒绝承认已知的HIV病毒与艾滋病的联系，也不允许国家医院为艾滋病患者提供抗逆转录酶病毒的药物。[23]然而，8月份，该政府开始停止对提供该药物的反对行为，并制定了一份有效的计划，但2003年9月，姆贝基在说出“就我个人而言，我不知道有谁死于艾滋病”的话后惹起了众怒，在被问到是否认识有患HIV呈阳性的人时，他说：“说实话，我真的不认识。”在说这话的时候，南非每天都有600人死于艾滋病，并且有250个携带艾滋病病毒的新生儿出生！[24]

领导的角色

在这整本书里，我们都在强调领导者认识、重视，并进行动员来阻止可预见危机的责任。在这当中，对反对方进行动员是最为艰难的工作。

勇气——就像约翰·肯尼迪所说的，自发地“对权势说出真相”的意愿，是在进行动员、阻止可预见危机所做的努力中不可或缺的一种领导品质。许多历史上的伟人就是通过在巨大的压迫下，鼓舞大家行动以避免可预见危机，来维护他们的地位。大家应该还记得温斯顿·丘吉尔对希特勒的野心发出的警告，罗斯福想尽办法在英格兰最黑暗的时刻支持了它。引用丘吉尔的话，就是“在老鹰沉默的时候，鹦鹉就开始唧喳地叫”。[25]肯尼迪、马丁·路德·金和其他为达到他们的理想的人都付出了最后的努力。

当然，这并不是说，个人的领导力就足以解决所有的可预见危机，领导者必须拥有这样的智慧，能够认识到何时能够逆流而上，何时是到了改变的成熟时机。

社会力量与个人在处理可预见危机的行动之间的相互影响被库尔特·勒温(Kurt Lewin)，一个群体动力学领域的先驱，归结为一种社会改变模式。[26]他的一个基本的观点就是，社会系统是存在于促进改变与抵抗改变的压力的斗争之中，当拉力和推力达到大致平衡的时候，该系统就会在小范围波动，不会有更大的波动。

当要求改变的驱动力增大的时候，抵制改变的力量也会随之增大，至少在刚开始的时候是这样的。但是，如果压力足够大的话，该系统将到达革命的成熟时机，导致新平衡状态的出现。在这紧要的时刻，勒温所说的“引导因素”存在与否变得至关重要。改革中“小而关键的推动因素”就是那些能够推进改革的关键人和事[27]。例如在历史学家查尔斯·蒂理(Charles Tilly)对欧洲革命的起源的研究中，他注意到单个反抗者的及时出现，换言之，一个引导因素，可能给其他人以反抗成功的信号，促成了潜在的反对方的联合：

一个主导联盟的重要成员的背弃将给出这么一

系列整体的信号：背弃的极大可能性；维持其义务和保持其他方面协调的中央执行能力的降低；争取原来属于中央控制的资产的机会；与其他反抗者合作的机会和效忠于成本上升的可能性。[28]

通过这种方法，有胆量的领导者顺利地排除了变革的残余阻力，开始了针对那些导致表面上不恰当结果的一连串的行动。

促进动员的方法

由于内在的、个人的胆量对于阻止一个可预见危机是远远不够的，领导者还必须不掺杂个人感情地提高警觉，并培养所需的行动以提高这种警觉性。就像律师和民权激进分子弗洛里恩斯·肯尼迪的恰当形容一样："不要担心，组织起来"。[29]领导者可以采取一系列措施来提高他们的动员能力来避免可预见的危机。

1. **有说服力的沟通。**能够提高人们对问题的认识和对所需行动的警觉，提出论据并有据可查。
2. **建立联盟。**分析现有的政治联盟，注入现有的力量，组建支持性联盟。
3. **结构性问题的解决机制。**制定集体学习的过程，逐步地把人们引入对问题的界定和解决方法的思考上。
4. **创建危机回应组织。**设计一个能够迅速有效地面对紧急危机并作出回应的组织。

方法一：有说服力的沟通

有说服力的沟通可以被称为运用论据、数据和分析来建立对所要解决问题的有效定义，是一种潜在的解决方法。在他的《宣传、选举和舆论》(*Propaganda Polls, and Public Opinion*)一书中，马尔科姆·米切尔把有说服力的沟通的特征描述为“正在升温的温度计，它能聚集大众情绪的热量，并把他们集中到一个特别的问题上来”，[30]这样的沟通是有效的，因为(1)在人们面临一个选择之前，他们的利益是潜在且分散的；(2)人们对自身利益的认识不同，要依据这种选择是怎么提出来的。当它被很好地提出来时，沟通就会融入强大的情感，从而影响个体的选择。

近百年来，哲学家们已经对领导者提出了很多关于怎样进行有说服力的沟通的建议。在《修辞学》(*Rhetoric*)一书中，亚里士多德提到：

> 在用言语修饰的说服的模式中，存在三种类型。第一种依靠的是说服者个人的品质；第二种是使听众置于某一特定的思维中；第三种是在演讲提供的证据上或表面的证明上。当演讲十分精彩，使得我们认为演讲者是可信的时候，这种说服就是通过演讲者的个人品质达到的，我们更全面而且更乐意相信好人。[31]

在上述基础上进行扩展，我们就提供了一些经典的具有说服力的沟通策略：

- **调动共同利益。**这种方法包含:强调集体利益,忽视个人代价,用社会责任来确定行动的基础。
- **将选择和核心价值相联系。**营销人员很早就懂得了把选择和自我认同的价值相联系,所以,烟草公司就把吸烟与独立性、选择的自由联系起来。
- **提高对损失或冒险的关注。**自愿的行动选择应该依据可能的获利或风险降低的程度来计算,不想要的行为选择应该用潜在的损失或危险来计算。[32]
- **扩大或缩小焦点。**如果要设计一个不受欢迎的例子,最好的选择是可以设计很多限定,而且独立于其他选择外的限定。
- **把蛋糕做大。**能够决定成败的选择总是特别难以动员。扩大需要考虑的问题的范围能够促进“把蛋糕做大”,从而促进贸易的双赢。[33]
- **重复能引起共鸣的信息。**简化这个信息,使它更容易被记住。只要不太啰嗦,重复它能使目标听众记得更牢,这种原理强调了电视及广播中“原音再现”的运用。
- **预防可预见的挑战。**亚里士多德等人已经建议说服者,给他们的听众打预防针,以免他们被可预见到的反对方的建议所说服。事先提出并果断驳倒可预见反对方观点中的漏洞,能使听众以后对这样的观点产生免疫力,哪怕它以一种更有效的方式提出来。

在对潜在听众进行了这样的分析以后,领导者就可以选择性地利用这些技巧,使他们的意见被接受。

方法二：建立联盟

通常，当领导者需要动员那些在他直接控制之外的人一起来面临困难的问题时，他们就必须建立联盟。在高度政治化的环境中，比如国会，建立联盟是一个改革的核心构成要素，在商业环境中联盟也同样重要。有时，领导者不得不为预防潜在的灾难而作重大的组织变革，在这样的变革中总是有胜者有败者，并产生公然的或潜在的反对。为了获胜，领导者必须能够巩固他的支持方，压制反对方，并争取中立方(运用具有说服力的沟通，胡萝卜加大棒)来支持改革。做这个工作的前提条件就是要先能找出组织内外具有影响力的人，并用这种认识来为他们的行动原因的建立确立基础。

有效联盟的建立是通过利用社会影响来实现的，社会心理学的研究表明，人们倾向于做这样的选择：

- **与坚守的价值观和信仰保持一致。**他们倾向于与重要的参照组织，比如同伴或行业协会分享其观点，当人们被要求作出与他们的价值观或信仰不一致的行为的时候，通常会经历一种内在心理“矛盾”，或外在社会谴责，或者两种都有。
- **与之前的许诺保持一致。**他们这么做是因为不信守诺言就会受到社会谴责。人们一般不愿意做与他们意愿相反的选择，也讨厌通过设置不受欢迎的前提来强迫他们未来的选择。
- **隐藏他们控制情感的能力。**一个人所处的社会阶层或控制有威胁的选择常会使人感到焦虑。

- **报恩。**双赢是一种很强的社会规范。用过去人们所得到的恩惠来换取现在的支持,人们对于这样的请求是不能拒绝的。
- **保护他们的声誉。**那些能够保护或提高人们正面声誉的选择是受欢迎的,而那些可能破坏声誉的选择就会遭到阻挠。
- **获得其他受尊重人的认可。**这些人包括持有意见的领导者、顾问和其他那些能使人们从他身上获得正确思考线索的人。[34]

总之,人们很少独立地作出重大的选择,大部分选择都受他们的关系网和关键建议者的观点所影响。了解这些关系网,并利用其来建立动力系统,能够增加领导者建立支持联盟的能力,因此,领导者应该识别出有影响力的个人和团体,并画出他们的影响网络图,标示出团体的哪些成员在重大的问题上是顺从于哪另外一些人的意见的。[35]沟通网络也同样重要,群体中共享信息的渠道也同样如此。[36]这样的分析对确认那些持有意见的领导者本身提供了一定的线索,好多人指望从他们身上获得答案,而他们也能够在其团体之外施加不成比例的影响。[37]成功地使这些关键人物了解改革的必要性能够遍及更大的范围,而若被他们所拒绝,则标志着全面地失去支持。

对这些因素的透彻分析能帮助领导者有效地建立联盟,一个经典的技巧就是引诱,领导者先让人们做一些表面上无伤大雅的小事,作为以后的大事情的开端。多数的管理者都能记得领导对他说过的"就来开个会,听听我们要讲什么,"接下来就是,"就请你们中的一个来看两眼"等等的话。

另一个有效的技巧是排序,在慎重考虑次序之后来接近有影响力的团体,增加获得支持的可能性。[38]绝大多数的管理者有这样的经历,他们去参加一个会议,在开会时发现,"真正"的会议已经开过了。或者比如,为了争取董事会中A来参与一个改革,先赢得B的支持是比较明智的。

引诱与排序的技巧是在为改革创建动力系统的目标下采取的,这种改革是运用改变潜在联盟(和说服者)对其选择,这一方法进行的关键目的就是要人们知道,现状并不是安稳的,危机是不可避免的,唯一不变的问题是需要什么方式的改革。

最后,希望避免可预见危机的领导者还必须时刻记住,破坏联盟与建立联盟一样重要,有效评估反对联盟力量能够帮助预防并减小他们的影响。如果反对联盟已经开始形成,他们开始积极行动多久了?队伍有多强大了?反对联盟是通过长期的关系和共同的利益建立起来的,还是短期机会主义形成的?有没有能够争取过来的关键人物,谁的转变能够有效地削弱抵制?反对联盟的抵制是积极的还是消极的,抵制是什么形式的?通常重要人物对他们的选择是怎么认知的,这些认知怎样才能被改变?对这些问题的清晰聚焦,能够帮助新的领导者制定更有力的改革策略。

方法三:结构性问题的解决机制

汤姆·凯泽(Tom Kayser)在他的《建立团队力量》

（*Building Team Power*）一书中指出："每一层的管理者都需要……学习基本的，怎样在稳定的组织范围内建立解决问题的能力，这种能力帮助团队共同界定、分析和解决工作和组织中的问题"，[39]结构性的问题解决机制是培养团队学习的一个技巧，它包含一系列的步骤和相关工具，这些工具能从不同的综合和评估中减少问题的界定。[40]

第一步：确定并获得一致意见。先关注问题的判断和数据的收集，然后讨论问题所在。

第二步：探究现象背后的原因。"原因/结果图"就普遍地适用于这一过程。要求团队用图表制定出目前存在的问题及其现象，起作用的原因和更深层根源之间的联系。在这个过程中，团队面临的挑战是区分出没有根据的信息和那些有据可查的有因果关系的信息。这些结果用于激励和促进额外的努力。

第三步：设立评估标准。可以用"多维度效用理论"来量化和定义决策者的评价。这些评价用于评定"好结果"时所采用的标准的相对重要性。它的运用能允许决策者阐明并论证不同的行动选择所代表的含义。

第四步：提出一系列可选择的方案。"头脑风暴"使得团队成员止于平常的、标准的念头，发挥出他们的创造力来。使团队成员在一定的时间内提出一系列解决问题的方案，并告知不用担心它们的可行性。在这一步骤中，严禁对他们的想法进行批判。

第五步：评估方案，形成结论。除了"多维度效用理论"，"多投票"的方法也可以用来从多重选择中筛选出最好的几个。在“多投票”过程中，团队成员要从喜欢的特定的方案中选出有限的几个，这意味着他们这个时候不用只选唯一的一个，而是可以作出他们最想要的几个选择。一旦得出投票结果，最不受支持的方案就能被排除，然后，再继续讨论。

结构性问题解决机制可以与第七、八章所讨论过的方法配合使用，情景设计可以用于帮助界定问题，决策分析可用于方案的评估。结构性讨论的方法能帮助团队得出结论。

结构性问题解决机制是一种有力的动员方法，因为它逐渐使团队加深对可预见危机存在的认识。事实上，结构性问题解决机制既可以被看成是一种促进对话的普遍的表达方式，也可以被看成是一种逐步解决问题的形式。首先通过对“问题”达成一致意见，然后再追溯其根源，这种方法使对行动的需要很难被阻止。同样地，对评估方案的客观标准的认同，使得一些特定的利益集团更难以为使他们狭隘的政治议程获得通过而发生争执。到了这样一个过程的终点，人们就会愿意接受之前他们从来不会接受的结果。

方法四：创建危机回应组织

当危机爆发时，领导者必须确保他们的组织已准备好了。为此，有效率的领导会将组织结构、可分配的资源及快速应对危机的必要程序三者合理安排。一个快速、集中的回应需要一连串清晰的指令和迅速转移到军事术语中的“战斗状态模式”的能力。没有这些准备，组织的回应就会显得没有条理和无力。所有的组织无论大小，都应该为应对紧急情况而准备必需的资源来组建危机回应机制，并建设其他基础设施。

当然，危机几乎不会精确得像他们预期的情景那样发生。通过按照一系列严格的情景设计制定出的计划，也可能在危机面前不堪一击，因此危险在于不能迅速适应现状。组织的危机回应机制必须有一定的灵活性，危机回应机制可以设计成一系列的“组合”回应——领导者可以使用对危机的第一反应的组合模块。当有效执行的时候，该策略就为组织赢得了时间，以便制定更深刻的、更有针对性的回应。一个危机回应机制的例子，就是一个管理过程，包括建构撤退计划，应对许多种不同紧急情况，还包括设备关闭、预设的沟通方案，用于联系重要人员、消防人员、新闻媒体和应对意外等工作。可以不用考虑每个机制的形式，但它必须提供出一系列可以采取的步骤及可调用的资源。评定组织的危机准备情况的工具在附录 B 中。

你可能会想，为什么我们把建立危机应对组织作为预防可预见危机的一种工具？原因在于那些为危机所做的预防能够避免危机。一个危机回应领域的顶尖专家解释说：“知道在危机发生之前你必须做些什么的最好方法之一，就是知道当它发生的时候你该做些什么”，[41] 预警就是准备斗争。

号召行动

现在你已进入预警和准备战斗状态了，在本书的这部分，我们为领导者提供了 RPM 模式，一个能够帮助他们更好地认识、重视并对可预见危机进行动员的一种说明性模式。这些思想和方法将能适用于所有的情况。

第十章　未来可预见的危机

我们曾通过提出以下问题来作为本书的开篇：

- 你的组织是否存在严重的问题而你却无法解决？
- 这些问题是否会随着时间的发展越来越严重？
- 它们是否到最后变成具有破坏性的危机而令组织内多数人感到意外？

不管在我们的课堂上，还是飞机上、会议上，我们经常问那些高管们这些问题。大多数人都会不假思索地列出许多在他们组织中存在的可预见的危机。我们认为高管们的职责就是认定并预防这些可预见的危机。许多高管在诊断潜在危机上做得很好。但是，令人惊奇的是，他们通常不去预防这些可预见的危机发生而是任其发展。

我们在本书中聚焦的就是那些已经对个人、组织、自然环境、社会造成重大损失的可预见的危机。机灵的读者也许会争辩道，预测过去很容易，真正的挑战是预见未来的危机，这是一个完全合乎情理的争辩。事实上，在第三章中，我们预测到美国会计制度的崩溃，也预测了安然事件并不是故事最终的结局。如果我们可预知危机的理论有价值的话，我们就可以用它来确认未来的危机。这些危机不仅仅只对一个组织中的某些成员们适用，而且适用于普通百姓。我们认为可预见危机这种观念可称得上是一种挑战。

在这一章中，我们介绍一些显而易见的、可被视作可预见危机的公众问题。在提出这些新问题前，我们会通过一些先前在本书里讨论过的，对可预见危机案例作出一些结论。除了那些引人注目的灾难外，许多我们揭露的危机仍然没有得到解决，因此，我们把它们视作持续的危机。这些危机包括金融改革、美国建立独立审计及全球渔业资源枯竭。回顾这些持续的危机后，我们将预测未来。当我们审视它的时候，又识别出一些其他的可预见的危机。这些可预见的危机包括：政府补贴、全球变暖、政府忽视未来的金融职责、长期乘坐飞机者计划，以及在谈判中常见的含糊的合同。

持续的可预见的危机

在第三章中，我们举了一个典型的案例，就是安然和安达信接连失败的可预见的危机。这源于为了未来的交易，他们要依赖客户的独立审计制度。我们也记录下来《萨班斯—奥克斯利法案》的妥协及此法案将在防止公司腐败上的有限影响力。该法案是支持改革与反对改革两种力量的妥协物。受到约束的行业已经确立了其在变革中的重要的角色。当“审计师轮换制”写进法律时，审计公司明确认为，这只意味着为某个特殊客户服务的个别知名的审计师应该进行定期轮换，而不是真正需要为客户服务中轮换会计公司。自从这个法案实行以来，更多有关会计师的丑闻浮现出来，而政府却继续实行这个法案。

在第六章，我们讨论过那些特殊利益集团对美国政治的负面影响，及在制定富有意义的金融改革方案上的持续失败。我们引证国会通过《麦凯恩—威登法案》这个漫长而艰难的旅程。此法案因特殊利益集团的影响而被作了大量修改后才得以通过。在1995和2002年间，此法案被缩水到这样的程度：对许多国会成员来说，接受它的适度供应生活的成本比公开投票反对金融改革的成本还低。遗憾的是，妥协是通过法案所必需的，但也使法案失去了它的尖锐性。结果是，即使通过了《麦凯恩—威登法案》，美国选举制度仍然广泛地受到特殊利益集团的影响，从而减少了全社会应得的全方面的利益。《麦凯恩—威登法案》可能会暂时削弱国家的政治党派，但是政治行动委员会（PAC）的权利却得到了加强。

为什么我们经常无法改革我们的体制，甚至在出现灾难后亦是如此。这里有两个罪魁祸首：第一，绝大多数人认为妥协是一种合情合理的行为，但当组织在改革和保持现状之间作出妥协时，一个又一个案例说明，保持现状往往会占据优势，同时腐败的体系依旧生存。当体系被打破时，我们需要的是修复它，而不是作出哪怕小小的调整。

第二，在一个可预见危机爆发后，各政党都忙于政治行为以确保他们不受到危机结果的牵连，甚至当他们的行为会加速这样的危难发生时，也是如此。2001 年 9 月 11 日之后商业航空业的优先发展权规避了责难（这是他们应得的），并从政府那里寻求资金以弥补其损失。当安然事件曝光后，会计行业通过在“重塑”体系中扮演核心角色，而保持了其自身的经济利益。当《麦凯恩—威登法案》仍挥之不去的态势很明显时，说客们提供大量的资源以确保他们的服务在将来会被人接受。一旦危机发生，我们需要有胆识的领导者去补救并确保危机不再发生，但事实却往往是，我们妥协，并用腐败性的决策过程来取而代之。

在第四章，我们引证了美国东北部渔业资源枯竭这个可预见的危机，其主要原因归结为政府对其高科技渔船的补贴。纵观全球，这种类型的可预见危机在近几十年里已经一而再、再而三地上演。以北海为例，它为欧洲提供可靠的渔业资源已经有几个世纪了，但直到 2002 年作为受到政府补贴支持而导致的过度捕鱼的结果，欧洲渔民已掏空了先前提供丰富鳕鱼和鲟鱼资源的海域。[1] 和在美国一样，欧洲科学家和环保组织警告过欧盟，渔业资源已呈现危险性地枯竭状况，也和在美国一样，欧洲渔民也反对合理地实行渔业配额制，指责科学家危言耸听。可想而知，整个 20 世纪 90 年代，欧盟和各国政府屈服于有影响力的大多数，欧盟渔业大臣例行公事地取消了海产生物学家所建议的渔业配额，反过来支持渔业补贴。从 2002 年起，欧盟成员国给欧盟渔业基金会捐助了大约每年 10 亿英镑（16 亿美元）。

一旦危机无法被否认，渔民们可预测的反应就是寻找新的水域去开发渔业，于是新的形势出现了，一些富国挖掘完他们自己的水域，又付钱到穷国去开发。十多年来，为了使其渔船自由进入西非海岸捕鱼，欧盟一直在付给贫瘠的非洲国家"准入现金"。保护组织 WWF 估计，在 2003 年那些外国渔船将会支付 1.44 亿欧元(1.6 亿美元)，为其能在 16 个非洲国家的领海水域捕鱼。[2]

西非海岸是超过 1 200 种鱼类资源的传统养殖基地，拥有丰富的鱼类供应量，其持续发展能力依赖于联合国大会在关于海洋法方面的立法才得以保证。法律规定，只有当东道主国家不能完全捕捞所有的鱼类时，别国才能获得许可捕捞剩余部分。[3] 在 2001 年 8 月，非洲西北部的国家毛里塔尼亚拥有一个小海湾，它与欧盟签订了一份超过五年的价值 430 万欧元的合约。在这份合约里具体说明了获许捕鱼的船只的数量，而对捕鱼的数量没有限制。允许他们在毛里塔尼亚海滨过度捕鱼，就像他们以前在北海那样，每只去毛里塔尼亚捕鱼的船花费欧盟纳税人接近 35 万欧元(39 万美金)的准入支付款。[4] 拥有众多的拖捞船的欧盟成员国，例如西班牙，当其他欧洲国家支付数亿欧元去非洲水域捕鱼时，它却获得了大部分的利润。

自 20 世纪 70 年代以来，非洲西北部的捕鱼次数已经增长了 3 倍，而在这期间，鱼场面积却没有增加。当地渔民的生活正遭到迅速的破坏，他们的小渔船无法和来自欧洲的国家级的拖捞船相抗衡。恩迪艾治・古耶博士(Dr. Ndiage Gueye)是塞内加尔政府海事渔船的长官，出于塞内加尔的意愿，同欧盟签订不利的协定，以获得资金用来修建医院和学校。同时，出于"政治和外交的理由"，[5] 非洲官员出于对欧洲援助和减轻债务的依赖，他们感到自己没有选择余地，只能签下欧洲交给他们的任何合约。

"为准入买单"交易破坏了环境、全球经济及欧盟作为一个公正的、有道德的实体的声誉。伦敦《泰晤士报》的一位欧洲时事评论家说："令人愤怒的是，我们不公平地将我们过剩渔民的负担强加给了非洲，还向外输出了破坏名誉的补贴金制度。"[6] 显而易见，允许受到资助的欧盟渔船自由进入非洲海岸的可预见的意外，就是使渔业资源进一步枯竭。作为一个整体的欧洲经济，将会把持在一个特殊利益集团的手中，而非洲国家也将面临着不可估量的自然资源的丧失。欧洲渔业将必须去寻找新的海域开发，而这种海域不是无限的，因此要采取强有力的措施防止捕鱼水域消失那一天的到来。

话题回到北海，2002 年 12 月，欧盟渔业部长们限定捕鳕鱼的渔船每月两个星期的捕鱼期，虽然这是欧洲委员会所建议的时间的两倍，但毫无疑问，这是政策上极富意义的转变。[7] 对出航船只的补贴也被列入到 2004 年底逐步取消的计划中。但是，这些转变太微不足道，也为时过晚。[8] 在世界范围内，选举出来的官员必须采取坚定的立场反对高科技渔民，这个特殊利益集团作出过许多给政府补贴冠以恶名的行为。

政府补贴

补贴按照惯例被限定为政府财政拨款，发给个人和企业，目的是支持那些被认为对公众有利的事业。[9]一些补贴的确鼓励为公众福祉作出贡献的行为，但大多数补贴仅仅面向的是特殊人群、企业和行业。如果这样，它们对公众来说就弊大于利。在许多情况下，补贴会产生可预见的危机。政府的钱花费在补贴上，经常会使正常情况下不发生的活动及消费上要使用补贴，从买烟草到买高科技的拖捞渔船。诚如所言，补贴把人为性和无效率带入全球市场。它使我们破坏森林，并且在实质上放弃了采矿权。他们通常牺牲公众的利益而让特殊利益集团获利。如果政府不付钱给美国烟草农民去种植烟草，那么烟草的价格就会反映出真正的市场价格，香烟就会更贵，就会有更多的人放弃吸烟。此外，一些农民会转而种植少危害性的农作物。如果渔业公司不购买破坏环境的船只，他们会转过来寻求可持续捕鱼的方法，更好的是，他们也许会到更有利可图、更能持续发展的行业中去。

绝大多数我们选举出来的官员都明白这些基本的经济情况。他们知道，补贴扭曲了市场并且给某些集团有失公平的优势条件，引发社会整体危害。他们也深谙支持具有危害性、管理不善的行业，如渔业及烟草，会使现存的问题恶化。但是，年复一年，大多数的国会成员仍继续支持旧的补贴金制度，直到有人为新的群体构想出新的计划为止。正如我们在第六章讨论过的，估计在美国全部的福利为每年 870 亿～1 670亿美元，这一数量取决于是否将减少的税赋加入到补贴总数中。[10]补贴作为联邦支出也被列入到国会年度拨款议案中。因为这些议案是在竞选季节之前经过苦心想出来的，所以不可抗拒地，会将把对有声望的和特殊背景的利益集团的有利条款写入议案。

我们已经把可预见的危机归因为认知上的、组织上的及政治上的偏见，这些偏见通常是政府补贴的根源所在。例如，很可能许多政客已经看到了过度捕鱼是一种隐患，但仍听任特殊利益集团的威胁而说服自己对未来抱有过多乐观的希望。“令人惊奇的是，那些批评出于道德和法律的原因而为穷人发放福利的国会成员，居然就发现不了问题，认为为富人提供福利这种显而易见令人反对的计划是正确的。”众议院议员罗恩·保罗（Ron Paul）是得克萨斯州的共和党员和补贴金计划的反对者这样评论。[11]补贴对发展中国家尤其有害，正如我们在先前叙述的欧洲开采非洲渔业资源的例子。一个甚至更具有里程碑意义的改革目前正在农业领域悄悄上演。

农业补贴在欧洲、美国、日本等国家和地区几十年来是公正的，它以鼓励适度的传统的生活方式为目的，保护耕地避免被开发或荒废，[12]但是通过补贴，这些富裕的农民生产了超过世界需求的农作物。这样一些发达国家造成了市场的扭曲，并对那些依靠农业生存的发展中国家产生了毁灭性影响。

2002 年世界经合组织（OECD）的 30 个工业国（包括日本、韩国、美国、加拿大、墨西哥和绝大多数欧洲国家）在当地农业补贴上花费了 3 110 亿美元，这个数字大体等于所有非洲国家国内生产总值。2002 年发达国家给发展中国家的资金援助也缩减了 500 亿美元。[13]欧洲农民从政府补贴中获得

35%的收入,美国农民获得20%。根据世界银行的数据,欧盟给乳牛场的农民每头牛每年913美元的补贴,[14]据此,全世界接近10亿人每天仅仅有1美元来维持生活,而通过政府补贴,欧盟的每头牛平均每天还有2.5美元的补贴。[15]

牛群并不是仅有的大量生活的群体,因此农业补贴不光只流向大型的农业公司或农业企业,而且也流向小的家庭作坊,但补贴通常通过大的农业公司和农业综合企业的渠道来发放。在美国,农业补贴是一个巨大的企业福利计划,几乎70%的款项流向最大的10%的生产者。[16]2002年5月,在国会民主党的坚定支持下,总统布什签署了10年拨款1 710亿的农业议案,保证了这些拨款不会很快用光。[17]

由于他们鼓励区域性生产过剩,农业补贴压低了海外市场农作物的价格。1980～2000年间,咖啡、可可、稻米和糖的价格降幅超过60%。价格下降对那些依靠农作物为主要出口产品的发展中国家来说无疑是灾难性的打击。[18]西方国家农业补贴使贫困国家在农作物出口方面损失近500亿。[19]由于美国和欧洲的糖类补贴,南非糖农在出口中每年损失一亿美元。

在美国,棉花是最荒诞的受补贴的农作物,其每年30亿～40亿美元的补贴金已高出棉花本身全部的价值。美国25 000户棉农得到这样的保证,即他们生产的每一磅棉花都能有很高的价格,他们的平均净产值为80万美元。[20]而且,大多数的棉花补贴都集中在仅仅10%的棉农手中。正因为美国纳税人给销售棉花的补贴使其价格低于生产成本,而美国本土种植的超过半数以上的棉花是供出口用的,美国棉花现在常常凭借其价格优势使世界市场的棉花价格走低。

贫困的非洲国家布基纳法索、马里、贝宁、乍得，在全球的生活标准排行中名列最后，长期以来，棉花是这些国家最主要的出口产品，是小农场里人力采摘的经济作物。《纽约时报》的一篇名为“你的农场补贴正在扼杀我们”的社论，布基纳法索总统布赖斯·坎鲍尔（Blaise Compaore）和马里总统阿马杜·托马尼·托瑞（Amadou Toumani Toure）指出：其棉花的收入占出口总收入的 40%、国家 GDP 的 10%。贝宁和乍得亦是如此，2001～2002 生产年度内，全球棉花补贴却达到了令人震惊的 58 亿美元。[21]美国棉花补贴已超过布基纳法索的全部 GDP。这些国家的总统这样写道：

> 棉花不仅仅对我们国家的经济来说是至关重要的，而且它也是全部的可供交易的农产品。尽管非洲棉花的质量最好，即使我们完全依靠人力作业，但其生产成本仍比发达国家的价格低 50%。相反在富裕国家，他们在大型机械化的农场里生产出品质低劣的棉花，几乎不需要雇用人力，还可能对环境造成影响。在发达国家，棉花可以被其他更有价值的农作物所取代。[22]

“美国希望我们理解暴力对抗西方的恐怖主义的罪恶行径，我们的确理解，”坎鲍尔在接受《纽约时报》独家专访时说，“但我们也希望美国要平等地考虑带给这里的饥饿和贫困的威胁。你们的补贴金正在援助和助长着这种威胁，它也是另一种形式的恐怖主义。如果我们不能卖掉棉花，我们就会死掉。”[23]这话并不夸张。发达国家的农业补贴金项目正在使布基纳法索和许多其他国家的人死去。

说起农业补贴，美国并不是首开先例。自从2003年起，欧洲每年划拨490亿美元作为农业补贴。[24]这种过高补贴的传统开始于20世纪60年代，当时欧洲制定的正常公共农业政策，目的在于奖励从事农业工作的农民。因为欧洲依据农作物的数量和类型来补助农民，因此欧洲农民没有任何积极性去遵守供需平衡这个基本的经济原则，他们的政府告诉他们，只要多生产粮食就会给他们更多的钱，可想而知，一直那样做的话，会使那些无力和他们竞争的贫困国家的对手濒临破产甚至死亡的威胁。

在20世纪后期，发展中国家在富裕国家承诺和平繁荣的诱导下，强烈要求在国际市场上扮演角色，他们加入世界贸易组织（WTO），签订全球自由贸易协定。还签订了为谋求非洲发展的《新经济伙伴协定》（*New Economic Partnership*）和《北美自由贸易协定》（*North American Free Trade Agreement*）。在这一时期，发达国家和发展中国家都需要降低关税、配额和补贴，以在全球经济活动中获得快速的回报。但这种让步刚启动不久，西方世界的保护主义政策仍然保持原来状态，在一些情况下，甚至更为嚣张。结果，全球经济增长停滞不前。对许多贫困国家来说，全球化的承诺并未实现。根据调查公司全球的数据，2000年出口占全球经济活动的20%，但在2003年却下降到18.8%。[25]自从1995年加入

WTO后，菲律宾已经失去了成千上万个农业工作机会，由适度过剩变为赤字。菲律宾前总统菲德尔·拉莫斯(Fidel Ramos)在20世纪90年代中期曾强烈支持国家进入世界市场，现在他却以"隐蔽的农业补贴和其他把戏"来谴责富裕国家使菲律宾农民蒙受损失。[26]"每个人都在质疑全球化，"阿根廷前任中央银行行长贾维尔·冈萨雷斯·弗拉加(Javier Gonzalez Fraga)在2003年中接受《纽约时报》访问时说，"真正的商圈是这样的：我们从工业化国家进口上等商品，他们购买我们的农产品，但这从未发生过。"[27]

如果发展中国家想摆脱贫困，那他们必须被给予同发达国家相同的权利，包括在世界出口市场上竞争的权利。这只能在美国和其他国家终止农业补贴的情况下才能实现，因为只有这样才能让商品价格回到其真实的水平。货币基金组织(IMF)估计如果取消发达国家农业贸易壁垒和补贴，将会使全球福利提高达到1 200亿美元。如果非洲能仅仅增加1%的世界出口份额，每年就会多收入700亿美元，这个数字是整个非洲接受援助和减轻债务总量的5倍。[28]

在21世纪初期，发达国家的领导人大张旗鼓地声称他们致力于对世界最贫困国家的援助，以布什总统在非洲的150亿美元艾滋病防治援助作为开端。减轻世界范围内的贫困和疾病的做法是应该得到赞赏的，但重要的是要根本消除那些在世界范围内维持甚至加剧苦难的补贴金项目，而且要在发达国家永久地从联邦预算中取消农业补贴。之前，他们不应该被认为在对抗贫困的战争中有高尚的道德。

西方领导者愿意去减轻危机还是让危机恶化，使其成为一个可预见的危机吗？西方领导者是学会信任市场，还是仅仅等着下一次非洲饥荒而将其归咎于缺少雨水？西方领导者是主动停止对渔业的补贴，还是持续下去直到渔业资源枯竭？补贴金这样的可预见的危机是显而易见的，可我们的领导人却没有努力达到国际间的一致同意来阻止危机。

一些很小的但前途有望的迹象表明，当今的趋势已转变为反对农业补贴。美国副总统迪克·切尼在2003年2月努力劝说国会共和党人放弃了31亿美元的新农业补贴计划，即可以被认为是减轻不幸。参议员打算在先前的两年内为生活在被指定为灾区的农民提高42%的补贴，不管农民是因干旱还是因洪水蒙受损失。[29]在切尼的坚持下，法案被修改为参照遭受的相关损失而进行援助，补偿款来自现有的农业补贴。切尼的干预与和美国之间达成的谈判是相一致的。在谈判中，双方和其贸易合作者达成一致意见，共同减少补贴，直到最后取消农业补贴。

在2003年7月，欧盟采取微小的补贴来改革其农业补贴政策，欧洲的农民不再凭过剩生产粮食来得到大量的补贴款。对最大的农场进行补贴将通过“乡村发展计划”来进行，并且环境标准将成为是否补贴的考虑因素。[30]这些改革没有谈及出口补贴，也没有减少欧盟农业补贴的总额。但他们确实对不断进行的全球关于农业补贴的对话作出了贡献。

在2001年底，世界贸易组织开始在卡塔尔的多哈进行多边自由贸易谈判，并在“发展回合”里按计划把焦点集中在对贫困国家的关注上。2003年8月，在世界贸易组织于9月在坎昆举行有关补贴的谈判之前，美国和欧盟同意同时减少对其农民的保护，尽管他们没有设置具体目标或削减补贴的最后期限。[31]有趣的是，一些大的美国农业团体，比如美国黄豆协会支持此项改革。为了回应发达国家的争论，他们认为取消补贴将有利于参与全球贸易的各方，包括美国农民。里克·托曼(Rich Tolman)是国家玉米种植协会首席行政官，他在对《纽约时报》采访时说道："我们说让每个国家生产他们最好的产品，而不是受另外一个政府财富多少的影响。"[32]

在《纽约时报》的社论中，布基纳法索和马里的元首总结道："我们的要求非常简单，实行自由贸易规则，这不但对那些富有的、强大的国家的产品有利，而且对贫穷国家的产品来说也有已被证明了的、相对的优势。我们知道世界不会忽视我们对公平的竞赛场地的请求。[33]这些发达国家的领导人是否对请求作出回应仍将拭目以待。"

全球变暖

最大最危险的可预见的危机同样是一个政治问题，一贯被布什政府所规避，这个问题也是先前政府所回避的，即全球变暖问题。纵观这个问题，我们需要提供一些关于地球的基本事实。

太阳的能量以可见光线、红外线、紫外线及其他形式的辐射如无线电波、X射线到达地球。[34]地球因辐射而变热，转而又释放能量，主要是红外线，地球的大气层吸收了大量的红外线。在这一过程中，地球表面升温。在18世纪，物理学家、数学家约瑟·傅立叶（Joseph Fourier）把这种现象称为“温室效应”，因为温室同样也吸收热量，阻挡冷空气。[35]出于温室效应的缘故，地球比没有任何大气时温度升高了58华氏度，正如我们所知，温暖的环境对生命来说是不可缺少的。

化石燃料如煤、石油、天然气主要由碳和氢构成。当这些燃料燃烧时，便与氧结合，在这过程中，氢转换成水蒸气，碳变为二氧化碳。因为这两种自然存在的大气气体能吸收红外线的热量，因此它们被称为温室气体。

作为地球上的能量，碳既不能被产生也不能被消灭，它只是从一个地方转移到另一个地方，除了以碳酸盐形式存在，如石灰石，碳可以在四个领域找到，我们可以把它看做以“单位”形式存在。第一，它是所有生命的组成部分，我们可以把它看做所有地球上植物、动物生命的一个单位，它也是水生植物、动物生命的单位。第二，在地球大气里，碳以二氧化碳的形式存在，包含了相当于70个单位的碳。第三，800多个单位的碳以化石燃料的形式存贮在地下的物质大部分是煤，但也有天然气和石油。最后，另外4 000个单位的碳溶解在海洋里。[36]

当我们燃烧化石燃料来取暖、驾车或发电时，我们也把碳释放到空气里。一个复杂的循环，最后把碳以碳酸钙的形式（主要是浮游生物及软体动物的壳），再次进入地表，永久地存在于海底。当我们排放越来越多的CO_2到大气里时，CO_2慢慢地越积越多。20世纪50年代，研究人员第一次测量其浓度时，它是达到大约 250ppm，现在其浓度是 350ppm。CO_2浓度的升高增加了大气吸收红外线的能力，这样也使平均温度提高了。

全球变暖问题首先在 20 世纪 30 年代人类解释温暖期延长的时候，通过媒体被大众所关注。当时可以断定的是，当温暖的日子结束时，人们对此兴趣也减少了。今天，我们的领导人广泛接受全球变暖是一个真正的威胁，然而他们却忽视这个问题。许多国际科学小组，包括关于气候变化的政府间小组及联合国环境规划署，已经在研究并得出结论，认为全球变暖的影响是消极的，它的负面效应将在 21 世纪变得明显。[37]尽管全球变暖的威胁不断增长的科学证据不断增多，可我们的领导人却拒绝采取任何明确的行动来减少温室气体的排放。用于减少 CO_2 排放量水平的可观花费会在短期内削弱经济的增长。结果，人们只是强烈地希望保持现状，而不过多考虑未来。

缺乏对存在问题的了解很可能导致花费比预防灾难要多得多的钱。1997 年《京都议定书》成为一个里程碑，标志着国际社会一致同意在未来 5 年里防止 CO_2 排放水平翻一番，并且使温室气体的排放量在 2000 年回到其 1990 年的水平。但由于美国拒绝批准这个排放标准，使议定内容失效。全球变暖的明显后果即将到来。

遗憾的是，科学家不能在有关全球变暖的几个主要方面作出可靠的预测。利用电脑模型来监测全球气候是不可靠的，并且妨碍可靠的定量预测。即将发生的变暖的幅度无法确切知晓，变暖对环境影响的速度也不能确定。我们只知道全球变暖问题不能自行解决。到2050年，如果仍以现在的速度消耗化石燃料，那么大气中CO_2的总量将是工业化以前的两倍。全球变暖对海平面和气候类型的影响将会显著改变一些地区的气候。全球变暖将会使冰川消融，海平面上升，将会给沿海地区和低地势国家（比如孟加拉）带来潜在的灾难性的后果。一些岛屿和海岸地区将不能住人，必须修筑堤坝来保护城市和农田。一些人被迫迁移，另一些人不得不重建农业体系。现今的预测提醒我们，体系的改变会阻碍粮食的生产。目前，农作物的分布和产量勉强跟上人口的增长的需求，而全球变暖会颠覆这种平衡。因为农作物适应移植的能力有限，全球变暖将最终导致植物和森林的减少。

即使目前减少温室气体的排放会产生有利的影响。例如更加节能的解决方案会帮助避免未来重大的损失，减少越来越多的全球变暖造成的破坏性影响。但这种行为会使纳税人遭受重大损失。《京都议定书》每年使全世界损失（以1990年美元的货币价值计算）530亿美元。[38]此外，处于工业化进程的国家例如印度，如果减少对化石燃料的依赖，他们会在经济上遭受重大损失。

任何支持为抵制全球变暖所采取措施的被选任的官员，以为他的大部分选民会在支付实际费用时而横加阻碍。结果是，我们的领导人不情愿通过迫使企业和个人改变消耗燃料的方式来改变现状。普通百姓有对未来打折扣和避免任何损失，甚至是不愿有小小的不便的天性，这种天性也会妨碍人们接受明智的权衡之举——为避免将来更大的灾难而现在仅需支付小数额费用。

除此之外,怠慢的偏见促使人们全神贯注于自己的行为来避免损害,同时忽视因怠慢而带来的损害。[39]公民和政府官员都否认由于他们忽略问题而加剧全球变暖的责任,也会以自己正在改变能源消耗的习惯来为自己开脱。

最后,某些集团会从不作为的怠慢中获利,名义上公司为了减少使用化石燃料而不得不放弃一些利益,相应的这些利益集团仅仅为了自己的利益而去游说那些官员不要采取预防全球变暖的措施。正是他们的努力,有效地妨碍了重要的政治团体和有影响力的媒体的变革,比如国会放弃建立有意义和有效的改革。令人悲哀的是立法者经常反对大多数选民有利的议案,而不愿冒特殊利益集团激烈反对的风险。

全球变暖问题让我们看到了在活动中可预见危机的全部要素。遗憾的是,社会普遍忽视这个可能意义最重大和最具潜在破坏性的可预见的危机。我们的领导人知道这个问题并意识到这必须被纠正,但出于认识上和政治上的因素,他们还是放弃了。如果不控制温室气体的排放,那它们所带来的威胁只会与日俱增。一直为避免支付预防费用,我们只会积累未来巨大的、无法逃避的债务,"危机"到最后很可能成为超乎领导人想象力的灾难。当灾难开始出现时,依照他们的话,我们就可以否定他们提出的任何推卸责任造成如此严重问题的理由。

忽视未来的财政职责：引人瞩目的医疗费和退休金承诺

绝大多数人认为我们应该为老年人在财政方面做好准备。我们知道应为退休而储蓄，这样到老的时候就可以付自己的健康保障账单而不是把负担增加到孩子身上。遗憾的是，美国政府并没有领会这个基本的逻辑。当生育高峰的一代人达到退休年龄时，政府将会面临不断增长的健康保障开销，而不断下降的支付能力的情况，因为政府在这些年应该为激增的人口储蓄退休金，但退休金发生了赤字。[40]在这一部分，我们讨论美国政府忽略未来的财政责任如此之严重，导致较大的灾难变得无法避免。从这个角度上说，我们认为有太多的公司，正以美国公司为榜样，同时我们也看到在日益老龄化的欧洲正在上演相似的悲剧。

再过25～50年，美国的医疗费不但会增加，而且会爆炸性增长。大量的经济和人口统计的研究反映出65岁老年人口所占的百分比有了显著的提高。到21世纪中叶，美国人口的比例还会增加。[41]2025年美国全国将有和1990年佛罗里达州一样高的老年人（超过65岁）百分比。[42]

美国日益增长的对生命延长的期望可以大部分归因于近几十年的令人称奇的医学发现，新发现的持续涌现提高了我们生命的质量和数量。一些过去被宣判为死刑的疾病，现在可以被治疗和治愈。同时，另外一些致命性疾病已成为慢性的，需要更多的医疗费用和不断的治疗。但这些珍贵的

“超额”的几年生命却来之不易，花费高昂。而取得医疗突破的公司期望他们那些疗效甚佳的药物和医疗器械能有所回报。实际上，美国普通公民生命期延长（通常是生命期足够长而染上不止一种主要疾病），并且常得那种需要一再地与健康救护系统打交道的疾病，而这种交道通常需要日益昂贵的技术支持。在疗养院住院的老人人数预计从 1980 年的 130 万增长到 2040 年的 500 万。在 1988 年到 2018 年间，疗养院费用也从 330 亿美元增加至 990 亿美元。[43] 在 1997 年，总统克林顿的经济顾问委员会估计出了老龄人口的负担的情况，如养老医疗保险制度和国民医疗补贴制度的现状。图 10－1 提供了经济顾问委员会的估计。[44]

图 10－1　美国联邦支出增长情况

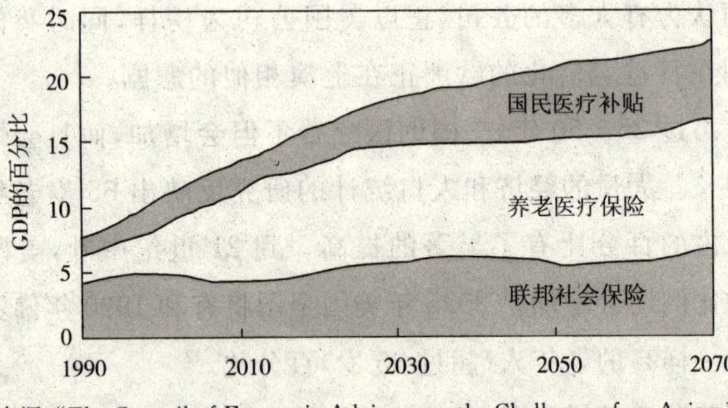

资料来源：“The Council of Economic Advisors on the Challenge of an Aging Population,” *Population Development Review* 23, no. 2(June 1997): 443－451。

克林顿的经济顾问委员会认为在 1992 年医疗费用持续增长的同时，退休者将是工人比率的 2 倍。现在我们退休者和工人的比率是2:10，到2030年，比率几乎是4:10。克林顿总统的经济顾问委员会认为，在1997年当大部分在生育高峰出生的人到达退休年龄时，联邦社会保险、养老医疗保险和国民医疗补贴的费用将显著增长。[45]1997年，这几项主要社会项目的总支出占GDP的不到9%，这一比例预计将在2050年上升到19%，在2070年将是22%。[46]在近几十年里，联邦收入大约是GDP的18%左右，这样的话，除非进行改革，否则这三项主要的项目将花光2050年时联邦政府的所有收入，以后还要超出总收入。如果政府打算继续花钱在教育、国防和其他大众项目上，那么将不得不显著提高税收，这将导致巨大的财政赤字，这对经济增长将会产生不利的影响，并且对未来一代人有不断的负面影响。

美国政府已充分注意到当生育高峰的一代进入老龄化阶段时，他们将对联邦资源形成空前的压力。我们可能会期待领导人承认这个不断增长的问题，并且致力于筹集更多的基金以备将来的花费。但到2003年时，国家已经跌进令人震惊的赤字水平之中。1998年到2001年间连续4年的财政盈余使国家得到喘息，无党派的国会预算办公室(CBO)报告，自从20世纪70年代早期以来，联邦财政一直是赤字，联邦负债由1980年的7 120亿美元，占GDP的26.1%到2002年的35 400亿美元，占GDP的34.3%(赤字是一年期的数字，揭示了政府支出大于收入的程度，而负债是政府拥有的，主要是对债券所有者的债务总量)。

这个坏消息被预计呈指数般地进一步恶化。在2003年7月,白宫管理和预算办公室预测联邦负债将由2003年的6.7万亿美元、占GDP的62.8%,持续增长为2008年的9.4万亿美元、占GDP的68.3%。[47]这一持续增加的负债主要是在乔治·W.布什执政时期财政赤字造成的。2003年8月CBO估计,在接下来的10年内,联邦赤字将达到5万亿美元。这一预测恰好与布什白宫自身在2003年所预测的:2004年预算赤字将达到峰值4 750亿美元,并且在接下来的几年内显著回落的情况相反。CBO的保守预计是基于布什和国会共和党员支持的三个项目的花费,当然民主党也支持后两个项目。(1)如果使2001和2003年减税成为永久性的,10年将会减少1.5万亿美元。(2)规定一项新的为年长的公民提供4 000亿美元处方药。(3)修改有选择余地的最低税率,当成千上万的纳税人的收入随通货膨胀而增加时,使其能提高税收,对政府来说有4 000亿美元的额外支出。[48]

布什政府的2001和2003年的减税政策将会显著恶化美国老龄人口的处境,同时使年轻的一代背上联邦债务的重担,迫使年轻的一代为生育高峰的那代人提供资金。根据非营利组织市民税收公平联盟(CTJ)做的模拟报告。布什的2003减税计划在这10年里总量为6 740亿美元,比先前的2001减税计划提高了50%还要多。在2003年1月,CTJ发表了关于对布什2003减税计划的范围及其分布影响的研究。其分布和影响见图10-2。[49]

图 10－2　2003 年布什政府减税计划效果的详细情况

收入群	收入范围(美元)	平均收入(美元)	平均减税项目				减税份额			
			儿童抵减额(美元)	股息免税(美元)	比率下调及其他(美元)	合计(美元)	儿童抵减额(%)	股息免税(%)	比率下调及其他(%)	合计(%)
最低的 20%	少于 16 000	9 000	－1	－1	－4	－6	0.1	0.1	0.2	0.1
较低的 20%	16 000～29 000	22 000	－51	－7	－10	－19	7.8	0.6	1.4	2.1
中等的 20%	29 000～46 000	35 000	－144	－27	－118	－209	22.1	2.3	4.2	6.2
第四等的 20%	46 000～77 000	59 000	－252	－83	－323	－667	38.6	7.0	11.5	14.2
第三等的 15%	77 000～154 000	103 000	－263	－288	－1 291	－1 841	30.2	18.4	34.4	29.7
第二等的 4%	154 000～374 000	217 000	－35	－1 332	－2 157	－3 524	1.1	22.7	15.3	15.2
最高的 1%	374 000 或更多	1 082 000	－1	－11 483	－18 643	－30 127	0.0	48.9	33.1	32.4
合计		69 100	－130	－233	－559	－922	100	100	100	100
附录										
最低的 60%	少于 46 000	22 000	－65	－12	－54	－131	30.0	3.0	5.8	8.5
最高的 10%	104 000 或更高	259 000	－125	－1 884	－3 568	－5 578	9.7	80.2	63.3	60.1

资料来源："The Council of Economic Advisors on the Challenge of an Aging Population", *Population Development Review* 23, no.2 (June 1997)：443-451。

CTJ的结果令人吃惊，当（如果）布什2001减税计划被贯彻实施的时候，增加的减税总额为9 170亿美元中的52%将会保存在占人口1%的最富有的人的口袋里，那些人被预计到2010年平均收入将达到150万美元。[50]仅仅在那一年里，这个精英集团的成员每人的税收将直接下降，获得8.5万美元的减税。在10年的减税期间，他们每人获得平均有342 000美元的减税，共计增加4 770亿美元。这种分布上的扭曲将会因布什2003减税计划变得更加严重，尽管在一定程度上也降低了工人家庭的税赋，但这些计划减轻的税收的60%将流向占美国纳税人口的10%的最富有的人的手中。

2003年2月，450名最知名的经济学家，包括9名诺贝尔奖获得者签署了一项反对“减税刺激经济发展”的声明书。[51]他们坚持认为减税不能刺激短期工作机会的产生，而短期工作有助于减轻21世纪初美国一直持续的经济不景气。这些专家认为减税计划不能使经济从萧条期恢复，而只是重塑了税收体制。因此，布什的计划不能有效地处理“生产能力过剩、公司丑闻，不确定性已经而且将拖累经济的增长”。[52]经济学家们强调布什的减税计划通过增加计划中惯性赤字，必将恶化国家长期预算的前景，由此危及政府资助公益项目，比如会危及到国民医疗补贴、养老医疗保险和社会保险等方面。

根据布什政府的2003计划，美国健康支出总额由2002年的1 950亿美元上升到2008年的3 340亿美元，国民医疗补贴的支出由2002年的2 300亿美元上升到2008年的3 390亿美元，社会保证金的支出由2002年的4 560亿美元上升到2008年的5 910亿美元。[53]健康保险的支出不断上升、但国家可负担这些支出的能力下降的事实不容忽视。布什政府预期老龄人口及与其相联系的医疗支出的负担将会大增，但政府却不努力去减轻这个问题，而是通过增加联邦赤字来加速和扩大这种危机，最终使政府深深陷入联邦债务的泥潭之中。当联邦政府没有履行对公民的义务，或者通过消费资源的手段来履行这些职责，却破坏了经济增长，而不是花钱来追求真正的经济增长，这样巨大的可预见的危机即将来临。

任何私人金融顾问会建议面临将来有重大支出的个人或家庭，例如有抵押贷款或者要交大学学费的家庭，应该尽早削减不必要的支出，并且开始储蓄存款。的确，2003年8月，联邦储备委员会和财政部勾画出一个五步计划，来帮助大量的破产者和负债累累的消费者更好地管理他们的信用。这些建议包括建立存款、偿还债务、了解个人的信用历史。在接受《芝加哥论坛报》(*Chicago Tribune*)的采访时，预算专家指出：布什政府官员建议公民明智地管理财务是颇具讽刺意味的。关于政府建议“建立存款来避免高额债务及改善支付方式”等方面，反赤字团体联盟(Concord Coalition)的执行董事罗伯特·比克斯比(Robert Bixby)主张平衡预算，他说：“政府正在使其建议归于失败，他正在做相反的事情。”[54]

利昂·帕内塔(Leon Panetta),前联邦预算主席和克林顿政府的主要工作人员同意刚才的观点,并说:"很明显地,他们现在没有建立存款,他们正在借款来付账单。"[55]国际货币基金组织指出:布什减税计划是加重赤字的原因之一,"它将更难处理生育高峰一代的老龄化的问题,将最终破坏投资并阻碍美国生产力的提高。"[56]

根据这些专家所言,政府为了将来的财政职责作准备,就应该非常谨慎地开始偿还债务。然而,布什政府却采取一个又一个的减税计划,其理由似乎更多是建立在短期内取悦选民的基础上,而不是建立在正确的经济原则上。通过这样做,我们的领导者在国民中造成这样一个乐观的错觉:我们能有自己的蛋糕,然后可以吃掉它。我们现在就能看到减税,而且在余生就可以得到在此名目下的公平的分配,这种想法是一种幻想。这个体系会崩溃,在这个过程中,许多人都将受到损害,我们会给未来几代人留下惊人数量的债务。而我们也不能从先前领导人那里获益。但是这些损失将在我们目前的领导人任期结束很久以后才会出现,因此他们认为忽视隐约出现的可预见的危机,更符合他们短期的政治利益的需要。

不断增加的健康医疗支出加重年轻一代的负担,并把政府置身于金融危机之中的现象对美国来说并不稀奇。就世界范围而言,生命周期在过去50年大大延长,并比过去的5000年延长的还要多。[57]与此同时,全球人口平均出生率下降。从1972年平均每个妇女生5个婴儿下降到2002年的平均每个妇女生 2.5 个婴儿。在当今的发达国家如美国、日本等国，每 7 个人中就有一个是老年人(65~65 岁以上)，到 2030 年，4 个人中就有一个是老人，很可能是 3 个人中便有一个老年人。[58]这种趋势将给正值工作年龄的人以不可预见的负担。

尤其是欧洲正处于老龄化阶段，不仅它的城市变得更古老，而且它的人口也在老龄化。今天的欧洲，人的平均年龄是 38 岁，到 2050 年，根据预计的人口出生率，欧洲的平均年龄将是 52.3 岁。与之对应的美国，平均年龄是 35.4 岁。[59]低人口出生率加速了欧洲的人口迅速老龄化。[60]为了保持惯常的人口水平，要让每个妇女平均生 2.1 个孩子这样最低的出生率是必要的。但欧洲一些国家的人口出生率却远远低于这个数字，德国平均只有 1.3，意大利平均只有 1.2。引人注意的是现在美国的人口出生率是 2。

欧洲人口下降的结果使得 21 世纪 20 年代的工人的总数将会开始锐减。由于这个重大转变，与美国、中国、印度、拉美国家相比，欧洲的政治、经济实力将会下降。许多欧洲国家以养老金和健康保险等形式向退休者履行义务的压力，比美国面临生育高峰一代的退休问题的危机还要大。[61]欧盟产生的财政威胁非常致命，可能会使其重要的实力破产。欧洲同美国一样，健康保险和养老金绝大部分建立在“缴税就能受益”的原则之上。在这种经济条件下，缴税工人的人数与接受利益的退休人员的人数比例至关重要。在每一个欧盟成员国中，除了爱尔兰以外，在职工人与退休工人的比值正显著减小。[62]今天大部分发达国家在职工人与退休工人的比大致为3:1,到2025年,多数欧洲国家不到两个在职工人将养活一个退休者,在德国和意大利这个比预计降至1:1。到2030年时甚至更少。数目在逐步下降的年轻人将担负养老金,以养活为数众多且有相对较长退休期的人(只有39%的年龄为60~65的欧洲人还在工作)。[63]

德国短期(unfunded)的养老金已超过GDP的100%。法国和意大利则更糟糕,短期的养老金已超过GDP的200%。[64]保守估计,在绝大多数的发达国家里,在未来的30年里,在公众养老金上的花费将增长到GDP的4%~6%,当把健康保险金计算在内时,将会增长9%~15%。[65]最重要的是面临紧迫的危机,欧洲通过传统勒紧腰带的方法,譬如增税、削减支出、借贷更多的资金的方法,已不能有效地对抗危机。的确,在绝大多数的欧洲国家里突出的老年人的福利支出可以很成功地挤走所有其他的政府支出。为了兑现目前的福利承诺,欧洲收入税已经占支付薪水总额的40%,并将在2030年之前再提升25%~35%。在2030年之前,德国的薪水总额将超出50%,仅养老金这一项就超出25%。在意大利,2030年前照顾老人的花费将占一个工人所有支出的近70%。到2030年,政府借贷用来资助日益增多的健康保险金和养老金的支出,将用尽发达国家的所有存款,没有剩下任何存款为私人投资。自然,全球资本市场不可能支持这种计划。

在我们这个人口过剩、环境脆弱的世界里,生态学家、医生和社会学家支持欧洲日趋下降的人口出生率。他们注意到，这种趋势可以归因为欧洲的繁荣，这可以部分地反映在为妇女提供很广阔的职业和良好的生育选择上。虽然这种趋势有其自身的好处，在短期内对个人和家庭以及在长时期对生态系统都有好处，但它也对欧洲社会产生意想不到的负面后果（尽管不能指责）。如果欧洲想持续繁荣下去，就必须对其人口困境提出解决方案，以免让其公民发现他们被剥夺享有健康保险的权利，并且发现他们生活的社会正逐渐衰败的事实。欧洲国家面临一个不容他们忽略的可预见的危机。

最明显的解决方法应该是放松移居入境的限制，由此来增加纳税人的数量。实际上，移民已经在目前欧洲人口的发展中扮演着重要的角色。自从 1989 年以来，移民已经是欧盟每年人口变化的重要组成部分。2000 年的净欧洲人口移居率占总人口增长数的 65%。[66]很明显，某些欧盟成员国的人口，即德国、意大利、希腊和瑞典应该全是负的移民率，没有正的净移居率。

尽管迫于宏观经济的需要，欧盟需要移民入境。但在欧洲国家，绝大多数的政策重点在于防止移民入境和限制移民数量上，欧洲国家利益相关者感觉到移民的成本大于收益，[67]那些反对放宽移民政策的人认为移居入境者侵占当地人的就业机会，他们“不能很好地与社会其他群体融合”（一个委婉的说法，认为移民会增加犯罪率）。相反地，成功勤奋工作的移民对其迁出国来说是一种“人才流失”，但这些论述大部分都不能使人信服，因为就其经济和文化贡献而言，许多移民者为其祖国和欧洲各国都作出了贡献。[68]

在移民问题上的态度不同，能决定政客们的职业生涯稳固与否。所以关于移民的争论还主要停留在目光短浅的民族主义阶段上。日趋老龄化的欧洲面临的问题是严重的泛欧洲主义。由于在其成员国内，劳动力和资金的自由流动，欧盟隐现的人口危机被正常的水平所掩盖。欧洲移民政策表明了一种典型的大众悲剧：政策制定者出于移民能建立也可能破坏政府的动机，从国家本位的角度来看待移民。尽管官员们知道如果用增加移民的方法来对抗老龄化社会这个可预见的危机，欧盟作为一个整体应该变得更好，欧洲必须选择大幅度提高移民的数量，并接受由于其老龄化问题而使经济衰退和被排挤在世界事务之外的现实。

短视的、自私的财政政策不仅遍及政府，而且流行于各种各样的组织和公司中。20 世纪 80 年代的存贷危机就是由狡猾的高管们造成的，并得到为寻求抚慰这个有影响力的特殊利益集团的国会成员的援助和煽动（见第六章）。许多在第三章引证的金融丑闻，都是建立在只能暂时隐藏的坏消息之上。这些会计制度上的诡计会被揭露出来，但由于体系还没有完全被整改，所以我们料想这些诡计会在将来其他的公司里得逞。同样地，许多美国公司已经在寻找让长期养老金的赤字减少的方法，这样做是为了鼓舞短期投资的士气。[69]联邦政府竭尽所能去忽略这些问题，以避免许多选举活动中最大的捐赠者发现此问题成为长久性的问题。当退休者发现他们被承诺的养老金被剥夺的时候，这个可预见的危机便会出现。

在另外一个阵线前，公司在相当长时间里的金融报告书中，为了突出盈余，尽量回避股票期权政策。期权提供给雇员以目前的价格购买公司股票的机会。一些公司把这种期权作为报酬的一部分给雇员或其他核心执行层，并且这些公司已经成功地影响了会计制度，以至于到行权日，雇主和雇员都不需要知道期权费用，这就为雇员进行了一个课税延期。另外，忽略这项费用，使公司的金融状况看起来比实际要好。反对期权的人们认为，因为没有人知道在将来，这些股票值多少钱，所以不能订购股票，但期权是可以自由交易的，可以根据金融计算来评估它们的价值。这样的会计程序使公司在短期内看起来较好，但最终，可预见的危机会出现。透明且诚实的会计制度再一次地被破坏了。

对退休人员和美国经济的整体来说，把焦点仅限于短期的利益，这使得我们的政府和太多的公司正在制造可预见的危机。我们必须现在就采取措施改正错误，如果我们等到灾难已经明显的时候，那就为时过晚了。

等航空里程积分变得一文不值的时候

2001年“9·11”事件之后，美国航空业面临着严重的财政危机。许多人有一段时间不敢坐飞机，有些人直到现在也不敢。伴随着20世纪90年代，经济繁荣过后，商务机的数量显著下降。“9·11”事件后，航空公司损失了数十亿美元。美联航和美国航空公司申请了破产保护，许多其他航空公司继续挣扎着过活。我们期待着大多数的美国主要航空公司调整后继续生存下去。最终，另一个危机来袭，那就是航空公司以航空里程积分的形式欠下顾客们数十亿美元的债务。

本书中大多数的例子是关于政府和大众公司的失败。我们的选择部分是建立在可得到数据的基础上，部分是想给那些已经知道一些情况的读者们提供一些生动的事例。很早以前，我们认为可预见的危机将在大多数的公司出现。可是，我们无权公开宣布那些个人讨论的可预见的危机。因而，那些将来公司的可预见的危机与政府的危机相比有些被低估了。但是，在某些情况下，有关将来公司可预见的危机的信息可以在公共消息来源中找到。航空公司的"常客计划"就是属于将来要爆发的例子。

1981年，美洲航空公司在其航空业的历史上，采用了最具创新性的市场计划。这个计划规定，乘客可以以他所搭乘航班的公里数来赚取积分，并兑换旅行奖励。从一个缺乏远见的观点来看，这似乎是一个杰出的市场策略。这个主意给乘客一个独特的理由去选择美洲航空公司。但从长远的经济的观点来看，由它产生的可预见的危机注定要爆发。

跟随美洲航空公司的大旗，美国其他主要的航空公司急忙建立自己的"常客计划"。很快，他们就开始为那些登机频率最高的乘客提供双倍公里积分的奖励，通过乘坐里程的长短为旅店服务、租车、使用信用卡等奖励。利益的扩张需要在业内保持一定的竞争性，这就导致了巨大的负债。到1987年，据业内分析家估计，航空公司欠下其乘客的价值达到15亿～30亿美元的免费航程。

这个计划的结构让乘客有动力成为联合航空公司和美洲航空公司(航班飞往最多城市)的常客。美洲和联合航空公司的常客计划不断使长期债务攀升,它们用市场份额中少量的赢利在短期内偿还债务。鉴于美联航和美洲航空公司夺取了战场,达美航空公司在 1987 年 12 月 15 日宣布,所有向美国运通公司订票的乘客会获得在 1988 年全年航行公里的 3 倍积分。达美航空公司设想乘客们会为了他们 3 倍的里程数,转而忠诚达美。然而,达美却未能预测到,所有的主要的航空公司都宣布他们也提供 3 倍积分奖励,同时还有其他一些新的奖励。

在常客计划不断升级的竞争持续进行的同时,航空公司的债务显著提高。据估计,在 1990 年时,已高达 120 亿美元,[70]早在 1988 年,马克·莱西克(Mark Lacek)时任西北航空公司商务旅行市场部主管,他后悔提高里程积分的升级竞争,说:"那是自杀性的市场营销,非理性的愚蠢行为。"[71]大约同一时间,《财富》杂志也报道:"在年度市场驱动运行的资料中,导致危机重重的败笔,没有能比得上航空公司疯狂流行的常客计划"。[72]即使再过上 15 年,问题仍会持续下去。

常客计划和我们在第四章和第五章讨论过的社会困境非常类似。每家航空公司都从颇具吸引力的常客计划中获得市场收益,当所有的航空公司都采用这个策略时,越来越多的乘客却用里程积分来换取飞机票而不是用现金来支付,这些航运系统需要许多营运费用,最重要的是,对顾客长期的义务是惊人的,其结果就是因为常客计划造成竞争,所有的航空公司情况集体恶化。在过去的25年里，航空公司不断升级的常客计划的竞争，使所有卷入其中的公司的情况恶化。

经过多年实践，航空公司已经成功地使乘客的里程积分越来越没有价值。他们在许多航线上提高所需的里程积分，降低提供给用里程积分抵机票的座位数量，创设“管制期”，在此期间不能用里程积分换取飞机票，并且采用大量的其他方法来降低里程积分的利用价值。尽管有以上的努力，但欠下顾客的债务仍然是巨大的，估计目前航空公司的债务总量是一个带有欺骗性的会计问题。其更具欺骗性的是航空公司通过声势浩大的运动支持政客们（甚至在航空公司的破产期），用来影响会计制度，以掩饰债务的真实数量。从最广泛的意义上说，可以把或有负债（会计学术语，这里指因里程积分欠下的债务）记录进档案的时机，需要和相应的原则联系起来。也就是说，债务（对应于收入上相应的缩减）应该与同一时期内的收益联系起来时才能记录下来。但多大数量的负债可以被记录在案？这可能是围绕着负债最大的争议了。

像许多的或有负债那样，由于主观性的原因，报告航空公司常客计划的负债情况就比较困难。因为有不同方法评估或有负债，航空公司对他们的负债也有不同想法，也没有确切的方法知道顾客们是否以及什么时候用里程积分。除此之外，也不清楚顾客们以什么形式来使用里程积分，除了可免费旅行外，还可以来兑换头等舱、商务舱的机票，还可以有其他用途，如住旅店、租车和消费商品。

我们可以肯定地说，常客计划有强大的市场。航空公司卖给旅馆、租车公司、信用卡公司里程积分，使他们可以分发给顾客。航空公司也向合适的公司派售里程积分。到2003年，每公里兑钱的比率已经降到1或2美分，用保守的1公里1美分的比率，当一个顾客在他的常客计划的账目上有25 000公里时，航空公司就欠下他250美元。但是由于我们早先说过的那些不确定的事情，这个兑换比率可能会被向下调整：不是所有的人都会兑换他的里程积分。另外，越来越多的乘客正利用他们的里程积分，创造超过1公里1美分的利润。

如此一来，大型航空公司怎样来解决没有兑换的里程积分的问题呢？首先，在个人达到25 000公里的积累之前，航空公司可以忽略里程积分(他们的做法好像是24 000公里的积累对你来说没有任何价值)。然后，当每一个25 000公里的积分没有兑换时，航空公司就有一份或有负债，也就是说，他们承认对未来使用这25 000里程积分的顾客来说，公司欠下他们一定数量的钱。到2003年时，达美、西北和美国航空公司的负债进入每张票值16美元到25美元的阶段，包括承保机票的费用和飞行餐饮的费用。[73]这些航空公司完全不考虑如果不存在里程积分，其公司需要用现金抵机票的可能性。这样，他们每25 000公里会卖到250美元到500美元，并且列出来的负债的数量也少于25美元。由于航空公司没有为其负债的价值提供一个说明，所以只能推断，航空公司正在隐瞒常客计划的债务。当我们保守估计每张票250美元,并接受航空公司忽略大量里程总数在2.5万公里以下的带有欺骗性的惯例时,美国五大航空公司(美洲、联合、达美、美西北和美国航空公司)欠下他们顾客超过100亿美元的债务。很明显,如果我们使用每张票500美元这个数字时,它们的债务总额超过200亿美元,但在这些公司的账面上只承认有不到25亿美元的债务,而他们将多达100亿美元的债务推到将来。到2003年8月12日为止,五大航空公司的所有股票总价值已跌破40亿美元。

最后,我们大多数决定兑换里程数。当我们那样做时,可预见的危机将会出现。航空公司将拖欠我们的债务并面临法律起诉,或者他们的财务会戏剧般地崩溃。与此同时,航空公司会积极采取疏通行动以在账面上隐藏真实的债务情况。如果在账面上列出真实的债务,可预见的危机会发生得更快。

我们和许多卷进里程积分计划的航空公司的CEO谈过。这些CEO很乐意说通过"常客计划"所带来的收益,比如消费者的忠诚度。他们也很为那些通过卖里程数给宾馆、租车公司和其他等等所产生的赢利能力感到自豪,但他们选择忽视的是顾客对其航空公司的忠诚,他们也倾向于对其顾客们越积越多的里程数所带来的日积月累、不断攀升的巨大债务视而不见。由于担心他们的错误行为会受到公正的评判,他们便忽略了有关常客计划的负面效应,造成了巨大的债务。和许多其他可预见的危机一样,这种非理性的动机使执行官不去确认他们的过失,也不考虑为将来制定一个更加合理的策略。最后，航空公司忘记了自己的使命，即为他们的股东赚取利润。相反，他们错误地把目标限定在打败其他的航空公司上。成为一系列破产公司中最好的公司并不是成功的策略。

很久以前，航空公司就应该缩减其"常客计划"的费用，竞争升级会使其他的竞争对手采取相应的措施，以利于消费者。美洲航空公司早就应该想到当它采用这个计划时，其他航空公司也会跟风而上；达美航空公司在宣布3倍里程奖励前就应该想到他的竞争对手也会采取相应的措施；所有的航空公司都应该考虑到如何去管理业内其他参与者的决策。然而，航空公司却采取了鼓励短期投资，以及用欺骗性的会计手段来掩盖他们将来的问题。这个策略在短期有效，但终究会使信用声名扫地。

我们的忠告：在他们倒闭之前，用光你的里程积分。

模糊的合约

作为管理学教授，我们教学生模拟谈判。在这些模拟中，几对参与者假定为相对立的角色并实施谈判。当双方回到教室，他们中的一个在黑板上写下谈判中取得的一致意见，经常是在那些一致意见刚写完，谈判的另一方高呼："那不是我们一致同意的！"这怎么可能是真的，这两方仅仅在10分钟前才达成的一致？在这样的案例里，谈判双方通常在一个含糊的合约里达成一个口头上的一致。然后，每一方对其含糊性进行推理。毫无疑问，这些推理都是为自我服务的：

双方都以自己的偏好来推断合约中的模糊性。

在职场中真正的谈判，通常是双方握手言和，第二天由律师补写谈判最终条款。通常，问题都会在这个阶段突然出现。商务人士经常说："律师破坏协定。"律师们反驳商务人士，说在他们真正取得一致之前有握手言和的奇怪倾向，之后向他们各自的律师却报告不同。只有当律师起草协定的时候，双方的差异才凸显出来。

合约性质上的不一致在谈判中是一个相当小且平常的可预见的危机。更大的问题是为什么那么多方同意的合约仍然以花费大量的律师费去参加仲裁听证会呢？是什么使阅读合约、履行条款变得如此复杂？

作者们有过和同一行业内的两家公司打交道的经历。两家都是有着优良声誉的知名公司，都有高额的利润，并且定期地被文章赞誉为国内两个最优秀的公司。他们也都雇用好的员工，但两家公司的雇员却相互憎恨。

为什么呢？答案在于糟糕的合约。

许多年前，当B公司是一个刚刚成立的小公司时，A公司给B公司投放了重要资金。作为回报，A公司可以有权"专项使用"B公司发明和改进的产品。

那种产品比任何人预想得都要好，出其不意地，这个含糊性条款"专项使用"值数十亿美元。

在最近的十年里，两家公司已经花费了3亿美元就A公司对产品的所有权打官司。几千个工作小时被浪费，两个好的公司最终彼此憎恨，而且在其他事业上合作的机会也丧失殆尽。

就像A公司和B公司，我们认为律师常常允许模糊性条款保留在合约中，而不愿面临一个可能危及交易的问题。但含糊是由谈判者自己开始的。所以，他们在法律行为上要为可预见的危机负主要责任。

谈判者应该在离开谈判桌前对他们取得的一致保持清醒。他们应该写下一系列法律上认可的没有歧义的条款，一点一点地仔细检查，而不是仅仅依靠握手。律师也应该问问他们自己或同事，一份合约在签署前怎样才可能会出现不同的解释。在前期，减少合约里的含糊性有助于消除覆行不力、双方争议，以及在后期出现的花费高昂的冲突。减少含糊性，将能防止合作中的许多未来可预见的危机。

结　论

我们在这一章讨论可预见的危机时，展望了未来。这不是一个神秘的过程，而是一个分析的过程。包括政府补贴、全球变暖、政府忽视未来的金融职责和航空公司“常客计划”。我们希望关于一直持续的和未来可预见危机的这些证据，能说服你去关心这些问题。更理想的是，我们希望你受到启发而参与到有关这些问题的大讨论中。如果你没有准备好，那就去支持那些有胆识对抗可预见危机的政治候选人，而不是将危害带给未来几代人的政治候选人。

正如你认识到的，社会可预见的危机是一件可能发生的事情。这本书将激发你去考虑自己组织中存在的可预见的危机。我们希望在本书第二部分关于认识上的、组织上的、政治上的对有效回应的羁绊的论述，将帮助你考虑为什么你的组织在过去忽视可预见的危机，以及在将来如何应对可预见的危机。我们希望在本书的第三部分在你应对可预见的危机时能提供更多的在认知上、优先级排序上、行为等方面的指导。我们希望书中章节能帮助你通过仔细分析发现可预见的危机，使其在爆发前被鉴别出来。

注　释

第一章

1. B. Fischhoff, "Hindsight Foresight: The Effect of Outcome Knowledge on Judgment under Uncertainty," *Journal of Experimental Psychology: Human Perception and Performance* 1(1975):288—299.

2. M. H. Bazerman, K. Morgan, and G. F. Loewenstein, "The Impossibility of Auditor Independence," *Sloan Management Review* (summer 1997):89—94.

第一部分

第二章

1. J. D. Peach, "Aviation Security: FAA Needs Preboard Passenger Screening Performance Standards," *Report to the Secretary of Transportation. Resources, Community, and Economic Development Division, U.S. General Accounting Office* (GAO/RCED-87-182, 1987); K. O.

Fultz, "Aviation Security: Development of New Security Technology Has Not Met Expectations," *Report to Congressional Requesters. Resources, Community, and Economic Development Division, United States General Accounting Office* (GAO/RCED-94-142, 1994); K. O. Fultz, "Aviation Security: Urgent Issues Need to Be Addressed," *Testimony Before the Subcommittee on Aviation, Committee on Transportation and Infrastructure, House of Representatives. Resources, Community, and Economic Development Division, U.S. General Accounting Office* (GAO/TRCED/NSIAD-96-251, 1996); G. L. Dillingham, "Aviation Security: Long-Standing Problems Impair Airport Screeners' Performance," *Report to Congressional Requesters. Resources, Community, and Economic Development Division, U. S. General Accounting Office* (GAO/RCED-00-75, 2000).

2. W. V. Robinson and G. Johnson, "Airlines Fought Security Changes: Despite Warnings, Companies Wanted to Avoid Delays," *Boston Globe*, 20 September 2001.

3. G. L. Dillingham, "Aviation Security: Vulnerabilities Still Exist in the Aviation Security System," *Testimony before the Subcommittee on Aviation, Committee on Commerce, Science and Transportation, U. S. Senate; Resources Community, and Economic Development Division, U. S. Government Accounting Office* (GAO/T-RCED/

AIMD-00-142,2000),4.

4. G. L. Dillingham, "Aviation Security: Terrorist Acts Demonstrate Urgent Need to Improve Security at the Nation's Airports," *Testimony before the Committee on Commerce, Science, and Transportation, U. S. Senate; U. S. General Accounting Office Report* (GAO-01-1162T, 2001).

5. "Deregulated Airlines, Banking, Electricity, Telephones, Cable TV," *Consumer Reports* (July 2002),30.

6. J. D. Peach, "Aviation Security: FAA Needs Preboard Passenger Screening Performance Standards."

7. 同上。

8. M. Schiavo, *Flying Blind, Flying Safe* (New York: Avon Books, 1997), 206.

9. 同上,204 页。

10. 同上,206 页。

11. "What is the ATA ?" Air Transport Association, 22 July 2002, 〈http://www. airlines. org〉(accessed 11 March 2004).

12. G. M. Gaul, J. V. Grimaldi, and J. Warrick, "How Terror Could Break Through; At the Airports: Risks to Security Detected, Debated for Many Years," *Washington Post*, 16 September 2001.

13. Fultz, "Aviation Security: Development of New Security Technology Has Not Met Expectations."

14. Robinson and Johnson, "Airlines Fought Security Changes."

15. Schiavo, *Flying Blind*, *Flying Safe*, 193—194.

16. 同上,194 页。

17. S. Fainaru, "Clues Pointed to Changing Terrorist Tactics," *Washington Post*, 19 May 2002.

18. 同上。

19. Federal Aviation Administration, Department of Transportation, *Proposed FAA Regulations on Security Profiling* (19 April 1999), 22.

20. Fultz, "Aviation Security: Urgent Issues Need to Be Addressed,"2.

21. Schiavo, *Flying Blind*, *Flying Safe*, 202.

22. "Lobbyist Spending: Airlines; 1997 data," Center for Responsive Politics, 〈http://www.opensecrets.org/Lobbyists/induscode.asp? code = T1100 & year = 1997 & txtSort = C〉(accessed 11 March 2004).

23. B. Yeoman and B. Hogan, "Airline Insecurity," *Mother Jones*, January/February 2002,45.

24. Robinson and Johnson, "Airlines Fought Security Changes."

25. C. Eisenberg, "A Surge of Donations: Airline's Gifts to DNC Debated," *Newsday*, 16 March 1997, A4.

26. C. Eisenberg, "Split on Aviation Safety Panel: No Consensus Yet on Bag-Match Plan," *Newsday*, 11 February

1997.

27. White House Commission on Aviation Safety and Security, *Final Report to President Clinton* (1997),5—6.

28. 同上,17 页。

29. Eisenberg, "Split on Aviation Safety Panel."

30. 同上。

31. C. Eisenberg, "Dissent within Aviation Panel," *Newsday*, 21 February 1997.

32. "Appendix A: Commissioner Cummock Dissent Letter, February 19,1997," White House Commission on Aviation Safety and Security, *Final Report to President Clinton* (1997).

33. C. Eisenberg, "Dissent within Aviation Panel."

34. Robinson and Johnson. "Airlines Fought Security Changes."

35. C. Eisenberg, "A Surge of Donations."

36. 同上。

37. 同上。

38. 同上。

39. Gaul, Grimaldi, and Warrick, "How Terror Could Break Through."

40. B. Adair, "Gore Cultivates Close Ties to Airlines," *St. Petersburg Times*, 4 October 1999.

41. 同上。

42. 同上。

43. J. Pasternak, "FAA, Airlines Stalled Major Security Plans," *Los Angeles Times*, 6 October 2001.

44. Fainaru, "Clues Pointed to Changing Terrorist Tactics."

45. 同上。

46. S. M. Hersh, "Missed Messages," *New Yorker*, 3 June 2002, 44.

47. Fainaru, "Clues Pointed to Changing Terrorist Tactics."

48. T. Rohrlich, "A Gap in Aviation Security," *Los Angeles Times*, 5 November 2001.

49. Schiavo, *Flying Blind, Flying Safe*, 293.

50. Pasternak, "FAA, Airlines Stalled Major Security Plans."

51. F. James, "Air Risks Remain, Experts Say," *Chicago Tribune*, 15 November 2001.

52. Rohrlich, "A Gap in Aviation Security."

53. 同上。

54. 同上。

55. D. Armstrong and J. Pereira, "To Some, Profiling 'Not a Dirty Word': Airlines Revamp Method to Spot Terrorists," *Denver Post*, 24 October 2001.

56. Pasternak, "FAA, Airlines Stalled Major Security Plans."

57. Gaul, Grimaldi, and Warrick, "How Terror

Could Break Through."

58. Peach, "Aviation Security: FAA Needs Preboard Passenger Screening Performance Standards."

59. Dillingham, "Aviation Security: Long-Standing Problems Impair Airport Screeners' Performance."

60. P. Eddy, "Security, What Security? How Airports Offered Terrorists an Open Door," *Sunday Times* (London), 16 September 2001.

61. Robinson and Johnson, "Airlines Fought Security Changes."

62. Eddy, "Security, What Security?"

63. L. Terrazzano and S. Adcock, "Balancing Security; Airlines: It's Government's Job," *Newsday*, 20 September 2001.

64. Pasternak, "FAA, Airlines Stalled Major Security Plans."

65. Yeoman and Hogan, "Airline Insecurity."

66. 同上。

67. B. Morrison and G. Stoller, "Officials Warned of 'Evidence' of Strikes," *USA Today*, 12 September 2001.

68. 同上。

69. M. Taylor, "Holes in U. S. Airports' Security; Weapons Often Get Past Guards, Experts Say," *San Francisco Chronicle*, 12 September 2001.

70. M. Grunwald, "Terror's Damage: Calculating the

Devastation," *Washington Post*, 28 October 2001.

71. "Spet. 11... And a Year of War, Anxiety and Questions," *New York Times*, 11 September 2002.

72. R. Halicks, "Remember 9/11: Aftermath," *Atlanta Journal-Constitution*, 1 September 2002.

73. M. Echenberg, "The Sky Is Falling: Political Negotiations and Moral Leadership Surrounding Airline Security in the Aftermath of September 11," (unpublished student research paper, Harvard Business School, 2002), 9.

74. K. L. Alexander, "Airline Losses Expected to Surge after N. Y. Crash; Analysts Say Some Struggling Carriers Could Be Forced into Bankruptcy," *Washington Post*, 13 November 2001.

75. D. Leonhardt and M. Maynard, "Troubled Airlines Face Reality: Those Cheap Fares Have a Price," *New York Times*, 18 August 2002.

76. Grunwald, "Terror's Damage: Calculating the Devastation."

77. W. Neikirk, "Federal Deficit Soars: White House Projects Record $455 Billion Shortfall This Year," *Chicago Tribune*, 16 July 2003.

78. W. M. Welch, "Experts Predict Deficits Will Last Years," *USA Today*, 20 November 2001.

79. Dillingham, "Aviation Security: Vulnerabilities Still Exist in the Aviation Security System."

80. Pasternak, "FAA, Airlines Stalled Major Security Plans"; T. Rohrlich, "Response to Terror: Aviation Security," *Los Angeles Times*, 5 November 2001.

81. B. Dedman, "Fighting Terror: Words of Caution; FAA Looking to Expand System," *Boston Globe*, 12 October 2001.

82. L. Zuckerman and J. Sullivan, "The Crash of Egyptair 990: The Safeguards: An FAA Study Shows Few Gains in Improving Security at Airports," *New York Times*, 5 November 1999.

83. G. L. Dillingham, "Aviation Safety and Security: Challenges to Implementing the Recommendations of the White House Commission on Aviation Safety and Security," *Testimony before the Subcommittee on Aviation, Committee on Commerce, Science and Transportation, U. S. Senate; Resources Community, and Economic Development Division, U. S. Government Accounting Office* (GAO/T-RCED-97-90, 1997), 2.

84. Schiavo, *Flying Blind, Flying Safe*, 210.

85. Pasternak, "Air Security: AFF, Airlines Stalled Major Security Plans."

86. White House Commission on Aviation Safety and Security, *Final Report to President Clinton* (1997), 5.

87. Terrazzano and Adcock, "Balancing Security; Airlines: It's Government's Job."

88. Robinson and Johnson，“Airlines Fought Security Changes.”

89. Terrazzano and Adcock，“Balancing Security; Airlines：It's Government's Job.”

90. Gaul，Grimaldi，and Warrick，“How Terror Could Break Through.”

91. Terrazzano and Adcock，“Balancing Security; Airlines：It's Government's Job.”

92. “Airlines：Background，” Center for Responsive Politics，1 December 2001，〈http://www.opensecrets.org/industries/background.asp? Ind = T1100〉(accessed 11 March 2004).

93. E. Nakashima，“President Signs Airport Security Bill; DOT Has 9 Months to Investigate，Hire and Deploy 28,000 Baggage Screeners，” *Washington Post*，20 November 2001.

94. “Press Releases：Transportation Security Administration Awards Contracts for Private Screening Pilot Programs to San Francisco International and Tupelo Airports，” *Transportation Security Administration*，11 October 2002，〈http://www.tsa.gov/public/display? theme = 44 & content = 09000519800037c0〉(accessed 11 March 2004).

95. “Holes in Airport Security，” *Boston Globe*，8 June 2003.

96. M.L. Wald，“Threats and Responses：Airport Se-

curity; Boston Airport Acts Quickly to Prepare for New Rules," *New York Times*, 18 December 2002.

97. Nakashima, "President Signs Airport Security Bill."

98. 同上。

99. Robinson and Johnson, "Airlines Fought Security Changes."

第三章

1. C. Johnson, "Auditor Tells of Lawsuit Fears; Andersen's Duncan Anticipated SEC Probe," *Washington Post*, 14 May 2002. E4.

2. D. Greising, "No Accounting for Fight Against Real Oversight," *Chicago Tribune*, 23 June 2002.

3. E. A. Torriero and R. Manor, "Jury Finds Andersen Guilty," *Chicago Tribune*, 16 June 2002.

4. M.H. Bazerman, K.P. Morgan, and G. F. Loewenstein, "The Impossibility of Auditor Independence," *Sloan Management Review* (summer 1997),90.

5. H. Smith, "Who Dropped the Ball?" *PBS Frontline Report*: *Bigger Than Enron*, 20 June 2002, 〈http: www. pbs. org/wgbh/pages/frontline/shows/regulation/watchdogs〉(accessed 11 March 2004).

6. B. Sternberg, "Accounting's Role in Enron Crash Erases Years of Trust," *USA Today*, 22 February 2002.

7. J. Mayer, "The Accountants' War," *New Yorker*, 22 & 29 April 2002, 66.

8. General Accounting Office (1996), *The Accounting Profession: Major Issues: Progress and Concerns* (GAO/AIMD-96-98, 1996), 96.

9. Arthur Levitt, "Testimony Concerning: Commission's Auditor Independence Proposal, before the Senate Subcommittee on Securities, Committee on Banking, Housing, and Urban Affairs," U. S. Securities and Exchange Commission, 28 September 2000, 〈http://www.sec.gov/news/testimony/ts152000.htm〉 (accessed 11 March 2004).

10. J. K. Stewart, "Incentives Feed Audit Woes," *Chicago Tribune*, 10 March 2002.

11. 同上。

12. 同上。

13. F. Norris, "Accounting Firms Accept Rule to Limit Conflict of Interest," *New York Times*, 15 November 2000.

14. H. Smith, "Interview: Arthur Levitt," *PBS Frontline Report: Bigger than Enorn*, 12 March 2002, 〈http://www.pbs.org/wgbh/pages/frontline/shows/regulation/interviews/levitt.html〉 (accessed 11 March 2004).

15. 同上。

16. Arko Datta/Reuters, "Andersen's Enron Misad-

venture Exposes Rot at the Heart of an Old but Tainted Profession," *Toronto Star*, 26 January 2002.

17. D. Alexander and R. Kaiser, "Andersen Consulting Emphasis Questioned," *Chicago Tribune*, 27 January 2002.

18. K. Eichenwald, "Andersen Trial Yields Evidence in Enron Fall," *New York Times*, 17 June 2002.

19. 同上。

20. H. Smith, "Enron: What's the Fix?" *PBS Frontline Report*: *Bigger than Enron*, 20 June 2002, 〈http://www. pbs. org/wgbh/pages/frontline/shows/regulation/etc/hedrick.html〉(accessed 11 March 2004).

21. H. Smith, "Interview: Lynn Turner," *PBS Frontline Report*: *Bigger than Enron*, 5 April 2002, 〈http://www.pbs.org/wgbh/pages/frontline/shows/regulation/interviews/turner.html〉(accessed 11 March 2004).

22. 同上。

23. G. B. Moriarty and P. B. Livingston, "Quantitative Measures of the Quality of Financial Reporting," *Financial Executive* (July/August 2001), 53—56.

24. 同上。

25. Smith, "Interview: Lynn Turner."

26. Mayer, "The Accountants' War,"69.

27. Smith, "Interview: Arthur Levitt."

28. T. Bliley, M. G. Oxley, and W.J. Tauzin, "Let-

ter from House Commerce Committee," *PBS Frontline Report*: *Bigger than Enron*, 17 April 2000,〈http://www.pbs.org/wgbh/pages/frontline/shows/regulation/congress/house.html〉(accessed 11 March 2004).

29. Mayer, "The Accountants' War,"64.

30. 同上,70 页。

31. K. Lay, quoted in H. Smith, "Letter from Kenneth Lay," *PBS Frontline Report: Bigger than Enron*, 20 September 2000,〈http://www.pbs.org/wgbh/pages/frontline/shows/regulation/congress/lay.html〉(accessed 11 March 2004).

32. Smith, "Letter from Kenneth Lay."

33. The Center for Responsive Politics is a nonpartisan, nonprofit Washington, DC, research group that tracks money in politics. Data are available at〈http://www.opensecrets.org〉.

34. F. Norris, "3 Big Accounting Firms Assail SEC's Proposed Restrictions," *New York Times*, 27 July 2000.

35. 同上。

36. 同上。

37. J. Berardino, "Transcript: U.S. Securities & Exchange Commission Hearing on Auditor Independence," U.S. Securities & Exchange Commission, 26 July 2000,〈http://www.sec.gov/rules/extra/audmin.htm〉(accessed 11 March 2004).

38. Bazerman, Morgan, and Loewenstein, "The Impossibility of Auditor Independence,"90.

39. M. H. Bazerman, *Judgment in Managerial Decision Making*, 5th ed. (New York: John Wiley & Sons, 2001).

40. Bazerman, Morgan, and Loewenstein, "The Impossibility of Auditor Independence,"92.

41. M. H. Bazerman and G. F. Loewenstein, "Transcript: U.S. Securities & Exchange Commission Hearing on Auditor Independence," U.S. Securities & Exchange Commission, 26 July 2000,〈http://www.sec.gov/rules/extra/audmin.htm〉(accessed 11 March 2004).

42. M. H. Bazerman, G. F. Loewenstein, and D. A. Moore, "Why Good Accountants Do Bad Audits," *Harvard Business Review* (November 2002): 97—102.

43. Levitt, "Testimony Concerning: Commission's Auditor Independence Proposal, before the Senate Subcommittee on Securities, Committee on Banking, Housing, and Urban Affairs."

44. P. Spiegel, "Accountants Split over Rules on Auditor Independence," *Financial Times*, 21 September 2000, 14.

45. "The Ties that Bind Auditors," *The Economist*, 12 August 2000.

46. Mayer, "The Accountants' War,"70.

47. Smith, "Interview: Arthur Levitt."

48. S. Labaton, "Hurdles Are Seen for Audit Changes," *New York Times*, 24 January 2002.

49. Mayer, "The Accountants' War,"68.

50. 同上,64 页。

51. 同上,71 页。

52. D. Alexander and M.M. Garza, "Andersen Execs Aired Concerns," *Chicago Tribune*, 18 January 2002.

53. J. Spinner, "'You Were Right'; Lawmakers Face SEC Chief Who Warned of Auditors' Conflicts," *Washington Post*, 25 January 2002.

54. "Enron Auditor Feared He Was Guilty," Associated Press, 15 May 2002.

55. Mayer, "The Accountants' War,"71.

56. 同上,66 页。

57. 同上,68 页。

58. S. Labaton, "U.S. Favors Swift Justice, Not Slow Reform," *New York Times*, 16 June 2002.

59. D. Alexander, "Final 4 Don't Get Message," *Chicago Tribune*, 17 June 2002.

60. Smith, "Interview: Arthur Levitt."

61. M. Duffy and J.F. Dickerson, "Enron Spoils the Party: Bush Wants His State of the Union Speech to Drown Out Those Stories Linking the Disgraced Company and the White House," 27 January 2002, *Time*, 〈http://www.

time. com/time/nation/article/0,8599,197609-1,00. html〉(accessed 11 March 2004).

62. Mayer, "The Accountants' War,"70.

63. Alexander, "Final 4 Don't Get Message."

64. Smith, "Interview: Lynn Turner."

65. E. Bumiller, "Bush Signs Bill Aimed at Fraud in Corporations," *New York Times*, 31 July 2002.

66. R.A. Oppel, "Negotiators Agree on Broad Changes in Business Laws," *New York Times*, 25 July 2002.

67. "Editorial: Will Auditing Reform Die Before It Begins?" *New York Times*, 27 December 2002.

68. J. D. Glater and D. Leonhardt, "Corporate Conduct: The Impact,"*New York Times*, 25 July 2002.

第二部分

1. A. L. McGill, "Context Effects in Judgments of Causation," *Journal of Personality and Social Psychology* 57 (1989): 189—200; C. Winship and M. Rein, "The Dangers of Strong Causal Reasoning in Social Policy," *Society* 36, no. 5 (July/August 1999): 38—46; C. Winship, "The Dangers of Strong Causal Reasoning: Root Causes, Social Science, and Poverty Policy in Experiencing Poverty," in *Experiencing Poverty: Studies in Cash and Care*, ed. J. Bradshaw and R. Sainsbury (Burlington, VT: Ashgate, 2000), 26—54.

2. Winship and Rein, "The Dangers of Strong Causal Reasoning in Social Policy."

3. McGill, "Context Effects."

第四章

1. "Here's the Catch: Order Could Be Death Sentence," *San Antonio Express News*, 15 May 2002.

2. Material in this paragraph adapted from M. Bazerman, J. Baron, and K. Shonk, "*You Can't Enlarge the Pie*": *Six Barriers to Effective Government* (Basic Books New York, 2001).

3. R.A. Myers and B. Worm, "Rapid Worldwide Depletion of Predatory Fish Communities," *Nature* 423 (15 May 2002):280—283.

4. W. J. Broad and A.C. Revkin, "Has the Sea Given Up Its Bounty?" *New York Times*, 29 July 2003.

5. R. Tempest, "Strict New Limits on Coastal Fishing Adopted," *Los Angeles Times*, 14 September 2002.

6. M. H. Bazerman, *Judgment in Managerial Decision Making*, 5th ed. (New York: Wiley & Sons, 2002); R. Hastie and R. Dawes, *Rational Choice in an Uncertain World: The Psychology of Judgment and Decision Making* (Thousand Oaks, CA: Sage Publications, 2001).

7. S.E. Taylor, *Positive Illusions* (New York: Basic Books, 1989).

8. S. E. Taylor and J. Brown, "Illusion and Well-being: A Social Psychological Perspective on Mental Health," *Psychological Bulletin* 103(1988): 193—210.

9. D. M. Messick, S. Bloom, J.P. Boldizer, and C. D. Samuelson, "Why We Are Fairer than Others," *Journal of Experimental Social Psychology* 21 (1985):480—500.

10. L. Babcock and G. Loewenstein, "Explaining Bargaining Impasse: The Role of Self-serving Biases," *Journal of Economic Perspectives* 11, no. 1(1997), 109—126; R. M. Kramer, "Self-enhancing Cognitions and Organizational Conflict,"(unpublished student paper, Stanford University, 1994).

11. Kramer, "Self-enhancing Cognitions and Organizational Conflict"; Taylor, *Positive Illusions*.

12. J. Crocker, "Biased Questions in Judgment of Covariation Studies," *Personality and Social Psychology Bulletin* 8 (1982): 214—220.

13. E. J. Langer, "The Illusion of Control," *Journal of Personality and Social Psychology* 32(1975); 311—328.

14. Kramer, "Self-enhancing Cognitions and Organizational Conflict."

15. T.C. Sorenson, *Kennedy*(New York: Harper and Row, 1965), 322.

16. Kramer, "Self-enhancing Cognitions and Organizational Conflict."

17. G. Allison, *Essence of Decision* (Boston: Little, Brown & Co. ,1971).

18. K. Q. Seelye, "President Distances Himself From Global Warming Report," *New York Times*, 5 June 2002.

19. Al Gore, *Earth in the Balance: Ecology and the Human Spirit* (Boston: Houghton Mifflin, 1992).

20. Babcock and Loewenstein, "Explaining Bargaining Impasse: The Role of Self-serving Biases"; K. A. Diekmann, S. M. Samuels, L. Ross, and M. H. Bazerman, "Self-Interest and Fairness in Problems of Resource Allocation," *Journal of Personality and Social Psychology* 72 (1997):1061—1074.

21. D. M. Messick and K. Sentis, "Fairness, Preference, and Fairness Biases," in *Equity Theory: Psychological and Sociological Perspectives*, ed. D. M. Messick and S. Cook (New York: Praeger, 1983),61—64.

22. Diekmann et al., "Self-interest and Fairness in Problems of Resource Allocation"; Messick and Sentis, "Fairness, Preference, and Fairness Biases."

23. M. A. Neale and G. B. Northcraft, "Experience, Expertise and Decision Bias in Negotiation: The Role of Strategic Conceptualization," in *Research on Negotiations in Organizations*, vol. 2, ed. B. Sheppard, M. Bazerman, and R. Lewicki (Greenwich, CT: JAI Press, 1990):55—76.

24. M. Ross and F. Sicoly, "Egocentric Biases in Availability and Attribution," *Journal of Personality and Social Psychology* 37(1979):332—337.

25. R. Sutton and R. M. Kramer, "Transforming Failure into Success: Impression Management, the Reagan Administration, and the Iceland Arms Control Talks," in *Organizations and Nation-States: New Perspectives on Conflict and Co-operation*, ed. R. L. Zahn and M. N. Zald (San Francisco: Jossey-Bass, 1990).

26. Kramer, "Self-enhancing Cognitions and Organizational Conflict."

27. J. Rawls, *A Theory of Justice* (Cambridge, MA: Harvard University Press, 1971).

28. D. E. Sanger, "Threats and Responses: The President's Speech; Bush Sees 'Urgent Duty' to Pre-empt Attack by Iraq," *New York Times*, 8 October 2002.

29. S. J. Hedges, "Critics Urge War Inquiry," *Chicago Tribune*, 9 July 2003.

30. M. Killian and B. Kemper, "CIA Taking Blame for Iraq Claim: Tenet Says Agency Erred in Letting Bush Make Iraq Charge," *San Diego Union Tribune*, 12 July 2003.

31. D. Remnick, "Faith-based Intelligence," *New Yorker*, 28 July 2003.

32. M. Isikoff and T. Lipper, "A Spy Takes the Bul-

let," *Newsweek*, 21 July 2003.

33. S. Hersh, "Selective Intelligence," *New Yorker*, 12 May 2003.

34. S. J. Hedges, "All the Facts that Fit (for Now)," *Chicago Tribune*, 20 July 2003.

35. 同上。

36. Tubke-Davidson, "Q & A: War and Intelligence," *New Yorker Online Only*, 7 May 2003, 〈http://www.newyorker.com/online/content/? 030512on _ onlineonly01〉 (accessed 15 March 2004).

37. R. Dreyfus, "The Pentagon Muzzles the CIA: Devising Bad Intelligence to Promote Bad Policy," *American Prospect* 13, no. 22(16 December 2002).

38. Hersh, "Selective Intelligence."

39. K. A. Wade-Benzoni, A. E. Tenbrunsel, and M. H. Bazerman, "Egocentric Interpretations of Fairness in Asymmetric Environmental Social Dilemmas: Explaining Harvesting Behavior and the Role of Communication," *Organizational Behavior and Human Decision Processes* 67, no. 2(1996):111—126.

40. 同上。

41. F. Cairncross, *Green, Inc.: A Guide to Business and the Environment* (Washington, DC: Island Press, 1995).

42. G. Loewenstein and R. H. Thaler, "Intertempo-

ral Choice," *Journal of Economic Perspectives* 3(1989), 197—201; D. Gately, "Individual Discount Rates and the Purchase and Utilization of Energy-using Durables," *Bell Journal of Economics* 11(1980):373—374; M. D. Levine, J.E. McMahon, and H. Ruderman, "The Behavior of the Market for Energy Efficiency in Residential Appliances Including Heating and Cooling Equipment," *Energy Journal* 8, no. 1(1987):101.

43. Gore, *Earth in the Balance*, 191.

44. Wade-Benzoni, Tenbrunsel, and Bazerman, "Egocentric Interpretations of Fairness in Symmetric, Environmental Social Dilemmas."

45. E. A. Mannix and G. L. Loewenstein, "The Effects of Interfirm Mobility and Individual Versus Group Decision Making on Managerial Time Horizons," *Organizational Behavior and Human Decision Processes* 59(1996), 371—390.

46. *Frontline*, PBS, 21 May 1991.

47. I. Ritov and J. Baron, "Reluctance to Vaccinate; Omission Bias and Ambiguity, *Journal of Behavioral Decision Making* 3(1990); 263—277.

48. 同上。

49. Bazerman, Baron, and Shonk, *You Can't Enlarge the Pie*, 19.

50. D. Kahneman and A. Tversky, "Psychology of

Preferences," *Scientific American* 246 (1982):161—173.

51. W. Samuelson and R. Zeckhauser, "Status Quo Bias in Decision Making," *Journal of Risk and Uncertainty* 1 (1988):7—59.

52. S. Benartzi and R. H. Thaler, "Naive Diversification in Defined Contribution Savings Plans," *American Economic Review* 91, no. 1 (2001):79.

53. T.C. Schelling, "Some Economics of Global Warming," *American Economic Review* 82(1992):1—14.

54. "Early Deaths: Fact and Fiction," *Business Week* (*Industrial/Technology edition*) 3677(17 April 2000), 8.

55. A. Tversky and D. Kahneman, "Judgment under Uncertainty: Heuristics and Biases," *Science* 185(1974): 1124—1131.

56. L. Babcock and G. Loewenstein, "Explaining Bargaining Impasse: The Role of Self-serving Biases," *Journal of Economic Perspectives* 11, no. 1 (1997):109—126.

第五章

1. This account is drawn from S. Passow and M. Watkins, "Sunk Costs: The Plan to Dump the Brent Spar(A)," Case 9-903-010(Boston: Harvard Business School, 2003).

2. "The Battle for Brent Spar," *Public Eye*, BBC, 3 September 1995.

3. The extensive literature on organizations as information-processing systems has its origins in the work of Cyert, March, and Simon. In developing their behavioral theory of the firm, Cyert and March modeled organizations as information-processing systems and developed the important concepts of quasi-resolution of conflict, uncertainty avoidance, problemistic search, and organizational learning in *A Behavioral Model of the Firm* (Englewood Cliffs, NJ: Prentice-Hall, 1963). Herbert Simon extended that work, developing key concepts such as bounded rationality in *Administrative Behavior: A Study of Decision-making Processes in Administrative Organizations* (New York: Macmillan Free Press, 1965). Wilensky focused on the issue of problem formulation, pointing out that managers must be skilled at asking the right questions and gathering the right information in order to promote learning; see *Organizational Intelligence: Knowledge and Policy in Government and Industry* (New York: Basic Books, 1967). C. Argyris and D. A. Schön looked at how organizational learning systems promote or impede efforts to identify and solve problems and developed the distinction between singleloop and double-loop learning: *Organizational Learning: A Theory of Action Perspective* (Reading, MA: Addison-Wesley, 1987). B. L. T. Hedberg developed a model of organizational learning based on the key processes of searching and

perceiving, acting and reacting, designing and choosing, and linked organizational learning to situational variables such as stability, availability, and cost of information, and filters such as worldviews. He also highlighted the importance of unlearning—the ability of organizations to shed outmoded ways of formulating and solving problems. See his "How Organizations Learn and Unlearn," in *Handbook of Organizational Design*, ed. P. C. Nystrom and W. H. Starbuck (New York: Oxford University Press, 1981): 1—27. R. Daft and K. Weick extended these ideas to argue that organizations are interpretation systems and focused attention on cycles of scanning, interpretation, and learning in "Toward a Model of Organizations as Interpretation Systems," *Academy of Management Review* 9, no. 2 (1984): 284—295.

4. For an overview, see R. J. Robinson, "Errors in Social Judgment: Implications for Negotiation and Conflict Resolution, parts 1 and 2," Cases 897—103 and 897—104 (Boston: Harvard Business School, 1997).

5. "The Battle for Brent Spar," BBC.

6. B.D. Berkowitz and A.D. Goodman, *Strategic Intelligence for American National Security* (Princeton, NJ: Princeton University Press, 1989), 27—28.

7. "But always will our whole Nation remember the character of the onslaught against us," F. D. Roosevelt,

"Address to Congress Requesting a Declaration of War with Japan," *The American Presidency Project*, 8 December 1941, 〈http://www.presidency.ucsb.edu/site/docs/pppus.php? admin = 032 & year = 1941 & id = 138〉(accessed 12 March 2004).

8. R. Wohlstetter, *Pearl Harbor: Warning and Decision*. (Stanford, CA: Stanford University Press, 1962), 397.

9. Berkowitz and Goodman, *Strategic Intelligence for American National Security*, 28.

10. Wohlstetter, *Pearl Harbor: Warning and Decision*, 369—370.

11. R. Lawrence and J. Lorsch. *Organization and Environment: Managing Differentiation and Integration*. (Homewood, IL: R.D.Irwin, 1969).

12. Wohlstetter, *Pearl Harbor: Warning and Decision*, 1.

13. 同上,382 页。

14. 同上,180 页。

15. 同上,186 页。

16. Luce and Raiffa attribute the formulation of the prisoner's dilemma game to A. W. Tucker. See R. D. Luce and H. Raiffa, *Games and Decisions* (New York: Dover, 1957), 94. The literature on one-shot and repeated prisoner's dilemma games is vast.

17. 见 R. Axelrod, *The Evolution of Cooperation* (New York: Basic Books, 1984)。

18. "The Battle for Brent Spar."

19. J. Pratt and R. Zeckhauser, eds., *Principals and Agents: The Structure of Business* (Boston: Harvard Business School Press, 1985).

20. "Finance and Economics Section," *The Economist*, 23 November 2002.

21. 在他们的公司行为理论中,Cyert 和 March 提出了组织学习这一重要的概念。见 *A Behavioral Model of the Firm*, 116. J. P. Walsh and G. R. Ungson developed a model of organizational memory consisting of three processes: acquisition, retention, and retrieval; see "Organizational Memory," *Academy of Management Review* 16, no. 1 (1991): 57—91. Recent useful works in this tradition include P. M. Senge, *The Fifth Discipline: The Art and Practice of the Learning Organization* (New York: Doubleday, 1990); D. Garvin, "Building a Learning Organization," *Harvard Business Review* (July - August 1993): 78—97; and G. P. Huber, "Organizational Learning: A Guide for Executives in Technology-critical Organizations," *International Journal of Technology Management* 11, no. 7/8 (1996): 821—832。

22. M. Polanyi developed the distinction between tacit and explicit knowledge and the notion of interpretative

frameworks for making sense of experience, in *Personal Knowledge*: *Toward a Post-critical Philosophy* (Chicago: University of Chicago Press, 1958).

23. 关于索马里的故事引自 S. Rosegrant (with Michael Watkins), "A 'Seamless' Transition: United States and United Nations Operations in Somalia—1992 - 1993 (A) and (B)," Cases 1324.0 and 1325.0 (Boston: Harvard University Kennedy School of Government, 1996)。

24. 遵循 UNITAF 的行动真正被命名为 UNOSOMII。因为在 UNITAF 之前,在索马里有一个比 UNOSOMII 更早、更小型的 UNOSOMI。

25. Rosegrant and Watkins, "A Seamless Transition," 6.

26. "UN Security Council Resolution 837," United Nations Web site, 6 June 1993, 〈http://www. un. org/Docs/scres/1993/scres93. htm〉(accessed 11 March 2004).

27. M. Bowden, *Blackhawk Down*: *A Story of Modern War* (New York: Atlantic Monthly Press, 1999).

28. Rosegrant and Watkins, "A Seamless Transition," 4.

第六章

1. K. Pender, "Investor Advocates Leery of Appointees to Accounting Oversight Panel," *San Francisco Chronicle*, 29 October 2002.

2. 同上。

3. “Judge Webster, Miscast,” *New York Times*, 26 October 2002.

4. Pender, “Investor Advocates Leery of Appointees to Accounting Over-sight Panel.”

5. S. Labaton, “S. E. C. Orders Investigation into Webster Appointment,” *New York Times*, 31 October 2002.

6. 同上。

7. J. Pasternak, “FAA, Airlines Stalled Major Security Plans,” *Los Angeles Times*, 6 October 2001.

8. 同上。

9. G. M. Gaul, J. V. Grimaldi, and J. Warrick, “How Terror Could Break Through; At the Airports: Risks to Security Detected, Debated for Many Years,” *Washington Post*, 16 September 2001.

10. Pasternak, “FAA, Airlines Stalled Major Security Plans.”

11. Gato 研究所保守的估计(2001 年有 870 亿美元)认为只有政府计划提供对个人企业的直接补助。Nalph Nader's 中心研究的相关法律包括联邦税收打破了对待定企业的总数为 1670 亿美元的资助。见 D. Akst, “On the Contrary: Brother, Can You Spare a Dime?” *New York Times*, 2 December 2001; S. Moore and D. Stansel, *How Corporate Welfare Won: Clinton and Congress Retreat from Cut-*

ting Business Subsidies, Cato Institute Policy Analysis No. 254, 15 May 1996, 〈http://www.cato.org/research/fiscal.html〉(accessed 10 March 2004)。

12. M. Green, *Selling Out: How Big Corporate Money Buys Elections, Rams Through Legislation, and Betrays Our Democracy* (New York: Regan Books, 2002), 172—173.

13. 同上。

14. H. Varian, *Intermediate Microeconomics: A Modern Approach*, 2nd ed. (New York: Norton, 1987); A. de Moor and P. Calamai, "Subsidizing Unsustainable Development: Undermining the Earth with Public Funds," Earth Council, January 1997, 〈http://www.ecouncil.ac.cr/econ/sud/subsidizing_unsd.pdf〉(accessed 10 March 2004).

15. Mineral Policy Center, "What Is the 1872 Mining Law?" 1999, 〈http://www.earthworksaction.org/ewa/1872.cfm〉(accessed 10 March 2004).

16. Friends of the Earth, Taxpayers for Common Sense, and the U. S. Public Interest Research Group, "Granddaddy of All Subsidies," *Green Scissors 2002: Cutting Wasteful and Environmentally Harmful Spending* (Washington, DC: Friends of the Earth, Taxpayers for Common Sense, and the U. S Public Interest Research Group, 2002).

17. 同上。

18. Friends of the Earth, Taxpayers for Common Sense, and the U. S. Public Interest Research Group, "Granddaddy of All Subsidies," *Green Scissors '97: Cutting Wasteful and Environmentally Harmful Spending* (Washington, DC: Friends of the Earth, Taxpayers for Common Sense, and the U. S. Public Interest Research Group, 1997).

19. The Center for Responsive Politics, "Lobbyist Spending: Mining: 2000 Data" (2003), 〈http://www.opensecrets.org〉(accessed 10 March 2004).

20. Green, *Selling Out*, 162—165.

21. 同上,163 页。

22. 同上,165 页。

23. J. Mayer, "The Accountants' War," *New Yorker*, 22 April 2002.

24. H. Smith, "Bigger than Enron: Congress and the Accounting Wars," *PBS Frontline* Web site, 2002, 〈http://www. pbs. org/wgbh/pages/frontline/shows/regulation/congress/〉(accessed 10 March 2004).

25. 同上。

26. 同上。

27. Mayer, "The Accountants' War," 66.

28. H. Smith, "Beyond Enron: Capitol Investments," *PBS Frontline* Web site, 2002, 〈http://www.pbs.org/wg-

bh/pages/frontline/shows/regulation/congress/money. html⟩(accessed 10 March 2004).

29. 同上。

30. J. Brainard, "Another Record Year for Academic Pork," *Chronicle of Higher Education*, 27 September 2002, 20.

31. 同上。

32. 同上。

33. 同上。

34. 同上。

35. K. Zernike, "Pull in Congress Tied to Grants for Research," *New York Times*, 6 August 2001.

36. Green, *Selling Out*, 55.

37. 同上,52 页。

38. J. Eilperin, "After McCain-Feingold, a Bigger Role for PACs; Groups May Be 'Soft Money' Conduits," *Washington Post*, 1 June 2002.

39. J. E. Cantor, *Soft and Hard Money in Contemporary Elections: What Federal Law Does and Does Not Regulate* (Washington, DC: Congressional Research Service Report, Library of Congress, 1997).

40. Green, *Selling Out*, 55.

41. 同上,57 页。

42. E. Drew, *The Corruption of American Politics: What Went Wrong and Why* (Secaucus, NJ: Birch Lane

Press, 1999), 51—52.

43. Green, *Selling Out*, 58.

44. 同上,62 页。

45. This paragraph adapted from Green, *Selling Out*, 65—67.

46. Drew, *The Corruption of American Politics*, 54.

47. Common Cause, "National Parties Raise Record $ 457 Million in Soft Money," 15 December 2000, ⟨http://www.commoncause.org⟩ (accessed 10 March 2004).

48. Common Cause, "Editorial Memorandum: McCain-Feingold Legislation Offers Bipartisan Opportunity for Comprehensive Campaign Finance Reform in 1997," February 1997, ⟨http://www.commoncause.org⟩ (accessed 10 March 2004).

49. D. Van Natta Jr., "Executives Press for Political Finance Change," *New York Times*, 31 August 1999.

50. 同上。

51. 同上。

52. Green, *Selling Out*, 74.

53. A filibuster used to mean endless speechifying on the Senate floor to blockade a vote on a bill that would otherwise pass. In recent years, the mere threat of a filibuster provokes a vote of "cloture" to override it. Cloture is a vote to limit debate on a bill; for a cloture vote to be successful, sixty senators must vote to end the filibuster.

54. Eilperin, "After McCain-Feingold, a Bigger Role for PACs."

55. 同上。

56. Green, *Selling Out*, 81.

57. W. M. Welch and J. Drinkard, "Supporters Turn to Defending, Extending Victory," *USA Today*, 21 March 2002.

58. 总统候选人受到国家支出限制,他们会收到所筹集到的联邦配套硬性资金总数 1/4 的款项。McCain-Feingold 提升了个人硬通货的捐献数额从 1 000 美元升至 2 000 美元,还不改变配套资金的提取比例。这样一来,代替候选人能收取他们筹集的配套资金总量的 25‰的资金(每捐献的 1 000美元的 25‰)。他们将从政府那里收到正好 12.5‰的资金(每 2 000 美元的 25‰)。可以料想,相比而言数额较少的配套资金将会有更少的吸引力,为了不予理会国家支出限制,更多的候选人将在超出公共筹集资金的范围外进行选择。见"Life after McCain-Feingold," *Pittsburgh Post-Gazette*, 19 April 2002.

59. Eilperin, "After McCain-Feingold, a Bigger Role for PACs."

60. Ibid.

61. M. McGrory, "McCain-Feingold Follies," *Washington Post*, 28 March 2002.

62. S. Taylor Jr., "Three Judges, Four Opinions, 1 638 pages, and One Good Idea," *The Atlantic Online*, 13

May 2003,〈http://www.theatlantic.com/politics/nj/taylor2003-05-13.htm〉(accessed 10 March 2004).

63. L. Greenhouse, "Justices, in a 5-to-4 Decision, Back Campaign Finance Law that Curbs Contributions," *New York Times*, 11 December 2003.

64. J. Abramson, "A Law Survives. Now, Let's Subvert It," *New York Times*, 14 December 2003.

65. "Federal Election Wrecking Crew," *New York Times*, 15 June 2002.

66. 同上。

67. R. A. Oppel Jr., "Soft Money Ban Goes into Effect, but the Effect Is Uncertain," *New York Times*, 23 June 2002.

68. "Election Law Coup d'Etat," *New York Times*, 24 June 2002.

69. "Rescuing Campaign Reform," *New York Times*, 27 June 2002.

70. Campaign for Tobacco-Free Kids, Common Cause, American Heart Association, and American Lung Association, *Buying Influence, Selling Death*, 14 March 2001, 〈http://www.commoncause.org/publications/march01/tobacco/〉(accessed 10 March 2004).

71. 同上。

72. 同上。

73. Georgia Department of Agriculture, "$340 Mil-

lion Assistance Announced for Tobacco Farmers," *Farmers & Consumers Market Bulletin*, 2 August 2000, 1.

74. Action on Smoking and Health, "US to Give $53 Million to Tobacco Growers," 17 March 2003, 〈http://no-smoking.org/march03/03-20-03-3.html〉 (accessed 10 March 2004).

75. Public Citizen, "Tobacco PAC Contributions and 1998 Tobacco Votes," 22 June 1998, 〈http://www.citizen.org〉 (accessed 10 March 2004).

76. Public Citizen, "Soft Money Hurts Consumers and Taxpayers," 19 January 2001, 〈http://www.citizen.org/congress/reform/soft $hurts.html〉 (accessed 10 March 2004).

77. Green, *Selling Out*, 178.

78. Center for Responsive Politics, "Top Tobacco Money Receipts," 1999, 〈http://www.opensecrets.org〉 (accessed 10 March 2004).

79. Green, *Selling Out*, 177.

80. Campaign for Tobacco-Free Kids, et al., *Buying Influence, Selling Death*.

81. B. Herbert, "Whose Hands Are Dirty?" *New York Times*, 25 November 2002.

82. "Republicans Won't Own Up to Protecting Drug Giant," *Brown Daily Herald* (Providence, RI), 18 December 2002.

83. J. Zeleny, "Lobbyists for GOP to Hear Speech in Advance," *Chicago Tribune*, 28 January 2002.

84. Huffington, "Finding the Answer to Washington's Hottest Whodunit," 6 December 2002, 〈http://www.tompaine.com/feature2.cfm/ID/6844〉(accessed 10 March 2004).

85. A. L. McGill, "Context Effects in Judgments of Causation," *Journal of Personality and Social Psychology* 57 (1989): 189—200.

86. R. E. Nisbett and L. Ross, *Human Inference: Strategies and Shortcomings of Social Judgment* (Englewood Cliffs, NJ: Prentice-Hall, 1980).

87. R. Lacayo and A. Ripley, "Persons of the Year: Sherron Watkins of Enron, Coleen Rowley of the FBI, Cynthia Cooper of WorldCom," *Time*, 30 December 2002, 30.

88. Green, *Selling Out*.

89. 同上。

90. K. Q. Seelye, "Bradley Proposes Revamping Federal Campaign Finance System, *New York Times*, 23 July 1999.

91. M. H. Bazerman, *Judgment in Managerial Decision Making* (New York: John Wiley and Sons, 1998).

92. D. S. Broder, "Toothless Watchdog," *Washington Post*, 29 May 2002.

93. Green, *Selling Out*, 283—284.

94. Welch and Drinkard, "Supporters Turn to Defending, Extending Victory."

95. Green, *Selling Out*, 285.

第三部分

第七章

1. All quotes from Johnelle Bryant are taken from her interview with Brian Ross, "Face to Face with Atta," 6 June 2002, 〈http://abcnews.go.com/sections/wnt/DailyNews/WNT_ross-bryant_transcript 1.html〉(accessed 10 March 2004).

2. 上文所说的智能团体(IC)指的是一个包含14个政府代办处的团体,或是整体或是部分的从事美国情报活动的组织:中央情报局(CIA)、财政部、能源部、国务院、国防情报部(DIA)、联邦调查局(FBI)、美国国家测绘局(NIMA)、国家侦察办公室(NRO)、国家安全部(NSA)、美国空军情报部、美国陆军情报部、美国海岸警卫队情报部、美国海军情报部和美国海军陆战队。各种各样的国家的和地方的部门也同样在保护美国不受恐怖分子袭击方面扮演了重要的角色。1947年颁布的国家安全法案和1949年的中央情报部门法案,全面负责收集分析资料并将情报上呈到被中央情报部长官授权的高级官员手里。虽然在实际操作时,国家安全委员会(NSC)人员和国防情报部(DIA)会施加强有力的影响。

在 2001 年 3 月底到 9 月之间，智能团体侦察出大量的发动恐怖袭击的指令，其中一些特别指出了美国可能成为袭击的对象。E. Hill, "Joint Inquiry Staff Statement, Part I," 18 September 2002, 〈http://intelligence.senate.gov/0209hrg/020918/hill.pdf〉(accessed 10 March 2004), 20.

3. "在访谈中，接受联合调查的人员被告知尽管美国本土有被恐怖分子袭击的可能性，但在 2001 年春夏两季智能团体总的观点是袭击最有可能在海外……我们罢免的一位联邦调查局的官员说就他所看到的情报，他认为极高的可能性——98%，袭击会发生在海外。" E. Hill, "Joint Inquiry Staff Statement, Part I," 22.

4. "在 1996 年 8 月，本·拉登在他回到阿富汗之后，发布了一个公共的决断或是宗教政令，批准他的追随者对阿拉伯半岛上的西方国家的军队发动袭击。在 1998 年 2 月，本·拉登和四个其他的极端分子公开发布了另一个决断就是扩大 1996 年的范围，把世界各地的美国军队和国民列入目标。在 1998 年 5 月的记者招待会上，本·拉登公开谈到'把战争带回美国老家'。" E. Hill, "Joint Inquiry Staff Statement, Part I," 12—13. 然而没有一个人对个别的报告给予充分的信任，在报告中的这个部分，情报的总体清楚地反复说明了一个一致的非常重要的主题那就是本·拉登要在美国本土发动恐怖袭击。" E. Hill, "Joint Inquiry Staff Statement, Part I," 14.

5. "这些情报报告'关于国内遭受袭击的威胁'本应该恰当地联系来龙去脉而加以推断。第一，他们总体上没有包括在何时何地，恐怖袭击怎样发生的具体信息，并且大体上这些都没有更进一步的信息来加以确认。第二，这些报告只代表了智能团体在这期间所获得的一小部分关于威胁的信息，且绝大部分都指出袭击是针对美国海外利益的可能性。”E. Hill，“Joint Inquiry Staff Statement，Part I，” 14.

6. “Turbulence，” *The Economist*，12 May 2001.

7. Associated Press Wire，3 July 2001.

8. “智能团体的失误是提供了过多的受到情报限制的预警和一系列涉及优先权的质询管理决策。可以预言，IC 的领导阶层吸取“9·11”事件的教训，改善其操作管理，情报分配和其他 IC 的重要问题。包括作出实质性的改变并且扫清在收集、分析和生成情报时的不定因素，这些很可能导致灾难性的整体的情报失误。”恐怖主义和本土安全附属委员会，美国众议院特别情报委员会，“反恐情报能力和先于“9·11”事件的行为能力”。17 July 2002，〈http://www.fas.org/irp/congress/2002_rpt/hpsci_ths0702.html〉(accessed 10 March 2004)，i.

9. E. Hill，“Joint Inquiry Staff Statement，” 17 October 2002，〈http://www.fas.org/irp/congress/2002_hr/101702hill.pdf〉(accessed 10 March 2004).

10. “1998 年 8 月接连两起美国大使馆在东非被炸之后，智能团体的领导认识到本·拉登的恐怖分子网络是多么的危险。在 1998 年 12 月，中央情报局局长(DCI)乔治·特奈特在 CIA 声明时提交了一个关于他的责任的书面手册。除了 DCI 关于 1998 年战争的声明外，在 2001 年“9·11”事件之前，反恐的预算和人员的重新分配方面没有太大的变化。"E. Hill, "Joint Inquiry Staff Statement, Part I,"9—10.

11. The House Permanent Select Committee on Intelligence and the Senate Select Committee on Intelligence, "Report of The Joint Inquiry into the Terrorist Attacks of September 11, 2001," December 2002, 〈http://a257.g.akamaitech.net/7/257/2422/24jul20031400/www.gpoaccess.gov/serialset/creports/pdf/fullreport_errata.pdf〉(accessed 10 March 2004),17.

12. 同上,347 页。

13. E. Hill, "Joint Inquiry Staff Statement, Part I," 10.

14. The other two events were the detention of Zacarias Moussaoui, the so-called twentieth hijacker by agents in the FBI's Minneapolis office, and the Intelligence Community's realization that two individuals with ties to Osama bin Laden's network were possibly in the United States.

15. E. Hill, "Joint Inquiry Staff Statement, Part I," 10.

16. E. Hill, "Joint Inquiry Staff Statement,"17 October 2002, 〈http://www.fas.org/irp/congress/2002_hr/101702hill.pdf〉(accessed 10 March 2004), 5.

17. 同上,6 页。

18. 同上,2 页。

19. 同上,13 页。

20. 同上,13 页。

21. M. Watkins and C. Reavis,“Robert Shapiro and Monsanto,” Case 9801—482(Boston: Harvard Business School,2001),10.

22. 同上。

23. 同上,11 页。

24. 同上,12 页。

25. 同上,11 页。

26. 同上,1 页。

27. “The Nunn-Lugar Cooperative Threat Reduction Program,” 22 March 1999,〈http://www.nti.org/db/nisprofs/ukraine/forasst/ctr/overview.htm〉(accessed 10 March 2004).

28. R. G. Lugar,“Nunn-Lugar Cooperative Threat Reduction Program,”2003,〈http://www.lugar.senate.gov/nunn_lugar_program.html〉(accessed 10 March 2004).

29. 同上。

30. 作者要感谢 Michael Roberto 使其使用这个例子。

31. “A Glance at Our Past,” 2004,〈http://www.edwardjones.com/cgi/getHTML.cgi?page=/USA/aboutEJ/glance.html〉(accessed 10 March 2004).

32. D. Landis,“By Keeping it Simple, Edward Jones Enhances Its Image While Rivals Are Bloodied by Scandal,” *Kiplinger's Finance*, May 2003;“High Quality, Long-term Investing,” 2004,〈http://www.edwardjones.

com/cgi/getHTML.cgi? page=/USA/aboutEJ/high_quality.html〉(accessed 10 March 2004).

33. R. Simons, "How New Top Managers Use Control Systems as Levers of Strategic Renewal," *Strategic Management Journal* 15, no. 3(1994): 169—189; R. L. Simons, "Control in an Age of Empowerment," *Harvard Business Review* (March - April 1995): 80—88.

34. R. S. Kaplan and D. P. Norton. "Balanced Scorecard: Measures that Drive Performance," *Harvard Business Review* (January - February 1992): 71—79. For approaches to implementation, see R. S. Kaplan and D. P. Norton, *The Strategy-Focused Organization: How Balanced Scorecard Companies Thrive in the New Business Environment* (Boston: Harvard Business School Press, 2000).

35. E. Vitt, M. Luckevich, and S. Misner, *Business Intelligence* (Seattle, WA: Microsoft Press, 2002), chapter 9. To support business intelligence-gathering efforts, some companies use "action-learning groups"—teams of future leaders that meet to share data and analyze a key business challenge. See Y. Boshyk, ed., *Business-Driven Action Learning: Global Best Practices* (New York: Palgrave Macmillan, 2000).

36. 关于跨界的角色,见 J. Thompson, *Organizations in Action* (New York: McGraw-Hill, 1967)。See also the work of Thomas Allen on "gatekeepers" in T. J. Allen,

"Communication Networks in R & D Labs," *R & D Management* 1 (1971): 14—21.

37. Hank Mckinnell, Pfizer 的首席执行官，他就是一个好例子。他定期召集一群外部的顾问帮助他避免可预见的危机。一位 Mckinnell 的最有价值的"领导人顾问"Dan Ciampa，Rath 和 Strong 的前任首席执行官。通过出任宣传者和在重要问题和决策上的顾问，Ciampa 帮助 Mckinnell 避免令人不快的结果。见"CEO Coaches," *Business Week*, 11 November 2002。

38. K. van der Heijden, *Scenarios: The Art of Strategic Conversation* (New York: John Wiley & Sons, 1996), 5.

39. I. Mitroff, *Managing Crises Before They Happen* (New York: Amacom, 2001), 42.

第八章

1. M. Watkins, C. Knoop, and C. Reavis, "Coca-Cola Company (A): The Rise and Fall of M. Douglas Ivester," Case 800—355 (Boston: Harvard Business School, 2000).

2. C. Mitchell, "Challenges Await Coca-Cola's New Leader," *Atlanta Journal-Constitution*, 27 October 1997.

3. P. Sellars, "Where Coke Goes From Here," *Fortune*, 13 October 1997.

4. "Clumsy Handling of Many Problems Cost Ivester Coca-Cola Board's Favor," *Wall Street Journal*, 17 Decem-

ber 1999.

5. Navratilova 的建议提供了一种和 Hesiod 观察相类似的观点，就是“系统地做事是最棒的，但是我们既然是人，无序便是我们最大的敌人”。J. B. Simpson, ed. *Simpson's Contemporary Quotations* (Boston: Houghton Mifflin, 1988).

6. U. S. Department of Defense, “Donald H. Rumsfeld, Secretary of Defense,” March 2003, 〈http://www.defenselink.mil/bios/secdef_bio.html〉(accessed 11 March 2004).

7. D. Rieff, “Blueprint for a Mess,” *New York Times*, 2 November 2003.

8. Friedenspolitischer Ratschlag, “Duty to the Future: Free Iraqis Plan for a New Iraq,” March 2003, 〈http://www.uni-kassel.de/fb10/frieden/regionen/Irak/future.html〉(accessed 11 March 2004).

9. J. Brinkley and E. Schmitt, “Prewar Planning: Iraqi Leaders Say U. S. Was Warned of Disorder After Hussein, but Little Was Done,” *New York Times*, 30 November 2003.

10. 同上。

11. Rieff, “Blueprint for a Mess.”

12. N. Scheiber, “Noam Scheiber's Daily Journal of Politics,” 12 September 2003, *The New Republic Online*, 〈http://www.tnr.com/etc.mhtml? pid = 703〉(accessed 11 March 2004).

13. Rieff,"Blueprint for a Mess."

14. "Garner Admits Mistakes Early in Baghdad: Former Chief of Iraq's Interim Administration Says U.S.-Led Coalition Made Mistakes in Baghdad," Associated Press, 26 November 2003, reprinted on ABCNews.com,〈http://www.abcnews.go.com/wire/World/ap20031126_272.html〉(accessed 11 March 2004).

15. "[A]t least at senior levels, the Intelligence Community understood that bin Ladin posed a serious threat to the domestic United States... What is less clear is the extent to which other parts of the government, as well as the American people, understood and fully appreciated the gravity and immediacy of the threat." E. Hill, "Joint Inquiry Staff Statement, Part I," 18 September 2002,〈http://intelligence.senate.gov/0209hrg/020918/hill.pdf〉(accessed 10 March 2004),17—18.

16. Hill,"Joint Inquiry Staff Statement, Part I,"15—16.

17. 同上,15—16 页。

18. "这可能部分受到在情报分析领域里情报来源问题的驱动。在 2001 年"9·11"事件之后,CTC(中央情报局反恐中心)有 40 名分析专家来分析世界范围内的恐怖活动问题,只有 5 个部门中的一个部门关注恐怖分子所使用的策略。结果,在 2001 年"9·11"事件之前,CTC 所做的唯一一个策略性分析是恐怖分子使用化学的、生物的、辐射武器及使用核武器的可能性，因为这些都能显著地造成潜在的大量人员的伤亡。”Hill，“Joint Inquiry Staff Statement，Part I，”28.

19. 同上，27 页。

20. “联邦航空局和情报部门合作分析并起草了国家情报评估(NIE)的部分内容，阐述了对民用飞机的威胁。这部分包括以下一段文字：

对证据的回顾表明那些密谋者们在挑选所使用的方法及袭击地点的选择上是通过在特定区域适当的地点认真学习安全程序的形式来接受指导的。如果恐怖分子相类似的系统地发动袭击的话，他们将发现国内航班的安全系统有许多严重的漏洞。

1997 年的 NIE 在恐怖活动方面更新了 1995 年的 NIE，包括以下内容：‘因其航班的坠落引起的恐怖及去年夏天披露美国航空运输部门的隐患，民用航空仍是一个特别有吸引力的目标。’”

21. 同上，29 页。

22. “在‘9·11’事件之前，联邦调查局大部分人所持的观点是本·拉登需要飞行员来驾驶在美国所购买的，运送人员和物资的飞机。然而，联邦调查局同样也接到这样的报告说那些并不是本·拉登的飞行员全部的用意。其中两位飞行员已经通过了在阿富汗境内从事训练发动恐怖活动的阿尔盖达训练营的训练。他们中的一个因其飞行技术被挑中并训练成为间谍。”E. Hill，“Joint Inquiry Staff Statement，”17 October 2002，〈http://www.fas.org/irp/con-

gress/2002_hr/101702hill. pdf〉(accessed 10 March 2004), 14.

23. 同上,2 页。

24. 同上,5 页。

25. Reuters, "Chronology: Key Events Since Aug 14 NE/Canada Blackout," *Forbes. com*, 3 September 2003, 〈http://www. forbes. com/business/energy/newswire/2003/09/03/rtr1071719. html〉(accessed 11 March 2004).

26. North American Electricity Reliability Council, "Transmission Expansion: Issues and Recommendations," 20 February 2002, 〈ftp://www. nerc. com/pub/sys/all_updl/docs/archives/TransmExpansion_BOTapprvd_022002. pdf 1.〉(accessed 11 March 2004).

27. R. Smith and J. Hallinan, "Splintered Midwest Grid Helped Outage to Spread," *Wall Street Journal*, 19 August 2003.

28. 同上。

29. North American Electricity Reliability Council, "Transmission Expansion: Issues and Recommendations."

30. Smith and Hallinan, "Splintered Midwest Grid Helped Outage to Spread."

31. 同上。

32. "Blackout Blues in Midwest," *CBS News. com*, 15 August 2003, 〈http://www. cbsnews. com/stories/2003/08/14/national/printable568353. html〉(accessed 11 March

2004).

33. J. Fuerbringer, "Big Board's Hard Work Smooths Recovery From Black-out," *New York Times*, 15 August 2003.

34. J. Drucker, "Lights Out in the Northeast," *Wall Street Journal*, 18 August 2003.

35. J. Barron and K. Semple, "Some Parts of Country May Remain Without Power Through Weekend," *New York Times*, 15 August 2003.

36. E. Koblentz, "Tech Services Survive Blackout," *eWeek*, 15 August 2003, 〈http://www.eweek.com/article2/0,4149,1499756,00.asp〉(accessed 11 March 2004).

37. M. Weissenstein, "Blackout Triggers Post-911 Security Plan," Associated Press, 15 August 2003.

38. N. Carr, "Millions in Ontario Hope for Steady Electricity, but Prepare for More Outages," Canadian Press, 15 August 2003.

39. D. Garvin and M. Roberto, "What You Don't Know about Making Decisions," *Harvard Business Review* (September 2001): 110.

40. 一系列实验研究表明,在特定情形下,结构严紧的决策程序比缺少程序技术支持的要好得多。Schweiger 和他的同事得出不管是辩证的质询还是故意唱反调的都支持高水平的危机评价,产生更多的选择,从而作出与缺少结构性一致性方法相对比而言更高质量的决策来。Priem 和他的同事得出这些结构性方法促成了高层次的人员满意度和忠诚度，因为个体感觉到他们有一个公正和合法的机会去表达自己的看法及公开表示不满。这项研究没有表明结构性技术方法都比意见一致的方法要好。冲突性的研究结果使学者们表示每一种决策程序的有效性取决于任务的性质。见 D. M. Schweiger and C. Leana，"Participation in Decision-making," in *Generalizing from Laboratory to Field Settings*, ed. E. Locke（Lexington，MA：Lexington Books，1986），147—166；R. L. Priem，D. A. Harrison，and N. K. Muir，"Structured Conflict and Consensus Outcomes in Group Decision Making," *Journal of Management* 21，no. 4（1995），691—710。

41. This example is cited in Garvin and Roberto，"What You Don't Know about Making Decisions."

42. A. Fusenko and T.J. Naftali，*One Hell of a Gamble：Khrushchev，Castro，and Kennedy*，1958—1964（New York：W.W. Norton & Co.，Inc.，1998）.

43. J. S. Hammond，R. L. Keeney，and H. Raiffa，*Smart Choices：A Practical Guide to Making Better Life Decisions*（New York：Broadway Books，2002），4. 他们进一步指出一个有效的决策程序包含 6 个标准：(1)集中在重要的事情上；(2)要有逻辑性；(3)承认主观和客观因素的存在并且混合理性分析和直觉性的思考；(4)仅仅需要足够多的必要的信息和分析去解决特殊的困难；(5)支持和指引对相关信息和观点的来源的收集；(6)直截了当的，可信的，使用简便灵活。

44. Hammond, Keeney, and Raiffa call this "Pro-act," for problem, objectives, alternatives, consequences, and trade-offs. See chapter 1 of *Smart Choices*.

45. The expected value is the sum of the products of the probabilities and costs, in this case 0.3× $6,000 + 0.5× $2,000 + 0.2×0 = $2,800.

46. R. Thorpe and G. Homan, *Strategic Reward Systems* (London: FT Prentice Hall, 1999), 12.

第九章

1. 案例引自 C. Devereaux, "TRIPS, Activists, and Developing Countries" (Boston: Kennedy School of Government, 2003)。

2. "Thabo Mbeki," interview by G. Ifill, "*The News Hour" Online*, 23 May 2000, 〈http://www.pbs.org/newshour/bb/africa/jan-june00/mbeki_5-23.html〉 (accessed 11 March 2004).

3. B. Gellman, "Gore in Conflict of Health and Profit: Gore at Center of Trade Policy Reversal on AIDS Drugs to South Africa," *Washington Post*, 21 May 2000.

4. L. Chaudry, "U. S. to South Africa: Just Say No," *Wired*, 25 April 2000.

5. "The Protection of Intellectual Property and Health Policy," Press Release, Office of the United States Trade

Representative, 1 December 1999, 〈http://www.ustr.gov/releases/1999/12/99-97.html〉(accessed 11 March 2004).

6. Médecins Sans Frontières, "The MSF Role in Emergency Medical Aid," 13 December 2000, 〈http://www.msf.org/about/index.cfm〉(accessed 11 March 2004).

7. 可参见 H. Stevenson, J. Cruikshank, and M. C. Moldoveanu, *Do Lunch or Be Lunch: The Power of Predictability in Creating Your Future* (Boston: Harvard Business School Press, 1998)。

8. D. Yoffie and M. Kwak, *Judo Strategy: Turning Your Competitors' Strength to Your Advantage* (Boston: Harvard Business School Press, 2001).

9. M. Watkins, *Breakthrough Business Negotiation: A Toolbox for Managers* (San Francisco: Jossey-Bass, 2002), chapter 6.

10. 这个事情举例来说,当组织性的变革涉及了复杂的新技术的引入时及当以前有很高价值的技术变得过时的时候。

11. Southwest Research and Information Center, "Electric Deregulation Fact Sheet," February 2003. 〈http://www.sric.org/workbook/features/V24_3/69.html〉(accessed 12 March 2004).

12. R. Smith and J. Hallinan, "Splintered Midwest

Grid Helped Outage to Spread Oversight in Region Shared by 23 Utilities; First Energy May Have Been the Trigger," *Wall Street Journal*, 19 August 2003.

13. 同上。

14. U. S.-Canada Power System Outage Task Force, "Interim Report: Causes of the August 14th Blackout in the United States and Canada," November 2003.

15. R. Smith, S. Murray, and J. Fialka, "How Unlikely Coalition Scuttled Plan to Remake Electrical Grid," *Wall Street Journal*, 4 November 2003.

16. 同上。

17. 同上。

18. "Senate Gives Up on '03 Energy Bill," Associated Press, *MSNBC Online*, 24 November 2003, 〈http://www. msnbc. com/news/993612. aps? cp1 = 1〉(accessed 11 March 2004).

19. D. J. Wakin, "Mbeki's AZT Claims Set off Debate," Associated Press, *AEGiS*, 2 November 1999, 〈http://www.aegis.com/news/ap/1999/AP991101.html〉(accessed 11 March 2004).

20. T. Karon, "You Cannot Attribute Immune Deficiency Exclusively to a Virus," *Time*, 11 September 2000.

21. "Mandela Breaks with Mbeki on HIV-AIDS," *Nambian Africa News*, 29 September 2000, 〈http://www. namibian. com. na/2000/September/africa/00A6E609C5.

html⟩(accessed 11 March 2004).

22. "Mandela Denies Rift with Mbeki on AIDS Policy," Reuters, 19 February 2002, ⟨http://www.hivnetnordic.org/news/worldnews2002/news_february2002.html⟩ (accessed 11 March 2004).

23. "Mbeki Vows to Step up AIDS fight," *CNN.com*, 8 February 2002, ⟨http://edition.cnn.com/2002/WORLD/africa/02/08/mbeki.aids/⟩ (accessed 11 March 2004).

24. "Call for 'Dishonest' Mbeki to Apologise for AIDS Gaffe," *Sunday Observer* (UK), 28 September 2003.

25. L. Moncur, "The Quotations Page," 1994—2004, ⟨http://www.quotations page.com/⟩ (accessed 11 March 2004).

26. K. Lewin, *Field Theory in Social Science* (New York: Harper, 1951).

27. L. Ross and R. E. Nisbett, *The Person and the Situation: Perspectives on Social Psychology* (New York: McGraw-Hill, 1991), 10.

28. C. Tilly, *European Revolutions*, 1492—1992 (Oxford: Blackwell, 1993), 13.

29. R. Andrews, M. Biggs, and M. Seidel, eds., *The Columbia World of Quotations* (New York: Columbia University Press, 1996). Kennedy was one of the first women to attend Columbia Law School, after winning a

lawsuit that had prevented her admission.

30. M. Mitchell, *Propaganda, Polls, and Public Opinion: Are the People Manipulated?* (Englewood Cliffs, NJ: Prentice-Hill, 1970), 111.

31. J. Barnes, ed., *The Complete Works of Aristotle*, vol. 2 (Princeton, NJ: Princeton University Press, 1984), 175.

32. 许多人不愿意吃亏,更多人对潜在的损失比对同等潜在的收益要敏感。类似地,多数人不愿意冒险,而喜欢有保证的收益而不是风险性的抉择,即使后者很可能有更大的收益。

33. See chapter 11 of H. Raiffa, *The Art and Science of Negotiation* (Cambridge, MA: Harvard University Press, 1982).

34. 见"Influencing Behavior," chapter 2 of P. Zimbardo and M. Leippe, *The Psychology of Attitude Change and Social Influence* (New York: McGraw-Hill, 1991)。

35. 见"Authority: Directed Deference," chapter 6 in R. B. Cialdini, *Influence: The Psychology of Persuasion* (New York: Quill, 1993)。这是一本非常好的心理学书籍,介绍了人际间交流说服的相关内容,它阐明了诸如协调性和忠诚度的重要过程。D. Lax and J. Sebenius term these "patterns of deference"; see "Thinking Coalitionally," in *Negotiation Analysis*, ed. P. Young (Ann Arbor, MI: University of Michigan Press, 1991), 64—85.

36. D. Krackhardt and J. R. Hanson, "Informal Networks: The Company Behind the Chart," *Harvard Business Review* (July - August 1993): 104—111.

37. 在他们对 1940 年总统选举活动的研究,Lazarfeld 和他的同事的初期的观察说明,人们不仅受到他们接触到的信息的直接影响,也受到向他传递信息的人或是他向别人索求"正确想法"的那个人的影响。结论是判断信息是一个"多步流程"的模式。见 P. Lazarfeld, L. Bereson, and H. Gaudet, *The People's Choice: How the Voter Makes Up His Mind in a Presidential Campaign* (New York: Duell, Sloan, & Pearce, 1948). See also chapter 8 of M. A. Milburn, *Persuasion and Politics: The Social Psychology of Public Opinion* (Pacific Grove, CA: Brooks/Cole, 1991)。

38. 见"Commitment and Consistency," chapter 3 of Cialdini, *Influence: The Psychology of Persuasion*。这一方法假设人们在一系列连续的、小的、不能逆转的步骤中,能从 A 点到 B 点,在这些步骤中不能有跳跃。

39. T. Kayser, *Building Team Power: How to Unleash the Collaborative Genius of Work Teams* (Carlsbad, CA: Irwin, 1994), 208—209.

40. 关于构建个人和团体的问题解决方式的讨论,见 R. L. Ackoff, *The Art of Problem-solving* (New York: John Wiley & Sons, 1978)。

41. I. Mitroff, C. M. Pearson (Contributor), and L. K. Harrington, *The Essential Guide to Managing Corporate*

Crises: *A Step-By-Step Handbook for Surviving Major Catastrophes* (Oxford: Oxford University Press, Book and Disk edition, August 1996), 6.

第十章

1. A. Nicholson, "Fishermen May Learn to Love Faceless Eurocrats," *Daily Telegraph* (London), 31 December 2002.

2. 同上。

3. C. Clover, "Europe's Fishing Fleet Plunders the Seas of Africa," *Daily Telegraph* (London), 15 March 2003.

4. C. Mortished, "Africa Caught in Net of Fisheries Crisis," *The Times* (London), 12 March 2003.

5. 这部分是 Senedal 摘自 Clover, "Europe's Fishing Fleet Plunders the Seas of Africa"。

6. Mortished, "Africa Caught in Net of Fisheries Crisis."

7. Nicholson, "Fishermen May Learn to Love Faceless Eurocrats."

8. Mortished, "Africa Caught in Net of Fisheries Crisis."

9. *Webster's New Collegiate Dictionary* (Springfield, MA: G & C Merriam Company, 1977).

10. Akst, "On the Contrary: Brother, Can You Spare

a Dime?" *New York Times*, 2 December 2001; S. Moore and D. Stansel, *How Corporate Welfare Won: Clinton and Congress Retreat from Cutting Business Subsidies*, Cato Institute Policy Analysis. No. 254, 15 May 1996, 〈http://www.cato.org/research/fiscal.html〉(accessed 13 March 2004).

11. L. Wayne, "A Guardian of Jobs or a 'Reverse Robin Hood'?" *New York Times*, 2 September 2002.

12. "Harvesting Poverty; The Long Reach of King Cotton," *New York Times*, 5 August 2003.

13. "Harvesting Poverty; The Rigged Trade Game," *New York Times*, 5 August 2003; E. Becker, "Republicans Back Down on Raising Farm Aid," *New York Times*, 13 February 2003.

14. R. Lazio, "Editorial: Some Trado Barriers Won't Fall, *New York Times*, 9 August 2003.

15. "Harvesting Poverty; The Rigged Trade Game," *New York Times*, 5 August 2003.

16. T. Rosenberg, "Globalization," *New York Times Magazine*, 18 August 2002.

17. 同上。

18. 同上。

19. N. D. Kristof, "Editorial: What Did You Do During the African Holocaust?" *New York Times*, 27 May 2003.

20. "Harvesting Poverty; The Long Reach of King Cotton"; Kristof, "Editorial: What Did You Do During the African Holocaust?"

21. A. T. Toure and B. Compaore, "Your Farm Subsidies Are Strangling Us," *New York Times*, 11 July 2003.

22. 同上。

23. "Harvesting Poverty; The Long Reach of King Cotton."

24. T. Fuller, "European Union Votes 14—1 to Reform Agricultural Policy," *New York Times*, 26 June 2003.

25. D. Leonhardt, "Globalization Hits a Political Speed Bump," *New York Times*, 1 June 2003.

26. "Harvesting Poverty; The Rigged Trade Game."

27. Leonhardt, "Globalization Hits a Political Speed Bump."

28. "Harvesting Poverty; The Rigged Trade Game."

29. E. Becker, "Republicans Back Down on Raising Farm Aid."

30. "European Welfare Farmers," *New York Times*, 14 July 2003.

31. P. Meller and D. Barboza, "Deal Reached on Subsidies for Farmers," *New York Times*, 14 August 2003.

32. 同上。

33. Toure and Compaore, "Your Farm Subsidies Are Stangling Us."

34. 这部分摘自 M. Bazerman, J. Baron, and K. Shonk, "*You Can't Enlarge the Pie*": *Six Barriers to Effective Government* (New York: Basic Books, 2001)。

35. S. H. Schneider, ed., *Encyclopedia of Climate and Weather* (Oxford: Oxford University Press, 1996).

36. J. M. Wallace and P. V. Hobbs, *Atmospheric Science: An Introductory Survey* (San Diego: Academic Press, 1977).

37. Bazerman, Baron, and Shonk, "*You Can't Enlarge the Pie*".

38. W. D. Nordhaus, "Discounting and Public Policies That Affect the Distant Future," in P. R. Portney and J. P. Weyant, eds., *Discounting and Intergenerational Equity* (Washington, D.C.: Resources for the Future, 1999), 145—162.

39. Bazerman, Baron, and Shonk, "*You Can't Enlarge the Pie*."

40. 这章节中医疗部分是在和哈佛大学商学院 Richard Bohmer 教授讨论中受到启发并改进的。

41. D. M. Cutler, J. M. Poterba, L. M. Scheiner, L. H. Summers, and G. A. Akerlof, *Brookings Papers on Economic Activity* 1990, no. 1 (1990): 1—73; "The Council of Economic Advisors on the Challenge of an Aging Population," *Population Development Review* 23, no. 2 (June 1997): 443—451.

42. Cutler et. al., *Brookings Papers on Economic Activity*.

43. D. P. Rice, "Papers and Proceedings of the Hundred and First Annual Meeting of the American Economic Association," *American Economic Review* 79, no. 2 (1989):343—348.

44. "The Council of Economic Advisors on the Challenge of an Aging Population."

45. 同上,17 页。

46. 同上,44 页。

47. The White House Office of Management and Budget, *Mid-Session Review* (Washington, DC: GPO, July 2003).

48. E. L. Andrews, "Budget Office Says 10 Years of Deficits Could Total $5 Trillion," *New York Times*, 26 August 2003.

49. R. S. McIntyre, "Is the Bush Economic 'Stimulus' Plan Effective, Fair, and Fiscally Responsible?" U. S. Senate, *Democratic Policy Committee Hearing*, 21 January 2003, 〈http://democrats. senate. gov/dpc/hearings/hearingl/mcintyre. /pdf〉(accessed 14 March 2004).

50. Citizens for Tax Justice, "Year-by-Year Analysis of the Bush Tax Cuts Shows Growing Tilit to the Very Rich."

51. "Economists' Statement Opposing the Bush Tax

Cuts,"advertisement, *New York Times*, 11 February 2003.

52. 同上。

53. The White House Office of Management and Budget, *Mid-Session Review*.

54. W. Neikirk, "Bush Fails Consumer Credit Test, Critics Say," *Chicago Tribune*, 14 August 2003.

55. 同上。

56. 同上。

57. R. E. Moffit, P. Peterson, E. James, W. Prewo, D. Harris, and M. Rutkowski, "Perspectives on the European Pension Crisis: Some Lessons for America," *Heritage Foundation Lecture* (Washington, DC: The Heritage Foundation, 2002).

58. 同上。

59. R. Bernstein, "An Aging Europe May Find Itself on the Sidelines," *New York Times*, 29 June 2003.

60. Moffit et al., "Perspectives on the European Pension Crisis."

61. 同上。

62. W. G. Shipman,"Retirement Finance Reform Issues Facing the European Union," *Cato Project on Social Security Choice*, 2 January 2003, 〈http://www.socialsecurity.org/pubs/ssps/ssp-28es.html〉(accessed 14 March 2004).

63. Bernstein,"An Aging Europe May Find Itself on the Sidelines."

64. Shipman, "Retirement Finance Reform Issues Facing the European Union."

65. Moffit et al., "Perspectives on the European Pension Crisis."

66. J. Niessen and Y. Schibel, "E.U. and U.S. Approaches to the Management of Immigration," Migration Policy Group paper, 2003, 〈http://www.migpolgroup.com〉(accessed 12 March 2004).

67. 同上。

68. 同上。

69. F. Norris, "Will Congress Let Accounting Fiction Obscure Pension Reality?" *New York Times*, 18 July 2003.

70. 根据 Barron,到 1990,常客里程已积攒到价值 8 000 亿美元。2 万公里的积分就可以兑换一次在美国本土的免费飞行的机票。如果我们把在美国一次免费的飞行定价为 300 美元,那么在 1990 年,航空公司估计的损失会接近 120 亿美元。A. Zipser, "Sky's the Limit? Frequent-Flier Programs Are Ballooning out of Control," *Barron's* 70, no. 38(17 September 1990), 16—17, 44.

71. "Free-for-All in the Skies," *Time*, 7 March 1988.

72. "Cutting Back on Flier's Freebies," *Fortune*, 6 June 1988, 149—152.

73. 相比较而言,联合航空的平均机票价值为 68 美元,而美国航空的价值是 118 美元。

延伸阅读

Measurement system redesign

Kaplan, R. S., and D. P. Norton. *The Strategy-Focused Organization: How Balanced Scorecard Companies Thrive in the New Business Environment*. Boston: Harvard Business School Press, 2000.

Simons, R. "How New Top Managers Use Control Systems as Levers of Strategic Renewal." *Strategic Management Journal* 15, no. 3 (1994): 169—189.

Intelligence-gathering networks

Boshyk, Y., ed *Business-Driven Action Learning: Global Best Practices*. New York: Palgrave Macmillan, 2000.

Vitt, E., M. Luckevich, and S. Misner. *Business Intelligence*. Seattle, WA: Microsoft Press, 2002.

Scenario planning

Lindgren, M., and H. Bandhold. *Scenario Planning: The Link Between Future and Strategy*. New York: Palgrave Macmillan, 2003.

Van der Heijden, K. *Scenarios: The Art of Strategic Conversation*. New York: John Wiley & Sons, 1996.

Disciplined learning processes

Argyris, C. *Knowledge for Action: A Guide to Overcoming Barriers to Organizational Change*. San Francisco: Jossey-Bass, 1993.

Mitroff, I. *Managing Crises Before They Happen*. New York: Amacom, 2001.

Structured dialogue

Garvin, D., and M. Roberto. "What You Don't Know About Making Decisions," *Harvard Business Review* (September 2001): 108—116.

Decision analysis

Bazerman, M. *Judgment in Managerial Decision Making*, 5th ed. New York: John Wiley & Sons, 2001.

Denardo, E. V. *The Science of Decision Making: A Problem-Based Approach Using Excel*. New York: John Wiley & Sons, 2001.

Hammond, J. S., R. L. Keeney, and H. Raiffa. *Smart Choices: A Practical Guide to Making Better Life Decisions*. New York: Broadway Books, 2002.

Incentive systems redesign

Thorpe, R., and G. Homan. *Strategic Reward Systems*. London: FT Prentice Hall, 1999.

Wilson, T. B., and R. M. Kanter. *Innovative Reward*

Systems for the Changing Workplace, 2nd ed. New York: McGraw-Hill, 2002.

Persuasive communication

Cialdini, R. B. *Influence: The Psychology of Persuasion*. New York: Quill, 1993.

Zimbardo, P., and M. Leippe. *The Psychology of Attitude Change and Social Influence*, 3rd ed. Philadelphia: Temple Press, 1991.

Coalition building

Lax, D., and J. Sebenius. "Thinking Coalitionally." In *Negotiation Analysis*, ed. P. Yonng. Ann Arbor, MI: University of Michigan Press, 1991, 153—193.

Watkins, M. *Breakthrough Business Negotiation: A Toolbox for Managers*. San Francisco: Jossey-Bass, 2002.

Structured problem-solving

Kayser, T. *Building Team Power: How to Unleash the Collaborative Genius of Work Teams*. Carlsbad, CA: Irwin, 1994.

Kim, W. C., and R. Mauborgne. "Fair Process: Managing in the Knowledge Economy." *Harvard Business Review* (January/February, 1997): 65—75.

Crisis response organization

Fink, S. *Crisis Management: Planning for the Inevitable*. Universe.com, 2000.

Mitroff, I., C. Pearson, and L. K. Harrington. *The Es-*

sential Guide to Managing Corporate Crises: *A Step-By-Step Handbook for Surviving Major Catastrophes*. Oxford: Oxford University Press, 1996.

附录A 美国国会总审计局：

关于航空安全弱点的警告（1994—2001）

航空安全：需要采取另外的行动来迎接国内和国际挑战（GAO/RCED-94-38,January 27,1994）。

航空安全：新的安全技术的发展未能达到期望值（GAO/RCED-94-142,May 19，1994）。

航空安全：联邦航空局（FAA）能帮助确保机场访问控制系统的成本收性（GAO/RCED-94-25,March 1，1995）。

恐怖活动和贩毒：爆炸行为的威胁和吸毒人员的检测技术（GAO/NSIAD/RCED-96-76BR,March 27,1996）。

人文因素：把对人文因素研究运用联邦航空局的活动中这种努力的现状（GAO/RCED-96-151,June 27,1996）。

航空安全：需要采取立即行动来提高安全性（GAO/ T-RCED /NSIAD -96-237,August 1,1996）。

航空安全：急需关注的议题（GAO/ T-RCED /NSIAD-96-251,September 11,1996）。

航空安全：在处理弱点时技术的角色（GAO/T-RCED /NSI-

AD -96-262,September 19，1996)。

航空保障:在联邦航空局的检查纲要中新的航空公司阐述了长期存在的问题(GAO/RCED-97-2,October 17，1996)。

航空保障和安全:在执行白宫在航空保障和安全方面的建议时的挑战(GAO/ T-RCED -97-90,March 5,1997)。

恐怖活动和贩毒:对发展中的爆炸性活动和吸毒人员的检测技术负责(GAO/ NSIAD -97-95,April 15，1997)。

航空安全:联邦航空局关于爆炸检测装置的采购(GAO/RCED-97-111R,May 1，1997)。

航空保障:在检查中的弱点和增强对联邦航空局在确认和回应危险的限制(GAO/RCED-98-6,February 2，1998)。

和恐怖主义作战:对争议问题的观察(GAO/ T-NSIAD -98-164,April 23，1998)。

航空安全:执行建议正在进行中,但是要全部完成还需要很多年(GAO/RCED-98-102,April 24，1998)。

航空安全:取得进步但需要长期的关注(GAO/T-RCED-98-190,May 14，1998)。

空中交通管制:脆弱的计算机安全措施危及飞行安全(GAO/AIMD-98-155,May 18，1998)。

信息安全:严重的弱点使国务院和联邦航空局处在风险中(GAO/T-AIMD-98-170,May 19，1998)。

航空保障:联邦航空局对紧急命令的使用或撤回,延缓了操作(GAO/RCED-99-53,July 23，1998)。

航空安全:联邦航空局的行为激发了考虑责任、投资机场安全及认证安检公司(GAO/RCED-99-199,February 25，1999)。

计算机安全：联邦航空局需要改善对利用别国来纠正和评价软件的操控(GAO/AIMD-00-55, December 23, 1999)。

联邦航空行政部门：使代理部门现代化的挑战(GAO/T-RCED/AIMD-00-87, February 3, 2000)。

航空安全：在处理长期存在的安检行为问题时进展缓慢(GAO/T-RCED -00-125, March 16, 2000)。

航空安全：在航空安全系统中仍存在弱点(GAO/T-RCED/AIMD-00-87, February 3, 2000)。

安全：以联邦代理部门和机场为突破口(GAO-OSI-00-10, May 25, 2000)。

计算机安全：联邦航空局指出了人员的缺点，但需要进一步的行动(GAO/AIMD-00-169, May 31, 2000)。

航空安全：长期存在的问题破坏了机场安检人员的形象(GAO/RCED -00-75, June 28, 2000)。

联邦航空局计算机安全：关注仍源于人员和其他持续存在的弱点(GAO/AIMD-00-252, August 16, 2000)。

联邦航空局计算机安全：需要说明损害航空操作的严重的弱点的行为(GAO/T-AIMD-00-330, September 27, 2000)。

航空安全：在说明运送武器规则时需要额外的控制(GAO/RCED-00-181, September 29, 2000)。

主要管理挑战和项目风险：运输部门(GAO/GAO-01-253, January 1, 2001)。

航空规则制定：需要进一步改革来处理长期存在的问题(GAO/GAO-01-812, July 9, 2001)。

附录B　一个有效的危机应对计划所具备的十个要素

有效的危机应对计划包含以下十个要素：

1.**一组具有代表性的计划情境。**创建一组服务于总计划的危机情境是至关重要的。这不一定需要罗列出所有可能发生事情的详尽列表，但是它应该呈现出如下情况：你的组织可能会真正面临潜在的危机。例如经济混乱和基层组织失灵（例如伴随着季度热量的电网储运损耗或是供水中断）。

2.**一组灵活的应对模块。**领导者应该摒弃对现有的应对模块的组合。对一个危机应对计划的要素进行模式化将会给你的组织提供处理意外情境或是情境联合所需的灵活性。因为真实的危机很少与计划情境相匹配。如果应对选项不是灵活的和模式化的，新的事件或是事件的联合会产生无效率或是“不堪一击”的回应。回应模块可能包括后援力量、储备的生产能力，以及和媒体及其他外部客户的沟通。

3.**一个回应模块与情境相匹配的计划。**这个核心计划把每一个计划情境与将会被立即激活的回应模块联系起来。例如，"权力缺失"事件引起后援力量的迅速行动，并且提交沟通草案以形成危机回应机制并警告全体人员。

4. **一系列指定的命令。** 通过对危机回应的研究有一个发现就是分权型组织在正常时期会很好地促进革新，而在危机时期却不能。危机要求一个迅速的集中的回应，一条明确的命令链是必要的。这意味着建立一个类似的集权型的组织，其领导者有一个指定的代理人，可以轮流拥有一个执行命令的后援团。这也意味着有一个大概五到六人的核心危机回应团队，其功能类似于在相应的危机管理组织中的领导者的下属。

5. **预调激活草案。** 预调信号需要激活和协调一个危机事件中各种各样的回应模式。清楚触发器应该使你的组织从常态向作战模式过渡，并且激活具体的回应模块。你也必须建立"全部清除"信号，使组织回到它的正常操作模块。

6. **一个指挥所和后援团。** 挑选一个场所使其能迅速转化并为危机回应团队所使用。根据危机，必要条件应该包括迅速和许多沟通渠道建立联系的能力、接近外部媒体能力，及制定危机管理计划的能力。除此之外，一个后援团指挥所应该在事件当中偏离地点的位置以使撤退成为可能。

7. **清晰的沟通渠道。** 内部发言人和电视监视器这样的渠道必须能被轻易地激活，并能向事发地点和偏离地点的人传送指令。这些渠道应更多，包括有和电话系统或互联网连接的后援团。信息应该提前被妥善安排，且要能迅速确定主要人员的位置信息(例如通过网页或电话报到)。

8.**后援团资源。**关键的资源如有必要，必须被存储和开发。例如备用能源的生产、汽油供给、适量的实物和水的储备和医疗用品的供给。还要和外部机构在危机时期提供具体资源方面，比如扩大的私人安全，进行磋商达成共识。

9.**定期的模拟训练。**如果只是纸上谈兵的话，最好的计划也是一文不值。组织的危机回应团队应该定期地（至少每半年）指导已准备的练习、测试渠道和存储总量。为了测量回应的速度，这些练习应该是不按时间表执行的。

10.**受过训练的事后危机评论。**每一个危机提供了一次组织性学习和修订计划的机会。基于这个原因，危机应对团队应该在每一个富有意义的事件后建立一个事后评论。导向性的问题应该是：什么变好什么变糟？我们得到的主要教训是什么？对于我们的组织、程序和支持资源我们需要作出什么样的改变？

作 者 简 介

马克斯·H.巴泽曼(Max H. Bazerman) 哈佛商学院 Jesse Isidor Straus 教席教授。他的著作有《你不能扩大希望——无效率政府的心理学》(“*You Can't Enlarge the Pie*”; *The Psychology of Ineffective Government*)(与乔恩·巴伦和凯蒂·夏克合著)、《智慧金钱决策》(*Smart Money Decisions*)、《管理决策确定中的判断》(*Judgment in Managerial Decision Making*)、《谈判中的认知和理性》(*Congnition and Rationality in Negotiation*)(与玛格莉特·内埃尔合著)、《理性的谈判》(*Negotiating Rationally*)(与玛格莉特·内埃尔合著)。

迈克尔·D.沃特金斯(Michael D. Watkins) 起源顾问公司(Genesis Advisers)、领导艺术与策略咨询公司创始人。他的著作有《第一个90天——突破商业谈判中的关键成功策略》(*The First 90 Days: Critical Success Strategies for New Leaders at All Levels and Breakthrough Business Negotiation*)、《赢得权力竞赛》(*Winning the Influence Game*)(与米基·爱德华、伍莎·塔卡合著),《打破国际谈判》(*Breakthrough International Negotiation*)(与苏珊·罗森格兰合著)。

